海南黎族社会村规民约研究

陈秋云◎等著

国家出版基金项目
NATIONAL PUBLICATION FOUNDATION
"十三五"国家重点图书出版规划项目

南方主要少数民族乡规民约与社会治理研究丛书

湘潭大学出版社

总序

一

《中华人民共和国村民委员会组织法》（1998 年 11 月 4 日第九届全国人民代表大会常务委员会第五次会议通过，2010 年 10 月 28 日第十一届全国人民代表大会常务委员会第十七次会议修订）对村规民约的制定、效力等进行了较为全面的规定，如第 27 条规定："村民会议可以制定和修改村民自治章程、村规民约，并报乡、民族乡、镇的人民政府备案。村民自治章程、村规民约以及村民会议或者村民代表会议的决定不得与宪法、法律、法规和国家的政策相抵触，不得有侵犯村民的人身权利、民主权利和合法财产权利的内容。村民自治章程、村规民约以及村民会议或者村民代表会议的决定违反前款规定的，由乡、民族乡、镇的人民政府责令改正。"第 10 条又规定："村民委员会及其成员应当遵守宪法、法律、法规和国家的政策，遵守并组织实施村民自治章程、村规民约，执行村民会议、村民代表会议的决定、决议，办事公道，廉洁奉公，热心为村民服务，接受村民监督。”第38条还规定：“驻在农村的机关、团体、部队、国有及国有控股企业、事业单位及其人员不参加村民委员会组织，但应当通过多种形式参与农村社区建设，并遵守有关村规民约。”

2014年10月23日，中国共产党第十八届中央委员会第四次全体会议通过的《中共中央关于全面推进依法治国若干重大问题的决定》明确提出“增强全民法治观念，推进法治社会建设”的目标，强调“推进多层次多领域依法治理”，要求“发挥市民公约、乡规民约、行业规章、团体章程等社会规范在社会治理中的积极作用”。这表明，在法治国家、法治社会建设中，需要进一步提高乡规民约、村规民约的地位，高度重视乡规民约、村规民约的价值，全面发挥乡规民约、村规民约的作用，在社会治理中充分运用乡规民约、村规民约。

2017年10月18日，习近平同志代表第十八届中央委员会向大会所作的报告中提出了实施乡村振兴战略，强调加强农村基层基础工作，健全自治、法治、德治相结合的乡村治理体系。2018年中央一号文件《中共中央 国务院关于实施乡村振兴战略的意见》（2018年1月2日公布并实施）也明确提出“发挥自治章程、村规民约的积极作用”。

乡规民约是乡村民众为了办理公共事务和公益事业、维护社会治安、调解民间纠纷、保障村民利益、实现村民自治，民主议定和修改并共同遵守的社会规范。乡规民约包括乡规民约、村规民约等，在当代中国农村以村规民约为主体；既有根据《村民委员会组织法》由村民会议制定和修改的村规民约，也有由村老年协会等制定和修改的规约，还包括若干村民议定的某种规约；既包括行政村的村规民约、村民小组即自然村的规约，也包括跨村的乡规民约；既包括成文的村规民约，也包括不成文的规约；既包括全面性的村规民约、乡规民约，也包括如计划生育规约、环境卫生公约等专门性的村规民约。

乡规民约、村规民约在农村社会中发挥着实现村民自治、发展乡村民主、保障村民权益、团结村民群体、维护乡村秩序、保护生态环境、弘扬良善道德、传承优秀文化、改善村风民俗的重要作用。

二

南方主要少数民族为居住在广西、云南、贵州、四川、湖南、海南、广东、湖北、浙江、江西、福建等地的少数民族，包括壮族（16,926,381）、苗族（9,426,007）、彝族（8,714,393）、土家族（8,353,912）、侗族（2,879,974）、布依族（2,870,034）、瑶族（2,796,003）、白族（1,933,510）、哈尼族（1,660,932）、黎族（1,463,064）、傣族（1,261,311）、畲族（708,651）、傈僳族（702,839）、仡佬族（550,746）、拉祜族（485,966）、佤族（429,709）、水族（411,847）、纳西族（326,295）、羌族（309,576）、仫佬族（216,257）、景

颇族（147，828）、布朗族（119，639）、毛南族（101,192）等。[①]

1949年中华人民共和国成立时，我国南方主要少数民族的社会发展是不平衡的，主要有四种类型：第一种为封建地主所有制，主要是那些与汉族交往密切的民族，如壮族和彝族、黎族等民族的大部分。第二种为封建领主制，包括部分傣族、彝族、纳西族等。第三种为奴隶制，基本上保留在四川大凉山和云南小凉山地区的部分彝族中。第四种为保留浓厚的原始公社制残余，主要存在于云南边疆山区的独龙族、怒族、傈僳族、佤族、布朗族、基诺族、德昂族、哈尼族，中东南地区的瑶族，海南岛的黎族，台湾的高山族等民族之中。[②] 在1949年中华人民共和国成立前，这些少数民族主要通过习惯法进行社会的自我治理。[③] 而少数民族习惯法中的主要规范为乡规民约、村规民约。乡规民约、村规民约成为南方主要少数民族分

---

① 据2010年11月1日第六次全国人口普查统计，大陆31个省、自治区、直辖市和现役军人的人口中，各少数民族人口为113，792，211人，占8.49%，同2000年第五次全国人口普查相比，各少数民族人口增加7，362，627人，增长6.92%。人口在10万人以下的南方少数民族有普米族（42,861）、阿昌族（39,555）、怒族（37,523）、京族（28,199）、基诺族（23,143）、德昂族（20,556）、门巴族（10,561）、独龙族（6,930）、高山族（4,009）、珞巴族（3,682）等。参见http：//www.stats.gov.cn/tjsj/pcsj/rkpc/6rp/indexch.htm，2018年7月29日最后访问。

② 参见林耀华：《民族学通论》，中央民族学院出版社1990年版，第260－261页。

③ 本文所指的习惯法为非国家法意义上的习惯法，是指独立于国家制定法之外，依据某种社会权威和社会组织，具有一定的强制性的行为规范的总和。参见高其才：《中国习惯法论（第3版）》，社会科学文献出版社2018年版，第3页。

配社会资源、调整社会关系、解决社会冲突、维护社会秩序的重要规范，在社会生活中发挥着广泛的影响。在中华人民共和国成立以后，受历史传统、民族文化等的影响，乡规民约、村规民约的意识、观念、思维和规范仍然在我国南方主要少数民族中客观存在，以各种方式、多类途径在社会治理中发挥着作用。

对南方主要少数民族乡规民约与社会治理进行研究，有助于全面掌握和认识南方主要少数民族乡规民约、村规民约与社会治理的现实状况和具体表现；对南方主要少数民族乡规民约、村规民约在社会治理中积极作用和实现障碍的分析，有助于充分挖掘乡规民约、村规民约的价值，进一步推进和完善村民自治制度、发扬农村基层民主。对南方主要少数民族乡规民约、村规民约具体内容、规范特点的分析，对南方主要少数民族乡规民约、村规民约在全面推进依法治国、建设法治国家和法治社会中地位和价值的探讨，有助于发挥民族法文化的现代价值、协调少数民族习惯法与国家法律的关系，以加快我国的法治建设进程，全面建设法治社会。

作为全国少数民族的主要部分，南方主要少数民族数量多、地区分布广、民族特色鲜明、社会治理任务多样。探讨南方主要少数民族乡规民约与社会治理，对于总结南方主要少数民族乡规民约的社会治理手段和经验，思考南方主要少数民族乡规民约与社会治理的特点和规律，推进民族地区现代化建设和社会和谐发展，建立健全党委领导、政府负责、社会协同、公众参与、法治保障的现代乡村社会治理体制，健全自治、法治、德治相结合的乡村治理体系，实施乡村振兴战略并最终实现产业兴旺、生态宜居、乡风文明、治理有效、生活富裕目标具有重要意义。同时，通过对南方主要少数民族乡规民约与社会治理的分析，对于保护固有民族文化、传承优秀民族文化、促进民族文化发展具有积极作用。

中华法系是在我国统一多民族的土地上生长和发展起来的，在形成和发展过程中吸收了不同民族法文化的内容。它不仅包括以汉族为主体的中原王朝法律，也包括中国少数民族习惯法，少数民族对中华法系的形成作出了重要贡献，历史上形成了数量庞大的少数民族法典及习惯法。① 少数民族法制是中华法系发展历史中的有机组成部分，“中华法系是中国各民族法律原则和法律意识长期融合的产物”②，“中华法系正是融合了各民族的法律意识与创造力才形成的”。③ 研究中华法系、探讨中华法制文明的现代意义，不能缺少对少数民族乡规民约、村规民约等习惯法的关注，否则就无法揭示中国法制发展的全貌与发展规律，认识不同社会形态条件下各种类型法的本质和特点，理解不同历史时期、不同社会发展阶段各民族法文

① 参见杨一凡、田涛主编，张冠梓点校：《中国珍稀法律典籍续编·少数民族法典法规与习惯法（上、下）》，黑龙江人民出版2002年版。该书将民族法律文献资料分为法典法规篇、地方法规篇、乡规民约篇、习惯法篇、司法文书篇。

② 张晋藩：《再论中华法系的特点》，载《政法论坛》1985年第4期。

③ 张晋藩：《中华法制文明的演进》，中国政法大学出版社1999年版，第12页。

化及在中国共同文化范围内各民族法文化并存的条件。① 因此研究南方主要少数民族的乡规民约、村规民约等习惯法对中华法系内容的丰富、中华法系成果的传播、中华法系精神的弘扬具有重要意义。②

探讨南方主要少数民族的乡规民约、村规民约，研究南方主要少数民族乡规民约、村规民约与社会治理的关系，这对于拓宽法学研究领域、丰富法学理论、深化法学研究，正确处理现代化发展中的少数民族法文化是有一定意义的。同时，有助于推进民族学、政治学、人类学、社会学、历史学等学科的发展，为这些学科提供系统、全面的研究材料。

三

《南方主要少数民族乡规民约与社会治理丛书》（以下简称《丛书》）包括资料篇和研究篇，资料篇主要对南方主要少数民族从古代到当代的乡规民约进行汇编。研究篇为专题研究，涉及南方主要少数民族乡规民约与乡村事务管理、南方主要少数民族乡规民约与基层民主治理、南方主要少数民族乡规民约与婚姻家庭关系调整、南方主要少数民族乡规民约与生态环境保护、南方主要少数民族乡规民约与固有习惯法传承、南

① 蔡尚思先生也曾指出："现今研究中国各专门史，也不好以汉族为范围了，以汉族为范围的中国各专门史，不可能是整个的或比较完全的中国各专门史，如要认真地说，至多也只是汉民族的专门史。"见《中国各民族的血统和文化》，载《文汇报》1984 年 4 月 9 日。

② 参见李兴华《回族与中华文明》（载《回族研究》1999 年第 1 期）的有关论述。

方主要少数民族乡规民约与社会治安维护、南方主要少数民族乡规民约与纠纷解决等。同时，专题研究又结合了族别研究、个案研究、地区研究，包括广西金秀瑶族的村规民约，贵州锦屏苗族、侗族的村规民约，云南大理等地的白族、傣族等民族的村规民约等。

《丛书》在撰写时强调以下方面：（1）全面性。《丛书》全面、系统、综合地探讨南方主要少数民族乡规民约、村规民约在社会治理中的具体表现、积极作用，力图完整地展示南方主要少数民族乡规民约、村规民约与社会治理的发展、变化关系。（2）现代性。《丛书》在分析历史上的南方主要少数民族乡规民约与社会治理关系的基础上，重点讨论当今的南方主要少数民族乡规民约、村规民约在社会治理中的积极作用，关注南方主要少数民族乡规民约、村规民约的现实样态，描述南方主要少数民族乡规民约、村规民约的实际状况。（3）民族性。《丛书》突出南方主要少数民族乡规民约的民族特色，注重乡规民约、村规民约中的民族传统，探讨乡规民约、村规民约与民族社会治理、民族地区发展的关系。（4）地方性。南方主要少数民族乡规民约、村规民约为一种地方性知识、区域性规范，具有较为明显的地域特点。《丛书》尽力揭示南方主要少数民族乡规民约、村规民约在社会治理中的地方性因素。（5）文化性。作为社会治理的重要规范，南方主要少数民族乡规民约、村规民约体现了独特的价值内涵、文化传统。《丛书》强调从文化角度理解南方主要少数民族乡规民约、村规民约与社会治理的关系。

《丛书》在进行南方主要少数民族乡规民约、村规民约与社会治理探讨时，秉承法多元主义的理念，坚持历史进化和整体联系的观点，在方法上注意将史料分析与田野调查相结合，尤以田野调查为重；以法学、历史学方法为主，同时借鉴社会学、文化人类学、民俗学、经济学等学科的理论、技术和方法，进行综合研究，从而试图描述南方主要少数民族乡规民约、村规民约与社会治理的实际状况，把握南方主要少数民族乡规民约、村规民约与社会治理的发展趋势，探寻南方主要少数民族乡规民约、村规民约与社会治理的特点和规律，以揭示南方主要少数民族乡规民约、村规民约与社会治理的真实状况，感受南方主要少数民族乡规民约、村规民约在社会治理中的某种特殊魅力。

四

《丛书》在2016年被列入国家“十三五”出版规划，并得到2018年度国家出版基金的资助。在具体实施过程中，《丛书》组建了编委会，由编委会精心遴选作者，广泛吸纳在乡规民约、村规民约和民族习惯法方面有专门研究的学者加入调查、研究队伍。

《丛书》编委会在认真讨论的基础上，制订了详细的工作计划，就田野调查和资料搜集进行了具体的安排，确定了编写体例和基本要求，拟定了交稿时间和出版时间。各位作者克服种种困难，尽力进行田野调查，认真撰写书稿并按约交付，保证了《丛书》的如期出版。

湘潭大学出版社积极支持《丛书》编委会的工作，为《丛书》的出版提供了有力的支持，保证了《丛书》的顺利面世。根据计划，《丛书》分两辑分批出版。

由于作者等各种因素所限，《丛书》编委会的一些设想没能完全落实。由于受时间、能力等因素所限，加之论题较大，《丛书》可能存在一些不足，敬请读者批评指正。

高其才

2018 年 7 月 27 日于京西

目 录

导 论 国家法制与德治影响下的俗治

——对黎族无字规约的认识

一、黎区治理传统中的法制、德治与俗治

党的十八届三中全会提出全面深化改革的总目标是“完善和发展中国特色社会主义制度，推进国家治理体系和治理能力现代化”，党的十八届四中全会提出全面推进依法治国的总目标是“建设中国特色社会主义法治体系，建设社会主义法治国家”。党的十九大报告进一步提出要健全法治、德治与社会自治三结合的乡村治理体系。2017 年 6 月 12 日，中共中央、国务院出台《关于加强和完善城乡社区治理的意见》，明确指出要充分发挥自治章程、村规民约、居民公约在城乡社区治理中的积极作用，弘扬公序良俗，促进法治、德治、自治有机融合。

法治、德治与社会自治“三治”相结合是当代中国社会治理能力与治理体系现代化战略的内在要求。在我国少数民族

自治地区，既要发展经济又要保护环境，更需要促进民族团结，社会治理的任务多重叠加，因此其面临的问题也更加多样化。少数民族地区多数地处交通欠发达的中西部山区，生态非常脆弱，工商业基础薄弱，教育、医疗等民生资源分布极为不均衡，人才、资金都很欠缺，社会经济发展受环境等多重因素制约。因此，少数民族地区既是深化改革开放的主战场，也是扶贫开发的主战场，更是环境保护的主战场。

“三治”在少数民族地区表现出更为复杂的结构：在法治方面，既有国家法律法规，也有少数民族自身传承发展的习惯法、民间法；在德治方面，既有社会主义道德要求，也有其少数民族自身的道德规则；在自治方面，既有国家依宪法、法律规定设置的省、市、县三级少数民族自治体系，也有依法建设的基层自治社会治理框架。此种多重治理体系叠加的极为复杂的治理结构，身份认同、主体互动、价值混同、机制改革、体制创建等各方面都面临极为艰巨的任务。

习近平总书记强调，加强和创新社会治理，关键在体制创新，核心是人，只有人与人和谐相处，社会才会安定有序。在新的发展形势下，认真贯彻落实党的十九大精神，贯彻落实习近平总书记关于社会治理的重要讲话精神，就必须紧紧围绕“人”这个核心，积极创新少数民族地区乡村社会治理理念和模式，推进“自治、法治、德治”建设，不断探索少数民族地区乡村社会治理的有效路径，促进少数民族地区社会安定、民族团结、经济发展、环境友好等治理目标的实现。

具体到黎族自治地区而言，推进自治、法治与德治的

"三治"建设，需要结合黎族居住区域的社会实践来具体分析。我国黎族主要分布在海南中部山区五指山市、三亚市、东方市以及周边6个黎族苗族自治县（琼中、保亭、白沙、昌江、陵水、乐东）等9个县市。海南万宁、儋州、屯昌、琼海，以及贵州等地区也有散居的黎族人口分布。黎族人口大约有150万，黎族内部因方言、习俗、地域分布等差异有"哈"（过去作"侾"）、"杞"（又称"岐"）、"润"（过去汉称"本地"黎）、"美孚"、"赛"（过去称"德透"黎或"加茂"黎）等之分。据现有史料记载，黎族是海南岛最早的居民，已在海南岛生活了三千多年①。汉武帝于元封元年（公元前110年）在海南岛设立儋耳、珠崖两郡，隶属于交趾刺史，这是关于海南岛归属中央管辖的最早历史记录。这也意味着自汉朝起海南黎族的社会治理主体既有中央政权的职官，也有黎峒长老的传统力量，治理秩序的塑造既有汉族中央政权的法律规制，也有黎族传统的习俗习惯规训；由"生黎""熟黎"并存，到"生黎""熟黎"化，再到黎汉融合的海南黎族社会变迁，是"剿"与"抚"政策交替为用的治理结果。

在黎族世居地区推行国家法制的历史可以上溯到汉武帝时期儋耳、珠崖两郡的设官建制，此时国家对海南岛的管理除了在官制上有所约束外，长时期放任其自治，黎族社会生活的方方面面都依据其自身习惯与习惯法实行自治，这种状态至少延续到宋代。宋代承袭唐朝的羁縻政策，对海南岛黎族开始实行

① 王学萍：《中国黎族》，民族出版社2004年版，第2页。

分化政策。一方面招降、拉拢部分黎人，开始了所谓同化“熟黎”的进程；另一方面征剿犯上作乱的黎人，即不服教化、犯上作乱的“生黎”。北宋典籍中记载朝廷招降羁縻事件的很多，诸如各种地方志。明朝《万历琼州府志》载：“宣和间，儋人陈大功招抚符元亨等三十余峒黎入贡，补元亨等承信郎，诰令其子孙各以官名承袭，世为峒首。大功亦补丁班，只应官至融州巡辖。”① “乾道九年八月，乐会黎贼劫省民，焚县治。黎人王日存、王承福、陈颜招降之。琼管安抚司上其功，借补承节郎，诏许子孙袭职”②。依据这些记载我们可以了解到宋朝开始通过系统化的政策笼络部分黎族上层人物，借力打力，以黎治黎，将汉族政权的法律治理逻辑移植到黎族传统社会上来。当时这个治理策略为广大知识阶层所认同，苏轼的儿子苏过在其《论海南黎事书》中发表过最具代表性的言论：“仆以为以力胜者，兵罢而复塞；以利啖者，贼贪而不叛也。朝廷若捐数官以数人，则贤用于师矣。……使赍金帛入喻诸黎，晓以利害，惧以祸福，而岁与其禄，不过总十余人，岁绢千缗耳。今朱崖屯师千人，岁不万缗，若取十一以为黎人之禄，可以罢千师之屯也。”

宋代知识界认为养兵不如养十余黎族上层人士，经济上划算，政治上可靠，军事上惜力。从长久利益上计量，角力输利

① ［明］戴熺等：《万历琼州府志》卷二二《抚黎》，海南出版社 2006 年版，第 886 页。

② ［明］蔡光前等：《万历琼州府志》卷八《海黎志·抚黎》，海南出版社 2003 年版，第 415 页。

都不如笼络人心，这就是唐宋以来著名的羁縻政策。这一政策的实施实质上是国家官制结合地方自治、国家法律结合黎族习俗的治理策略的落地。上述史料中的黎人符元亨、王日存、王承福、陈颜等均为黎人头领，朝廷按照国家官制授予其世袭官职，这是国家法律的实施；而这些黎人头领又长时间依照黎人习俗治理黎族社会，国家法律并没有送法下黎乡，这是黎人自治的一面。这一模式甫一发明，即成为我国历史上少数民族地区社会治理最为合适有效的模式，体现了我国古代高超的政治智慧。唐宋以后随着社会治理的成熟，教化慢慢渗透进来，德礼也逐渐加入少数民族治理体系中来，文火慢炙，德礼、国法、民俗三者融通，手法日渐圆润，金戈化玉帛，成就黎区长治之功，这一治理模式直到黎区民主改革前一直都在发挥积极作用。

宋以后，古代各政权都在“以黎治黎”的基本政策上逐渐推行教化，化“生黎”为“良民”：“雍正八年正月，崖州黎峒三十九村生黎王那诚、向荣等，定安县潮村等处十四村生黎王天贵等，琼山县番否等十八村生黎符天福等，陵水县生黎那萃等，共二千九百四十六人输诚向化，愿入版图，每丁岁纳银二分二厘以供赋役。三月，总督郝玉麟等奏闻，奉旨：‘生黎诚心向化，愿附版图，念其无田可耕，本不忍收其赋税，但既倾心依向，若将丁银全行豁免，恐无以达其输诚纳贡之悃忱，将递年每名输纳丁银二分二厘之数，减去一分二厘，止收一分，以作徭赋。地方文武大臣，时时训饬，所属有司员弁等加以抚绥，悉心教养，务令安居乐业，各得其所，以副朕胞与地方之至意’。恩诏既颁。黎民感泣，自是琼属诸黎悉化为良民矣。”[①] 据史载，清光绪十一年（公元1885年）两广总督张之洞与冯子材拟定《抚黎章程十二条》，将抚黎政策制度化、条文化：“（1）官军此举专为招抚良黎，开通十字大路，以期黎汉永远相安，其良黎秋毫不扰。毋庸畏惧。（2）从前为匪黎人投诚者免，抗拒者诛擒斩，来献者重赏。（3）投诚诸黎无论生熟，一律薙发改装。（4）投诚黎首开送户口册，捆献匪徒缴呈枪械。（5）投诚黎众随大军伐木开山前趋响导，仍按计里数酌给赏犒。（6）将来开通生黎大道后，选择要地设官抚治安营，弹压各村黎长，助剿开路有功者授为土目，就中酌设总土目数人，且给顶戴，总目授土职，自为约束，仍听地方官选黜，略仿滇黔各省土司之例，不令吏胥索扰。（7）开通后黎人仍安生理有主之田，断不强夺，惟抗拒者藉产入官，充官军屯田之用。（8）开通后田业三年内不收赋税，三年之外务从轻，则起征断不苛敛。（9）开通后黎境有矿，各山由官商开采者，给钱租赁，绝不强行占据，黎汉均享其利。（10）开路通后，人民盐布百货与黎地牛、木、粮、药等物，在各峒口设场集市，来往畅通，公平交易，严禁汉民讹赖盘剥，总令于黎人有益。（11）设立土目之后，应各具永远不敢杀掠、抗官、藏匿匪徒切结存案，所属有犯，责成设归该土目拏（“拿”的异体字）送到官按律惩办。（12）每数村仿内地

---

① ［清］陈昌奇：《道光广东通志》之“琼州府·岭蛮”，载海南地方文献丛书编撰委员会：《海南地方志丛刊》，海南出版社2006年版，第878页。

设一义学，延请塾师，习学汉语汉文宣讲圣谕广训，所需经费就地筹办。”①

在这个过程中，设置土官、兴办教育、开通道路、减免赋税、推行教化是主要的抚黎政策，而举办教育一项措施尤其见效。上述张之洞、冯子材拟定的《抚黎章程十二条》中所谓“据其心腹，通其险阻，令其响化”就是这个意思。宋以来的这种抚黎政策发挥了非常有效的作用，黎区社会治理取得了长治久安的积极成果。这一经验充分说明，在少数民族地区实施德治、法治与社会自治是古已有之的传统做法，因俗制宜与推行教化、国家法制（从官制开始）相结合的传统就是儒家道德、国家法制与民族习俗习惯的融合过程，必然会收到加倍的治理良效。

二、汉字禁碑：官法与俗治同构

要讨论海南黎族的无字规约，还得从海南岛的汉字禁碑讲起。

海南遗留有约二十块汉字禁碑，这些禁碑设立于从明清尤其是清乾隆年间到清末这一段很长的历史时期，多数为时任各县县令所刻，也有少数为当时的州府所批准设立。这些汉字禁碑的内容多数为禁令，当然其中也存在一些赏令。有学者认为

① 参见王学萍：《中国黎族》之“大事记”，民族出版社2004年版，第463页。

禁碑内容为国家法的重申，是国家威权在乡村间的延伸[1]。这种看法不无道理，但也比较粗疏。海南汉字禁碑多是“奉官示禁”，是官员（县令）与乡民（也包含黎民，生黎与熟黎）之间的一种合意，不违反国法，也不违反德礼，更与地方习俗大体相容，因而可以看作是清朝时期海南各地最重要的社会治理依据，是历代朝廷坚持的抚黎政策的落实，对于研究传统少数民族聚居社会的治理经验具有重要价值，也是海南传统村规民约研究的一部分对象。

海南的汉字禁碑大致包括两大部分：针对汉族与熟黎（即上文所说的“输诚向化”的“良民”，下同）的禁碑和保护生黎的禁碑。前一部分与狭义的黎族无字规约的相关性较弱，是治理所谓熟黎社会的规则。琼北一带的熟黎，早在宋元时期就因“归降”“招抚”等原因开始与汉族融合而成为国家的编户齐民了[2]。明清时期的乡约与约亭制度在琼北（琼、澄、文、定）大量推行，至今仍有遗存可访。后一部分则是在“抚黎”政策的影响下，琼州府、昌江县等官府应黎峒首领请求设立的旨在保护黎族人民（所谓生黎）免受汉族官民

① 王琳：《乡村法治何以实现——以海南禁约文化为视角》，载《法治论坛》2008 年第 1 期。

② 据《元史》《道光琼州府志》《雍正广东通志》等史料记载：元至正末年，元军深入黎峒，黎峒归降 626 个，23827 户，招抚 13497 户；永乐年间招抚黎峒 1670 峒，3 万余户；清雍正八年（公元 1730 年），崖州、定安、琼山“输诚向化，愿入版图”的黎峒 71 峒，人口 2946 人，“自是琼属诸黎悉化为良民矣。”至此时，除偏远山区外，琼北等地黎族已经基本上成为编户齐民了。参见王学萍：《中国黎族》，民族出版社 2004 年版，第 19 页。

中的不法之徒侵害的禁碑。这些禁碑还明确了黎人由黎峒首领管理（黎人自治）的内容，府、县官员对黎人征收赋税、赋役都要假借黎峒首领来办理，而不是差遣书役等直接管理。也正是由于这些内容的存在，古代官府赋予了黎峒对黎民内部的相对独立的治理地位，黎峒内部的无字规约因此获得了国家的认可。因此可以视这些禁碑为黎峒与官府的一种协议，它们成了黎峒内部因俗为治的外部效力渊源。

通过翻检《中国黎族》等资料，并走访海南岛各地档案馆、博物馆以及有关的村庄碑亭遗址，我们可以寻找到一些汉字禁碑，领略从清乾隆以来设立的各种禁碑碑文，从中摘抄部分禁约，以复现当时的禁碑内容，探索其本质与功效。

王学萍主编的《中国黎族》详细记载了昌江县的两则乾隆禁碑，这两则禁碑为琼州府尹以及昌江县令批准设立，时间分别为乾隆四十四年（公元 1779 年）、四十七年（公元 1782 年）。

1. 昌江县乾隆四十四年禁碑：

奉宪□□□（□为缺字）［乾隆四十四年（公元 1779 年）］碑：

特受琼州府正堂随带加三级记录五次肖

为严行申禁事，照得衙门官吏、书役人等，入黎索扰久奉明禁。

本府自莅琼南，叠经申明禁令，遵行示晓谕在案。今据昌化县属大员峒、大村峒黎民符那休持呈称，该处从前奉颁示禁，日久无□，以致骚扰复萌，或借官司明色，或借差役横眉饬取贡香、珍珠、花梨、大枝渡船木料、豹皮、棉花、黎峒藤、竹、鹿茸鞭、熊胆、花竹、苏木等货，奔走无期，犹索脚步陋规，膏脂尽竭。乞再给勒碑，永垂严禁。凡遇应时公务，着峒长办理，毋许书役擅入黎地，借端索扰，至于峒长遵照，无故不得更，以俾得黎民安堵，共享舜日尧天等情，前来当批准，给示严禁并行县遵照。嗣后倘有书役入黎，借端索扰等，捆获送究在案，除行该县遵照外，合行严禁，为此示喻该黎峒峒长、黎民人等知悉。嗣后遇有必须应时正经公务，听候该县令传唤，峒长喻令查办，倘有不法书役借称官差，擅入黎，勒取贡香料等物，索扰黎民，许该峒长、黎民捆获解赴。

本府只凭严行察究，该峒长仍得所颁口示勒石，永远遵照，毋得有违，自干重咎，特示。

乾隆四十四年七月初三日（峒长谢根村遵立碑起）。[①]

琼州府长官（姓肖，名不详）根据昌化县大员峒、大村峒的黎族居民符那休的请求，恢复了以前（具体时间及官员不详）所颁布的一道禁令：禁止衙门官员、书役等人假借官司（各类法律诉讼案件）、差役（赋役赋税）的名义擅自进入黎族聚居区敲诈勒索，强取豪夺黎民的贡香、珍珠、花梨、大枝渡船木料、豹皮、棉花、黎峒藤、竹、鹿茸鞭、熊胆、花竹、苏木等财物，如有违反者，允许黎峒峒长、黎族人民自行捆缚送官治罪。官府依法征缴的赋役、赋税任务，一律由官府

① 转引自王学萍：《中国黎族》，民族出版社2004年版，第113页。

县令直接下达到黎峒峒长，由峒长在黎峒内部分派任务并全程管理，书役等官府无关人员不得随意插手，更不得擅自进入黎族聚居区并借机敲诈勒索。

根据碑文，该碑是黎峒峒长谢根村遵照琼州府长官的谕令所立，这道谕令也不是乾隆年间新颁布的，而是恢复以前的禁令内容。该处从前有过相关禁令并刻碑示禁，但是年久失修或已经湮灭无存。禁令应该是非常有效果的，正是因为从前的禁令失修或湮灭，“日久无□，以致骚扰复萌”，衙门官吏、书役等人才无视禁令，擅入黎区骚扰，借端勒索，扰乱秩序。由此可见禁碑在当时的黎区是保护黎人福祉的，也明确了黎区事务由黎人自治，官府并不直接派遣书役等官差进入黎区办理赋役、赋税等公务。

2. 昌江县乾隆四十七年严禁碑：

严禁碑［乾隆四十七年（公元1782年）］

代理昌化县事儋州正堂随带加二级记录三次记大功二次李

为严禁私挖，照得县属亚玉山坐落黎地，土产石碌，向有不法民人潜入该山偷采，业经前县林封禁在案，未及立碑。

本府奉委代理昌篆，于四月二四日到任，合行勒石，永远封禁，所有县属军民人等，一体遵照毋违，特示。

乾隆四十七年六月一日立。[①]

昌化县亚玉山（现昌江县石碌镇石碌岭）是黎区辖地，

① 转引自王学萍：《中国黎族》，民族出版社2004年版，第113页。

山中有石碌矿（石碌意为铜矿，海南石碌镇在1935年由国民党地方政府琼崖实业局调查发现大型铁矿，日本侵华后开始开采田独、石碌铁矿，掠夺海南自然资源①），曾经有私采盗采铜矿的现象。昌化县代理县令（本身为儋州县令）李某某于乾隆四十七年（公元1782年）设立禁碑，禁止一切盗采私采矿产资源的行为。从碑文内容来看，禁采矿产的禁令在前任县令时期即已作出，只是未曾立碑，从而不能禁绝盗采、私采现象。盗采私采矿产者可能是汉民或军人，所以禁碑才会要求军民人等一体遵照。

上述碑文是目前海南岛黎族聚居区域保留的最为古老的禁碑文字。这些禁碑都是汉族官员所批准设立的，目的都是约束汉族官民、军民在黎区的不法活动，保护黎区黎民的根本利益。除了这些禁碑外，在海南岛北部的文昌、琼中、琼山、澄迈等地也发现了10多处禁碑。这些地区多为所谓的熟黎聚居区域，有的地区后来是黎、汉杂居地或汉族聚居地，所设禁碑的有些内容则不单是针对黎民而言的，或者说是对普通乡村村民也普遍适用的基本规约。

3. 文昌市龙楼镇山海、刚大村等14个村咸丰年间禁碑：

盗窃家财衣服耕牛，捉获者赏钱一千六百文；盗窃者罚钱演大戏三本。

盗窃家器物件，捉获者赏钱五百文；盗窃者罚钱演小戏三本。

① 转引自王学萍：《中国黎族》，民族出版社2004年版，第307页。

盗窃田园物业，捉获者赏钱一千五百文，盗窃者罚钱演大戏六本。

盗窃小六畜、海子棠，乱砍青叶树木等，随众议罚，捉者随众议赏。

窝盗者与捉盗私和者，加倍议罚；有家当为盗者，任众重罚，捉者赏亦加；接贼者同窝论。

凡捉盗者俱要连状送出方准有赏，不得凭例逞凶过甚。若盗贼不遵罚恃（撞）命者，众例担当送官究治，与捉盗者无干。

“王者之政，莫急于盗贼”，打击盗贼历来是刑事法律的基本目标，也是维持地方治安的紧急要务。文昌市龙楼镇 14 个村庄联合立碑打击盗贼，应该与当时的治安形势有密切的关系。碑文规定：凡是盗窃耕牛、衣服及财物者，罚演大戏三场；凡是盗窃家用器物者，罚演小戏三场；凡是盗窃（占用或收割）土地及庄稼者，罚演大戏六场；凡是盗窃家畜，盗伐海子棠、林木等者，大家开会决定惩罚力度；抓获盗窃者赏钱五百文到一千六百文不等，但是抓获时一定要人赃俱获，不允许过度使用武力。窝赃者、抓贼私和者都要加倍惩罚；有家业做贼者，可以众议重罚；接贼者与窝赃者同罪。盗贼不认罚且自杀者，抓贼者不负责，大家一起送官究治。

4. 澄迈县金江镇大拉村光绪六年（公元 1880 年）“奉官示禁”碑：

禁：掳掠稻、粟、芋、豆、蔗、椰子、宾（槟）榔、薯藤、瓜、菜，罚银一千，（告发者?）赏银两百文；

禁：村前鱼塘不得捕鱼，犯者罚银一千，禁刀斧不得入山砍；

禁：招家窝赌，诱拐男女，犯者罚戏一台，（告发者?）赏银三百文；

禁：牛马猪食，犯者罚银两百，（告发者?）赏银一百文；

禁：盗砍芦林竹林木，犯者罚银七百，（告发者?）赏银一百文；

禁：不得盗割竹笋，犯者罚银四百，（告发者?）赏银一百文；

禁：盗牛马，犯者罚银十千，（告发者?）赏银四百文。

上述澄迈金江镇大拉村禁碑，同样是治理盗贼等犯罪行为的禁令：禁止盗窃稻谷、粟米、芋头、大豆、甘蔗、椰子、槟榔、番薯、瓜菜等，违者罚银一千文；禁止盗捕鱼塘里养的鱼类，违者罚银一千文；禁止上山盗砍树木；禁止聚赌、诱拐人口，违者罚演戏一场；禁止盗采牲畜饲料，违者罚银两百文；禁止盗砍芦苇、竹子、林木，违者罚银七百文；禁止盗割竹笋，违者罚银四百文；禁止偷盗牛马，违者罚银十千文；凡是告发、抓获上述盗窃等犯罪行为者，奖励一百文至四百文不等。

5. 万宁县石梅湾光绪二十七年（公元 1901 年）“奉官立禁”碑：

保护青皮林，不准人畜破坏，牛马破坏罚款，白天二千文，晚上一千文；群众开荒毁坏树木，轻的罚款，重的立案严惩；海上船只上岸偷砍，人扣留立案严惩，船只扣留归公。

万宁县石梅湾的禁碑是保护当地珍稀植被——青皮林的一则禁令。石梅湾青皮林现在被列为国家级自然保护区，当地青皮林是世界面积最大的一块天然青皮林，极为珍贵。禁令规定，凡是纵容人畜破坏者，白天罚款二千文，晚上也需罚款一千文。据当地村民介绍，宝华这块青皮林的禁令早就存在，历史上凡是开荒毁林的，轻则罚款，重则送官严惩。海上船员上岸盗砍林木的，连人带船都要扣押，人要严惩，船则罚没。

6. 琼山县（区）龙华庙乾隆九年“奉县示禁”碑：

严禁招奸畜（蓄）赌，结党赌博，私宰耕牛、殴辱尊长。

严禁革婚娶陋规，生子礼俗，丧吊浮仪。

严禁盗窃谷物，砍拆篱界，纵放六毒，捉虾□蒿，蹂躏林□□，捞萍伤禾，毒药害鱼。

琼山县这则禁令赋有更为丰富的社会治理内涵，既反盗窃，也反赌博，还要求禁革婚娶陋规，打击殴辱师长的道德败坏行径。盗窃、赌博、放毒、毁林、毁渔、伤禾、毁伤篱笆田界、私宰耕牛等行为都是古代国家法律严惩的犯罪行为，立碑申明，既简洁明了，容易记诵；也因石碑巍峨，形式庄严，威慑有力。至于婚娶陋俗、育丧浮仪，乃至殴辱师长等恶行，则是古代地方官员敦促教化所尤其用力之处，刻碑申明，虽无明细罚则，但令行禁止之效可期。

7. 琼山县（区）田洋路边咸丰五年（公元 1855 年）“奉县示禁”碑（时任知县李维崇批准设立）：

禁止盗采莲子盗挖莲藕；

禁止捕鱼捞草；

禁止白天在泉井裸浴等十一条禁规。

琼山县这则禁碑文字记录不全，但是其针对当地水产保护与生活用水习俗的特点很鲜明。莲子、莲藕、鱼、虾等都是重要的水产品，是湖区人民的重要财产，盗窃行为无疑是严重的侵财行为，国家法律是严重打击的。至于禁止白天在泉井裸浴，则是善良风俗的内在要求，也是文明生活的基本要求。我国古代以儒家道德为治理社会的最高典范，强调含蓄内敛，在日常服饰方面要求遮蔽身体，当众裸浴无疑是野人行径，有违教化，当然要严禁。

8. 琼中县营根镇光绪三十二年（公元1906年）“奉道宪严禁”碑：

对用符咒杀人并下毒害人，偷盗别人牛马和庄稼果菜及纵牛马损食别人财物等行为，一律按律法治罪；客、黎之间买卖货物要公平交易，有卖有送，不得强牵牛马及将儿女抵债，违者送官究治；客民进入黎峒要有固定住址和屋主，入强人生妻幼女，欺诈屋主，将送官究治。

光绪年间，琼中周边汉族人中有不法之徒以买卖红藤为借口进入黎区，为非作歹，偷盗欺诈；黎峒内也有些恶棍挟私报复，败坏社会风气。因此琼山、定安的“客民”（汉人）徐益昌、刘连运、王明诗等人倡首聚众议约，其后岭门抚黎分局委员范云梯等将红毛峒等将近10个黎峒的总管的意见以及上述汉人的议约规条汇总，向琼州抚黎总局报告，抚黎总局批准后设立了上述禁碑。碑文有三个方面的内容：其一为按律治罪的杀人、放毒、盗窃、破坏牛马庄稼等犯罪行为；其二为倡导公平交易，严禁强行掠夺儿女及牛马抵债；其三为严惩汉民侵犯黎民的犯罪行为，如强奸、欺诈黎民等行为。

除上述禁碑外，海南岛上还有二十来块清代禁碑。这些碑文的基本内容差不多。如琼山县（区）新埠岛“奉县勒碑严禁”碑，为“清乾隆四十一年（1776 年）三月，特授琼山县正堂加三级、琼山县知县汪（浙江桐乡人、贡生）”所立于新埠下村。碑文整体保存完好，禁碑上刻录着官府对村民行为规范和准则的要求，如买卖公平，不许偷盗、赌博、淫邪等。

再如琼山县丁村“奉县示禁”碑，“清嘉庆六年（1801 年），琼山知县郑为”，根据丁村冼性才等村民的呈请，勒碑严禁烂匪、游手棍徒扰害地方，掳掠田园，占毁篱界，纵畜残害田业等。禁碑也警告邻近乡村的有上述行为的人，必须遵守禁约，若被丁村人指名投诉，县里将“以凭拿究，决不稍微宽待”。

与上述禁碑相联系的是约亭，禁碑一般被置于约亭。根据旧地方志记载，清时在州县城内及各大乡村设立讲约之所，雍正时又专设约亭。因此，古时约亭在海南的许多乡镇均有分布。据史载，清朝在琼山县所设立的约亭就有 20 多所，几乎每个大村都有分布。据调查，现在仍有迹可寻的约亭主要集中在海口、澄迈等地，数量估计不会超过 10 座，其中最为有名的是澄迈县大丰村的封平约亭、琼山区丁村约亭等遗迹。所谓约亭，是明清时期在南方各地（乡村）普遍建设的，办理如奉皇帝御旨、官府谕示、旌善纠过、完纳捐税及宾兴助学等地方公益事宜的场所。凡遇事情，当地士绅商民都会聚一处，按照既定程式传达官府谕示、进行告诫与奖惩、商议重大民事、达成有关约定，形成规条。

据《琼山县志》记载："清代顺治九年，颁行六谕，令地方官责成乡约人等，每月朔望（初一、十五）宣诵。康熙九年，复颁十六条；十八年，颁布《乡约全书》，有司偕绅衿齐集公所，及军民人等俱听宣讲。雍正二年，颁《圣谕广训》，又颁十二条附律，令乡社设立约亭，每月朔望，绅衿耆民人等就各约亭宣讲。"

宣讲的内容如《圣谕广训》中"圣谕十六条"，包括敦孝弟以重人伦、笃宗族以昭雍穆、和乡党以息争讼、重农桑以足衣食、尚节俭以惜财用、隆学校以端士习、黜异端以崇正学、讲法律以儆愚顽、明礼让以厚风俗、务本业以定民志、训子弟以禁非为、息诬告以全善良、诫匿逃以免株连、完钱粮以省催科、联保甲以弭盗贼、解雠忿以重身命等十六条。①

三、视为习惯法的黎族无字规约

海南岛传统社会留下来两套规约，一套是前述的以文字形式记载的碑刻规约，另外一套规约则是黎族社会长期孕育出来

① 刘贡、李幸璜：《寻访约亭重拾古代道德》，载 http：//www. hainan. gov. cn/hn/zjhn/hngl/lsyg/201307/t20130717_ 1024468. html。

的只作用于黎族社会自治的无字规约。这套无字规约对黎族社会生活具有法律意义上的调整作用，因而被视为黎族习惯法①。按照法社会学和法人类学的观点，这是一种社会中的法，是一种“活法”，一种地方性知识，并且具有强制性，因而称之为“法”，并因中央政府的认可而具有正当性依据。

黎族是我国岭南民族之一，源于古代百越的一支。现在主要聚居在海南岛地区，是海南岛的原住民。黎族人有自己的语言——黎语，但没有文字。黎族历史悠久，黎族人民长期生活在五指山腹地的中心地区，这里层峦叠嶂，交通极为不便，与外界联系甚少。传统黎族社会的生产力水平极为低下，基本采用刀耕火种的生产方式，社会组织主要有“合亩”和“峒”两种。黎族人民在自己长期的生产生活实践中，形成了独具特色的无字规约，以维护本民族秩序、促进本民族的安定团结和繁衍传承。因黎族主要生存在五指山腹地，关山阻隔，其又没有自己的文字，习惯习俗都是口耳相传，这套规约就只能通过田野调查来进行复现。

黎族无字规约具有一种天然的和谐理念，有着自身特有的价值定位，主要包含了团体本位、秩序、诚信、女性地位崇高四个基本价值。这些基本价值蕴含于黎族无字规约的内容之中：第一，黎族无字规约规范了社会组织与首领的形成机制、权利义务运行模式，彰显了团体本位的价值；第二，黎族无字

① 参见叶英萍：《黎族习惯法：从自治秩序到统一法律秩序》，社科文献出版社2012年版。

规约规范了惩罚机制，对惩罚主体、类型、方式有着明晰规定，确立了以救济为主的惩罚原则；第三，黎族无字规约规范了婚姻家庭运行方式，彰显了女性地位崇高的理念；第四，黎族无字规约规范了民商事活动，确立了重信守诺的原则；第五，黎族无字规约规范了纠纷解决机制，彰显了秩序至上的价值。

在黎族的规约中，有一些非常有特色的制度，值得我们去进一步研究和探讨。比如调整民商事社会关系的“刻木为信”制度，体现了黎族人民社会生活中的诚信理念。“投靠”制度导致人身关系的变化，黎族人民没有汉族的宗法观念，在生活困难的条件下，黎人可以投靠黎族社会的首领（亩头、峒长）以获得荫庇，这是黎族人民的一种生存法则。黎族社会中的械斗制度，是黎族社会颇具特色的纠纷解决制度。黎族社会没有统一的首领，更没有覆盖全民族的层级设置的权力机构，两个独立的社会组织体（如峒与峒）之间的纠纷无法通过上级权力来节制。如果任由纠纷发展下去，矛盾将被无限放大，因此需发展一套阻隔的制度，这就是械斗，通过械斗了结矛盾，最终确定双方的权利和义务。械斗自身是一个程序设置，而不是一场简单的集体非理性行为，其程序中更多的是促进问题解决的程序设置。首领问责制，也是具有黎族特色的社会制度，黎族社会的首领职权与当今社会基层自治机关的职能相类似，黎族对首领要求严格，如果首领不能履行好职责，就会被问责。对首领的问责方式就是罢免，虽然问责力度非常大，但过程很人性化。

新时期以来，黎族社会在乡镇政府的指导下，依照《中华人民共和国村民委员会组织法》等法律法规与党的政策的规定，纷纷制定了各自村寨的村规民约。这些村规民约在很多方面都传承了黎族无字规约的优秀因素，诸如维护社会公序良俗，反对盗窃、打架斗殴等败德坏俗行为，维护集体利益，维护社会治安，等等。黎族无字规约是中国少数民族习惯法的一个重要部分。因黎族少有外族干扰，封闭性强，自身的文化内核的延续性较好，黎族无字规约有着特有的发掘和研究价值，对完善我国乡村治理有着积极的意义。

四、研究黎族无字规约的方法论运用

黎族没有文字，没有建立政权，因而也没有形成自己的法律。在研究黎族无字规约的过程中，应当肯定法人类学的既有研究成果，站在文化持有者的立场来解读黎族无字规约。具体而言，我们尽量使用黎族无字规约的特有概念，尽量还原黎族无字规约的本貌，如用“纠纷解决”而不用“诉讼制度”，用“惩罚机制”而不用“刑事法律”，等等。我们在面对黎族无字规约相关制度的时候，基本上从“主位”的角度去客观评价，如投靠制度、械斗现象。我们研究黎族无字规约的目的是为当下乡村治理的现代化与法治化提供借鉴。分析黎族无字规约的当代裂变与传承是本选题的当然要求。

研究黎族无字规约，要在既有的零散材料中找出黎族无字规约所推崇的价值，建立黎族无字规约的价值谱系。这些价值都是隐晦的，需要我们收集大量的材料，从中予以提炼。由此便产生了两个问题：一是如何正确收集、整理、研读这些无字规约，二是如何从具体的案例中提炼出抽象的价值。我们认为，在研究黎族无字规约的过程中，用自然法的思维寻求未知的无字规约（习惯法）的价值，用法律科学（法律实证主义）的思维去收集、整理和研读无字规约（习惯法），是一套可行的方案。自然法和法律实证主义，这两种不同的思维范式争斗了几百年，它们各有所长而又相互排斥。在研究黎族无字规约的过程中，面对两个截然不同的难题，用两种能够互补的思维范式去解决，是我们应当予以借鉴的。

在具体的研究方法上，我们运用了田野调查与文献资料相结合的方法，运用了历史分析与实证分析相结合的方法，还运用了比较研究的方法。运用田野调查与文献资料相结合的方法，既可以更广泛地收集第一手资料，又可以消除第一手资料的瑕疵，有利于保证材料的可靠性。运用历史分析与实证分析相结合的方法，既可以透析黎族无字规约的演变过程，又可以补充无字规约（习惯法）出现的历史断层现象，有利于全面把握黎族无字规约。运用比较研究的方法，寻找黎族无字规约与其他少数民族习俗的共性和区别，有利于突出黎族无字规约的特色，更深刻地认识黎族无字规约的价值。

在技术路线上，我们首先阅读了前人留下的调查资料：一是古代的地方志；二是古人的游记；三是民族学、民俗学、文学的研究成果；四是海南大学黎族学研究中心、海南省民族协会、海南省民宗局、海南省政协文史资料委员会等部门的文献资料。上述文献资料主要有：宋代周去非的《岭外代问》，清代张庆长的《黎岐纪闻》及清代画册《琼州海黎图》，德国学者史图博（H. Stubel）的《海南岛民族志》，《黎族研究参考资料选集》，詹慈主编的《黎族合亩制论文集》，中南民族学院编辑组主编的《海南岛黎族社会调查》，广东省编辑组主编的《黎族社会历史调查》，海南省政协文史资料委员会主编的《海南文史资料》，王学萍主编的《中国黎族》，邢关英主编的《中国各民族原始宗教资料集：黎族卷》，海南省民族学会主编的《黎族田野调查》，等等。

通过阅读，我们大致能够了解黎族无字规约的基本概况。此后，我们进行了大量的田野调查，在黎区收集了大量传说、民谣、民歌、故事、碑刻等资料。通过将田野调查所得的一手资料与文献资料相互印证，特别是地方志资料、名人游记以及各种前人留下的田野调查资料，无疑促进了我们对黎区传统社会中各种规约的理解与把握。由于文字记录的缺失，田野调查资料或多或少存在一些模糊甚至冲突之处，为我们探求真相设置了阻碍。我们在处理相关问题时，力求用多种资料佐证，尤其重视对其内在逻辑的分析。对于文献资料中的一些认识冲突（如对“文面”的不同理解），我们力求通过实证分析，尽量还原事物的本质面貌。

在研究黎族社会现代乡规民约对传统无字规约的传承及其变迁时，我们收集了有关新闻报道与政府公开的文献，更多采用规范分析的方法，分析了《中华人民共和国村民委员会组织法》及相关法律法规中的相关具体规范，并对照传统无字规约的相关叙述，归纳出其传承、暗合与嬗变规律，力争使结论客观公允。

第一章　黎族传统社会的“亩”“峒”规约

一、“合亩制”规约

正如马克思所说：“每种生产形式都产生出它所特有的法权关系、统治形式等等。”① 按照历史唯物主义的观点，在所有的社会范畴里，生产力是最终起决定作用的因素，法的发展也受到社会生产力的发展水平的制约。黎族地区的生产力水平低下，个人生存能力弱，必须强调团体利益优先，团体利益与个人利益综合平衡。并且，个人的权利因其社会团体成员的身份而受到一定限制，决定了黎族社会组织规约的团体本位特征。“合亩”与峒组织适时产生，并逐渐形成完善的组织内部规则。

---

① 《马克思恩格斯选集》（第4卷），人民出版社1972年版，第103－104页。

（一）“合亩”社会规约

在海南黎族苗族自治州保亭、乐东和白沙（今属琼中）三县交界处的五指山腹心地带，迄至解放前，在当地的黎族中仍保留着一种古老的社会组织——合亩。合亩制地区的人口约有一万三千人，占黎族总人口的4%，合亩制地区的面积不到全州面积的10%。[①] 合亩地区的生产力水平十分低下，物质生活资料的生产以刀耕火种的原始农业为主，辅以打猎和采集，合亩制由此产生和发展。最初的合亩，黎语称之为“纹茂”，即由血缘近亲组成的家族之意。在当时的生产水平下，单靠一家一户是不能独立进行生产的，几户合作成为必要。黎族合伙占有土地进行合作耕种的形式就是合亩。至解放前，合亩名称由“纹茂”改称为“翁堂沃公”便说明了这点。黎语“翁堂沃公”，意思就是“大家一起来做工”，称合亩的土地为“翁堂打”，意即“大家的田”。[②]

1. 亩内人的规约

法律关系主体是法律关系的参加者，即在法律关系中一定权利的享有者和一定义务的承担者。合亩组织中的主体要在合亩社会组织中参与法律关系，就必须具备一定的资格和要求，具有一定的权利能力。

---

① 詹慈编：《黎族合亩制论文集·前言》，广东省民族研究所1983年铅印本。

② 杨鹤书：《论海南黎族合亩制的起源、发展及其性质》，载詹慈编：《黎族合亩制论文集》，第220－225页。

就“合亩”组织本身而言，呈现出一种日耳曼法中“团体”式的类法人特征。“团体自有人格，得以其名义对外为权利义务之主体。……但团体于外部虽为独立一体，于其内部，则仍为多数人之结合，其权利义务，仍归属于各构成员。与法人之对外有独立人格，同时对其内部构成员亦为第三人者亦异。是以团体之外廓为法人，而其内部仍为共同态。换言之，团体云者，仅于对外的形式上为权利主体，于其内部实质上，则仍系其构成员等为权利之主体也。”① 合亩组织相对独立的人格，首先体现在对合亩内的公私生产资料及劳动力统一调配的权利上（如表1）。

表1　保亭县第三区通什乡黄老祥合亩（1954年8月）②

户数	耕地（亩）	劳动力						耕牛	主要农具				
		合计		全		半			犁	耙	铲	钩刀	锄头
		男	女	男	女	男	女						
6	20	6	6	6	5	0	1	6	6	6	4	8	8

“合亩”是各户自愿组成的生产组织，“亩”内土地、耕牛等主要生产资料，不分彼此合在一起，由全“亩”统一使用。③

① 李宜琛：《日尔曼法概说》，中国政法大学出版社2003年版，第34－35页。

② 中南民族学院编辑组：《海南岛黎族社会调查》，广西民族出版社1992年版，第200页。

③ 中南民族学院编辑组：《海南岛黎族社会调查》，广西民族出版社1992年版，第127页。

这种统一调配的规则，使得合亩内的生产效率大为提高，合亩组织在生产力发展水平低下、自然环境恶劣的条件下，仍然能够顽强地生存和发展下来。

其次，合亩组织对其内部成员的债务或者经济惩罚，以其组织内的共有财产，承担连带责任。

据王老洪说，在王老木的祖父王老报做亩头时，对某些困难户，合亩有特殊的照顾。如王老报合亩中的王老报、王老未、王老巴、王老棒等四人，他们由于生病向南冲村王供猜各借 1 头牛祭鬼。所借的每头牛，每年支付利息谷 1 拇，他们无力支付。因此，合亩在分配产品时，就先留出稻谷 4 拇，代他们四人支付牛租。①

王老排多病，多杀了 1 头共有牛做鬼；王老排在乐东买盐时不按时还款，被罚牛 1 头和光洋 6 个；王老排的儿子偷了崖县汉商的手捻小刀，被罚牛 3 头。这些都是用共有牛或出卖共有田款偿还的。②

亩头作为合亩组织的一员，一方面是合亩组织的领袖，具有领导合亩组织的职能，对外则代表合亩，充任“法定代表人”的角色；另一方面又是普通亩众，与其他合亩成员享有同等的权利与义务，没有任何特权。

亩众取得合亩成员资格，最主要的是基于血缘关系。亩的

---

① 广东省编辑组：《黎族社会历史调查》，民族出版社 1986 年版，第 121 页。

② 广东省编辑组：《黎族社会历史调查》，民族出版社 1986 年版，第 111 页。

组织有大有小，最小的合亩仅有2户，通称“兄弟亩”“父子亩”，最大的达30多户，有些地区以小亩为多，有些地区以大亩为多，不同地区情况不一。一般来说2~6户较为普遍；20~30户的大亩比较少，均由父子、兄弟、叔侄、堂兄弟、岳父、女婿、舅父外甥等直系或旁系血亲组成。另外，也存在以亲属组织为基础，吸收外来穷人或“龙仔”参加的“合亩组织”。“龙仔”一般拜亩头为“龙公”，并且经过其他亩众的同意，通过举办酒席等仪式后正式成为合亩组织的一员，享有与其他亩众同等的地位。

2. 亩内行为的规约

在合亩组织内，其社会成员最基本的权利与义务就是劳动。劳动首先是权利，每个有劳动能力的亩众都有通过劳动来获取保障自己的生存和发展的最基本的生产资料的权利；劳动同时又是一种义务，每个亩众必须劳动，为合亩创造财富，保障组织的生存与发展。除了亩众单独进行的捕鱼、砍山栏等简单生产劳动外，集体劳动成为亩众生活的主要形式。

在“合亩”之内，在“亩头”夫妇的带领下进行简单的集体劳动，对劳动力的使用和分配一般事先不做有计划的调配，而是以“一起做完”为原则。例如，犁田时，事先不考虑需要翻土的面积有多少，而是让“合亩”内的男性成员一齐下田，犁完之后再做其他工作；妇女插秧，也是一齐动手把秧拔完后再插秧。[1]

合亩的生产活动有着严格的性别分工。一般男子负责犁田、赶牛踩田、挑担、砍山栏、戳山栏穴等，妇女负责拔秧、插秧、割稻、下山栏种等。老幼则按体力条件分工，稻谷成熟的时候，老人负责赶鸟，平时看田水，照管幼儿，小孩负责放牛或做家务等。由于男女之间的工作范围成为固定的习惯，因此，在工作中男不帮女，女不帮男，如妇女拔了秧，则等男人把秧挑到田中去后才去插秧，妇女割完稻后空手返家，等待男子挑回，即使遇着台风或下大雨，亦听任放置损失。“男人不做女人工”和“女人不做男人工”的传统被作为一种“禁忌”而被顽固地保留着。[2]

合亩的生产习惯是共同劳动，同出同归，每一样农事大都集中全亩的男劳动力和耕牛一起干；插秧亦是集中全亩妇女一起下田，表现了平均主义的简单劳动协作。

如果不履行劳动的义务，亩众就可能被取消亩众资格，被强制退出合亩组织，在当时的社会条件下，相当于被判了死刑。如“极个别好吃懒做的亩众，屡教不改，便有勒令退亩，成为单干户的可能”。[3]

帮助他人的义务与接受帮助的权利，同样是黎族社会生活

---

① 中南民族学院编辑组：《海南岛黎族社会调查》，广西民族出版社1992年版，第36页。

② 中南民族学院编辑组：《海南岛黎族社会调查》，广西民族出版社1992年版，第36页。

③ 中南民族学院编辑组：《海南岛黎族社会调查》，广西民族出版社1992年版，第41页。

的重要内容。人是社会的动物，人不能离开社会而生活，黎谚云：

兄弟姐妹要团结一心，
就象紧围的篱笆一样拥抱在一起；
兄弟姐妹要互相照顾，大家才有母鸡孵蛋般的温暖。①

帮助的形式主要是金钱帮助和劳务援助，帮助的内容涵盖了黎族社会生活的各个方面。无论婚宴还是丧礼，同合亩的人都会去帮忙。有人患病举行宗教仪式时，全亩成员也会给予关怀和照料。这些都是义务，不需要给任何报酬。

在“合亩”内，亲兄弟间有人缺粮或遇到婚、丧、病等大事，其余兄弟一定会主动帮忙；以后有就还，没有也可以不还。除亲兄弟外，一般是有借必还，但一律不限期，不计息。②

在生活上，如遇老人生病，一般先由族内处理，处理不了，村里处理。有人有困难，族内先帮，如果解决不了，全村帮忙。③

合亩制地区都是小家庭制，以户为消费单位。人口多的户，在粮食不够吃时，可以向亩内其他户借用或向亩头要一些

---

① 海南省民族学会本书编写组：《黎族田野调查》，2006 年 7 月编印，第 152 页。

② 中南民族学院编辑组：《海南岛黎族社会调查》，广西民族出版社 1992 年版，第 135 页。

③ 海南省民族学会本书编写组：《黎族田野调查》，2006 年 7 月编印，第 75 页。

“稻公稻母”，这些借用的粮食，可以还，也可以不还。

3. 亩内物的控制规约

在合亩组织内，牛只、土地等生产资料既有公有又有私有的情况，劳动工具一般私有。对于公有的牛只、土地等生产资料由合亩成员共享所有权，这是毫无疑问的。亩众对私有的牛只、土地等生产资料及劳动工具所享有的所有权不会被组织所剥夺，但其使用权被组织所限制，必须由组织统一调配，并且不计报酬，劳动工具被损坏后由各户自己修理。

合亩分配劳动产品的原则是按户平均分配，对人口多少、劳动力多寡都不加照顾，每个亩众都享有分配劳动产品的权利。在分配前先扣除以下留粮：一是种子。二是给亩头留下“稻公稻母”（合亩收获时由亩头保管留作备荒或待客用的谷子，但实际上是归亩头所有，而亩众却认为，如不给亩头，则来年不会得到丰收）。三是“留新禾”。收割时，先留 10 至 12 把稻谷（约 24 斤）给亩头煮饭酿酒，亩头吃了新谷，亩众才能开始吃新粮，它也有祈丰年之意。四是“聚餐粮”。留谷几十斤，交亩头酿酒，待来年插完秧后合亩成员共饮，有米剩余则煮饭吃。五是“公家粮”“青年粮”。公家粮的数量由大家商定，是否动用也由大家商定。亩头可以用它来待客，有人结婚、盖房或者有困难时也可以动用此粮。有的合亩还设有“青年粮”，一般是劳动力强的给 24 把（约 48 斤），劳动力弱的给 12 把，供他们积攒做衣服。当年要办婚事的青年（一年只限一人）应留糯谷 72 把以备酿酒。总之，扣除以上留粮后，不分亩头、亩众，产品都按户平均分配。在分配时由亩头掌握，按户一把一把地分配，割完一片分一片，分完为止。

（二）"亩头"规约

每一个"合亩"皆有一个亩头，黎语称"俄布笼"，"俄"意为头，"布笼"意为家，直译为"家头"，即家长之意；也有的地区称为"头耕"或"禾打"。"亩头"意为带头犁田的老人，即"犁第一路田的人"。亩头由"合亩"内血缘亲属中的男长辈依次担任，一般不由选举产生，兄终弟及、父死子继。若亩头死时，既无弟也无子，或子尚年幼，则由全体亩众另选亩头。亩头的产生以继承为主，也有民主推选的情况。①

1. 权力义务设置规约

"亩头"权力的行使，涵盖了黎族社会生活的方方面面，从组织生产到公共事务的管理，有着类似现代政府的职能。其调处纠纷的权力，又兼具现代司法调解的特点。

（1）组织领导生产规约

"亩头"意指"带头犁田的老人"，由合亩内亲属的男长辈充任。亩头有着传统的权威，负责组织和领导全合亩成员进行生产，如犁田、收割、选地等农事活动都由"亩头"领头做，亩众才下田耕作。亩头在生产前要举行带有宗教迷信性质的仪式，平时要督促亩众从事生产活动，并亲自察水、看稻和

① 广东省编辑组：《黎族社会历史调查》，民族出版社1986年版，第145页。

围篱。“亩头”是合亩内一亩之长，按传统的风俗习惯领导合亩，亩众对“亩头”绝对服从，“亩头”对怠工的亩众有权批评教育，对外则代表合亩。“亩头”的妻子也是亩内妇女劳动生产的带头人，如拔秧、插秧、割稻、捻稻等都由“亩头”妻子领头，妇女们才跟着下田劳动。

（2）公共事务管理规约

亩头对亩内各户的副业及家务，虽然不直接干预，但亩员盖房子、结婚等，事先要征求亩头的意见，否则出了差错亩头就要指责。如合亩成员要选择对象，也请亩头向别村代为物色；有些合亩成员选对象，要与亩头商量；亩头还要出面和对方议定聘礼的数量。全合亩买卖水田、旱田和牛只等共有的生产资料，必须经全体亩众一致同意后，亩头才能代表合亩出面买卖。

（3）调处纠纷规约

事实上，在合亩内部由于成员之间联系紧密，亩头对合亩内部的严密管理以及合亩成员对公众事务参与的民主性与广泛性，一般都按照祖先留传下来的规约行事，合亩内部就从未出现过严重的纠纷。一些小的内部纠纷，亩头有责任调解；但对于别村或虽同村但不同合亩的亩众所发生的口角等事，该亩头则无权处理。但合亩和合亩之间如有人因醉酒打架，亩头要出面调解和训诲。

（4）行政管理规约

亩头是合亩的组织者和领导者，对外又代表合亩处理问题。据王老洪说，保亭县第三区雅袁乡原来是一个峒，首领是头家；头家通过亩头向合亩内各户收缴并上交总管，再由总管交给上级的地方官吏。头家通过亩头告诫合亩内的成员不要盗窃，不要吵架；亩内发生纠纷则由亩头负责处理。据王老缇说，过去雅袁曾与毛道合并为一个峒，峒长是毛道的王朝平；峒长召开全峒的群众大会时，雅袁因路远，一般只有亩头和奥雅（老人）去参加，再由他们向亩众传达。①

亩头权力的行使，更多的是一种职权的表述，权力与责任相统一。在黎族社会中亩头的权力有一定的强制性，其目的是保障亩众的权利，领导生产是为了保障每个亩众的生存权与发展权，公共事务管理、调处纠纷等则是为了维持整个社会组织的秩序。亩头权力内容的广泛，也恰恰说明了黎族社会中个人力量的弱小，对集体的依赖性强，甚至连结婚、盖房等现代人眼里的日常生活小事，在黎族社会中也需要首领权力的介入。亩头的权力，不仅要行使，更要行使好，为了行使好权力，亩头要比普通亩众承担更多的义务。

亩头在开始犁田之日，在往返途中忌与人谈话；田间不能睡觉，否则将来禾稻会被风吹倒；亦忌食青菜，否则田中杂草多；不准别人进屋，不准放火炭在门口，否则不但稻子不好，人也会患病。

亩头夫妇在收新谷之日，不能吃粥，只能吃饭，否则将来稻子不结实；同时亦不准外村人进屋，忌与家人谈话；自收新

① 广东省编辑组：《黎族社会历史调查》，民族出版社1986年版，第125页。

谷之日起，四天内不能离开本村，否则庄稼不好，人也害病。①

2. 任职资格规约

亩头权力更多体现的是一种责任，作为亩头要行使好权力，首先必须具备一定的资格。亩头作为合亩地区的领袖，就调查乐东县番阳乡的情况而言，应当具备的条件和能力有：

第一，必须是长辈，只有年老的人被认为是有经验和有能力的人。

第二，已婚，妻子已在丈夫家定居，自成1户。如在农忙正需要亩头带领亩众生产时，其妻突然死亡，当时他就不能带头生产了，而农时又不能耽误，于是，全体亩众就一齐下田生产。若亩头之妻是在非农忙时亡故，则亩头必须尽快续娶，到农忙时可带头生产。若亩头迟迟不续娶，亩头即由亩内次于亩头的长辈继任之。俟前亩头续妻后，便立即恢复亩头的职责。如什茂村王老立合亩亩头王老立的妻子解放前夕死亡，即由其弟王老牙继任亩头，当王老立续妻后，仍由王老立做亩头。有些亩头年老时妻亡，不打算再续娶的，就不能继续做亩头了。

第三，有生产经验，懂农事活动，有能力组织和管理合亩的生产。

① 中南民族学院编辑组：《海南岛黎族社会调查》，广西民族出版社1992年版，第179页。

第四，在生产上懂得宗教仪式。[①]

另外，龙仔不能当亩头，但龙仔离开了龙公合亩或者独立成为一个合亩时，就可以充当自己合亩的亩头。在新建的村中就有许多这样的情况。他们从迁来这个村起，便拜认龙公，但他们自己另组合亩，另选亩头。

从亩头应当具备的条件可以看出，在传统黎族社会的首领选任中，其条件是自然而苛刻的，辈分、经验等都成了首要因素。这是由黎族社会作为传统农业社会的条件决定的。在以血缘关系为纽带的社会里，作为长辈并且具备生产经验等能力，自然而然就会成为合亩中的领袖，成为合亩这个团体中的权威。威望与能力的结合，正好体现了首领所应当具备的素质与要求。当首领不能履行其职责时，必然会受到追究。

亩头责任追究的一种方式是撤换和罢免，一般是由亩众对其身体条件和能力条件进行综合考量。一种情况是亩众认为亩头领导生产的能力不足。例如：

毛贵乡的合亩中王光顿任亩头时，由于收成不好，改换由王家春担任亩头。[②]

但也不是一遇到收成不好就换亩头，如：

① 广东省编辑组：《黎族社会历史调查》，民族出版社1986年版，第145页。

② 广东省编辑组：《黎族社会历史调查》，民族出版社1986年版，第183页。

王老碍任亩头时，有一年收成不好，而亩众却认为他能领导好生产，不改选亩头。[①]

另一种情况是在浸种前，踩稻谷（稻谷是一把把地储存，需要时脱粒）时，如果亩头生病了便要撤换，因为按习俗亩头必须领先踩稻谷，否则会影响生产。王老碍任亩头时，恰好在踩稻谷那天生了病，亩众便改选王文贵担任亩头。[②]

改选亩头不是随意的，如果是自然灾害导致收成不好，则不能更换。

亩头在组织和管理合亩的过程中，若逢年景不好，不能因此换亩头。如由原亩头的后辈僭越当了亩头，群众认为僭越者将会致病，是不吉利的。[③]

还有一种撤换的方式就是自动退位。如果兄长做亩头时，庄稼长得不好，人不平安，应自动让位给弟弟，由弟弟担任亩头，毛枝乡空亲村黄老伊就是自动让位给他的弟弟黄老痒的。[④]

由此可见，亩头的任期不是终身制。在任内亩头必须履行好自己的职责。亩众充当着民主监察者的角色，对亩头的领导

① 广东省编辑组：《黎族社会历史调查》，民族出版社1986年版，第183页。

② 广东省编辑组：《黎族社会历史调查》，民族出版社1986年版，第183页。

③ 广东省编辑组：《黎族社会历史调查》，民族出版社1986年版，第183页。

④ 广东省编辑组：《黎族社会历史调查》，民族出版社1986年版，第88页。

生产职责履行情况进行综合评价，一旦认为亩头不符合条件和要求，就会行使自己的权利，对亩头进行撤换。

另外，就整个合亩组织而言，亩头有教育和管理好亩众的责任，亩头也会因亩众的不法行为而被问责。

在乐东县三平区番阳乡的合亩中，若本合亩的人有偷盗行为，失者就找偷盗者所在合亩的亩头，要该合亩负责赔偿；如该亩头不理，则与偷盗者一起被抓治罪。① 在白沙县（现改属琼中县）什运区毛贵乡的合亩中，亩头对于本合亩成员的行为所负的责任，视血缘关系的亲疏或事件的大小而定。例如在由拥有同一个祖父的人组成的合亩中，如果其中某人因偷盗、放寮或其他原因被别人追究时，除抓当事人外，还要抓亩头，即使当事人的父亲尚在，也要抓亩头。同一合亩，但血缘关系较疏的，亩头并不对他的行为负责。但是，如果事件重大如杀人等，则不只亩头，连村头也要负责。一般情况下，合亩成员出了事，不论是否应由亩头负责，出事者都要找亩头商量，亩头有责任帮他想办法解决问题。②

3. 亩内群众民主参与决策规约

亩头权力的行使，除了亩头靠自己的能力与威望对亩众进行尽职服务外，亩众民主参与决策也是亩头权力得以贯彻和有效执行的一个重要因素。

---

① 广东省编辑组：《黎族社会历史调查》，民族出版社 1986 年版，第 146 页。

② 广东省编辑组：《黎族社会历史调查》，民族出版社 1986 年版，第 207 页。

亩头的产生，无论是继承还是民主推选的方式，都会有亩众的参与，亩众对亩头的产生有最终决定权。

亩头死了，全合亩的成员聚集在一起，由本合亩的一位年长者对全体亩众说：“现在亩头死了，以后应由某某作亩头。”如果亩众无异议，就决定由某某作亩头。①

亩头在临死前，要教育继承人如何领导生产，怎样举行生产仪式，并嘱咐亩员要听从新亩头的领导和教诲。②

白沙县毛贵乡（现属琼中县）的亩头是在全体成员商量，并取得一致意见的情况下担任的，比按班辈长幼次第轮流更加民主。如果对亩头人选的意见有分歧，他们就另行推举，一直讨论到大家同意为止。一般的条件是能够领导生产，能说会道。

例如中华人民共和国成立后，王登贵回到番满村，他具备上述条件，亩众便一致推选他担任亩头；当时比他长一辈的王登贵的父亲、王登贵的堂叔父都没有被推举为亩头。王老旦、王贵电，也是通过合亩成员的讨论，经同意后才担任亩头的。亩头死后，也按上述原则推举新亩头。据群众讲：产生亩头的原则和办法是祖先传下来的。但从什么时候开始采用这种方法，群众记不清。③

---

① 广东省编辑组：《黎族社会历史调查》，民族出版社 1986 年版，第 145 页。

② 广东省编辑组：《黎族社会历史调查》，民族出版社 1986 年版，第 88 页。

③ 广东省编辑组：《黎族社会历史调查》，民族出版社 1986 年版，第 182－183 页。

根据洪吐村“侾”支的老人罗阿农说：侾人初来时只有几户人，及后人口渐多，遂由一些年纪较长并懂得事理的老人跟一些年青人商量，考虑在侾人中，哪一位能代表侾人说话的；有人提名，大家同意，这些新迁来的侾人群体的“头人”遂告产生。①

合亩内的重大事情，诸如土地和牛只的买卖、接收“龙仔”等事，也要征得亩众的同意。亩众参与决策，一般要达到全体一致的效果才有执行力。因此，亩头权力的行使，具有天然的亲民性特点，亩众的权利对亩头的权力形成了强有力的制约，使得权力真正成为权利的保障。

二、“峒”规约

在今五指山、保亭、琼中等地，解放前仍保留着一种具有特色的基层社会政治组织，即“峒”，黎语称为 kom，原意是“人民共同居住的一定地域”，汉语音译为“弓”或“峒”。峒的组织是黎族社会中合亩之上的最高社会组织，按传统相当于部落，合亩间的一切事务都由峒负责解决。除封建王朝设置的政权组织之外，没有发现黎族有居于峒之上的更高一层的社会组织。随着中央政权在黎族社会内部的逐步深入，它也逐渐与封建统治政权的基层组织结合为一体，成为封建统治政权基层组织的一个组成部分。每个峒皆有其固定的地域，一般以山

① 张寿祺、黄新美：《海南岛乐东县番阳区黎族群体变化的研究》，海南大学内部刊物，第20页。

岭、河流的自然地形为峒界，并立碑砌石、种树栽竹、插木板或埋牛角以作为分界的标志。河流及山地森林属全峒共有，外峒的人不得越界侵占。黎族峒的组织历史悠久，在历史上对黎族社会的存在和发展影响深远。

据保亭县第三区毛道乡抗矛村的王老董说：“相传从远祖朴基来到这里的时候，已经有了峒的名称。”南充村的王老雷说：“在很早以前已经有了峒，但是从什么时候开始不清楚。”抗班村的王老满也说：“峒的出现是很久以前的事情。”①

由此可以断定，黎族社会中的峒的历史悠久，自其有先祖开始，就伴随出现了峒的组织，并且一直持续到解放前夕。

（一）峒组织规约

1. 峒成员规约

峒是黎族社会最高一级的社会组织，峒组织最首要的规则就是疆界的划分。费孝通曾经说过：“血缘是稳定的力量。在稳定的社会中，地缘不过是血缘的投影，不分离的。‘生于斯，死于斯’把人和地的因缘固定了。”② 在这点上，中国传统的乡土社会与黎族社会极其相似。然而，黎族社会的地域更缺少变化，每个峒有固定的地域，共同地域是峒的必不可少的一个条件。峒的地域一般以山岭、河流为界，并且立碑、砌石，有的则种树、栽竹、插木板、埋牛角等作标志，因此，峒

---

① 广东省编辑组：《黎族社会历史调查》，民族出版社1986年版，第57页。
② 费孝通：《乡土中国》，北京出版社2005年版，第101－102页。

与峒之间有着清晰的界线。划分疆界后，峒与峒之间有各自的行政区域与管辖范围。如解放前雅袁乡由一个合亩或两个以上的合亩组成一个自然村，六个自然村组成雅袁峒。峒有大峒、小峒之分，大峒之内包括若干小峒，每个小峒最初是由同一血缘集团的人居住的。如琼中红毛下峒，包括毛贵、喃唠、毛兴、毛路、牙开等五个小峒，一个小峒之内往往有两个以上的自然村。

鉴于地域的重要性，划分疆界有一定的手续和仪式，必须依照严格的程序进行。

在立标的那一天，两峒的群众均前往参加，由两峒的首领主持立界，双方首领还要各自向本峒的群众说明，要严格遵守界限，并带领群众沿着疆界走一遍。①

关于峒界的划定，根据王老满说，仪式如下：峒界划定之后，由峒杀一头牛制成牛肉串，分送给邻近诸峒的峒长；各峒长把送来的牛肉串挂在自己的门前，并训诫本峒之人，此后不要侵犯对方的峒界。②

由此可见，划分疆界首先要由峒长和峒组织全体成员参与，并且峒长要向本峒成员履行告知义务，还伴有正式的仪式，最后，对侵犯峒界的行为提出警告，告知其会承担不利的后果。

疆界的划分加强了地域的稳定性，峒组织成员与外界的交

① 广东省编辑组：《黎族社会历史调查》，民族出版社1986年版，第126页。

② 广东省编辑组：《黎族社会历史调查》，民族出版社1986年版，第57页。

往较少，而彼此之间联系紧密，具有强烈的“同峒皆兄弟”的团体意识。

峒作为黎族社会中最早的组织，最初表现为血缘关系，之后逐渐发展为血缘和地域相结合的社会组织，最后逐渐提升了血缘关系、经济关系在峒中的地位，从而形成了千百年来一直左右黎族人民社会政治生活的思想基础——“同峒皆兄弟”的意识。①

成员在本地域内共同生产生活，按峒组规约调整自己的社会关系，权利义务同样具有高度一致性。并且这种关系相当紧密，牢不可破，这也是黎族社会得以稳固和传承的根本原因。

同时，“同峒皆兄弟”也包含了一种朴素的平等观，这种朴素的平等观是与生俱来的，没有身份地位等级差异。峒长虽然具备黎族社会首领和中央政府委任的基层官员的双重身份，但他和亩头一样没有特权，和普通峒组织成员的权利义务一致。峒组织成员主要以血缘关系为纽带，也有“龙仔”通过拜峒组织首领为龙公而形成一种拟制血缘关系，成为峒组织的一员。

疆界被划分后，不同的峒组织便分属不同的团体，如果要越界获取经济利益，必须遵循一定的程序。

抗班村王老满说：“如果甲峒的人必须越界到乙峒开垦荒地，越界开垦者就要先请本峒峒长送猪肉和酒给对方的峒长，由两位峒长一起喝酒商量此事；待对方峒长征得全峒亩头的同

① 高泽强、文珍：《海南黎族研究》，海南出版社2008年版，第79页。

意后，才允许越界开荒，但多以一年为期，如第二年再欲越界垦地，则仍需按上述过程，征询对方峒长的意见。”

据王老满说，大约在六十年前，王老魏的祖父任峒长时，毛枝峒有人想来毛道峒开荒，便请毛枝峒峒长挑着1缸酒和1头二三十斤重的猪，送给王老魏的祖父。于是，王老魏的祖父便约请两峒的亩头一起喝酒。最后，他们商量决定，同意这位毛枝人来毛道峒开荒，但种植一年后，即回毛枝去。①

2. 峒内行为规约

在峒的疆界被划分后，其疆界是神圣不可侵犯的，保卫疆界是每个峒组织成员的首要义务，也是峒组织规约的安全价值的重要表现，一个社会如果失去安全，其生存与发展根本无法保证。因此，在一方峒界受到侵犯时，组织成员会以武力斗争的方式来保卫，并且为保证战争的胜利，会牺牲自己的财产权利争取外援。

住在毛道峒的土著朴基和朴冲及其后代，以及后来逐渐移居该峒的“龙仔”及其子孙，便构成今日毛道的居民。土著与移民本无血缘关系，但在保卫峒的疆界，以及因事与外峒斗争时，却行动一致。如果与外峒发生械斗，全峒人都要参加战斗；为了取胜，向外求援，所需的费用也由全峒人共同负担。②

① 广东省编辑组：《黎族社会历史调查》，民族出版社1986年版，第158页。

② 广东省编辑组：《黎族社会历史调查》，民族出版社1986年版，第150页。

在没有对疆界实施根本性侵犯的前提下，对于一些越界获取的经济利益，必须退还其获得的不当得利，并有一些经济性的惩罚措施。

对越界开垦种植作物者的处理是：由双方村寨头人出面，将越界开垦收获的作物产品分成两半，地主和受罚者各一半，并罚越界开垦者公鸡一只和米酒 20 市斤，酬谢出面处理此事的头人；越界开垦的耕地要全部退还，受罚者还要请村里有权威的两个人担保，保证以后不再越界垦荒。①

峒内各成员在生活中有相互帮助的义务。

峒内各“合亩”在生产和生活上会相互支援和帮助，婚丧上互相关怀和庆吊。如在生产上，只要得到要求援助的“合亩”的亩头夫妇的通知，其他“合亩”便去支援。为表示酬谢，求助者大都招待前来支援的人每日吃一顿饭，事毕杀猪杀牛共吃一顿酒等。②

3. 峒内物的控制规约

与合亩类似，峒内的土地的所有权与使用权也相分离，峒组织有集体使用土地的权利。

峒内土地，全峒均可使用。据宋代文献记载：“自来黎峒田土，各峒通占有，公耕分收。”直至解放时，黎族地区有些

---

① 符和积：《黎族史料专辑》（第 7 辑），南海出版公司 1993 年版，第 115 页。

② 孔季丰：《试论合亩制的性质》，载詹慈编：《黎族合亩制论文集》，广东省民族研究所 1983 年铅印本。

山地、荒地仍属全村或全峒公有。[1]

然而，像继承和财产转让等民事活动一样，由于峒组织成员身份的特殊性，要受到一定的限制，劳动产品的分配亦是如此。其财产的受让，均是内部成员优先，主要在组织内部流转。该规则只是对本峒成员有效，对别的峒组织成员不具有约束力。

氏族或胞族的任何一个人都没有以遗嘱处理财产的权利。绝而无后者，他所属的氏族或胞族的男子便是自然的承袭者。富人与穷人在同一氏族中，他们有相互救济的义务。个人打得猎物时，部分肉分给参见者，部分给本氏族的人。用头部煮一大锅汤，分给部落峒各户，把头肉给本氏族品尝。[2]

氏族成员出售和转让财产，要在成员之间进行。倘若因不可抗拒的天灾人祸，要出售或转让财产，必须先在胞族各家族间进行。胞族若无能力继承，则在本氏族成员间进行。如果本氏族各胞族都无能力承继，方可出售转让给另一氏族。3 年之后，卖方有赎回一部分或全部的权利。买方因意外事故，要退或转卖，也必须退或卖给原主或原主所属的氏族的成员，只有在他们无能力赎回的情况下，才允许转卖给其他氏族。[3]

---

① 邢关英：《黎族》，民族出版社 1990 年版，第 35 页。

② 符和积：《黎族史料专辑》（第 7 辑），南海出版公司 1993 年版，第 10 页。

③ 符和积：《黎族史料专辑》（第 7 辑），南海出版公司 1993 年版，第 10－11 页。

4. 峒组织规约

在峒组织内部，人人都得严格遵守规约，尤其是当面临峒内重大事情时，人人都有义务参与应对。

《纪闻》还记载了黎族内部严格的族规：“遇有事，峒长、黎练以竹箭传唤，无不至者，其信而畏法如此。”“头目有事传呼，截竹缚藤，以次相传，谓之传箭，群黎见而趋赴，若奉符信，无敢后者。”对违反本族族规之人，将毫不留情，“未婚黎女，不禁野合，涅面为妇，则不容有二，有则群黎立杀之。”①

峒组织规约具有很强的约束力，成员普遍遵守，并且守约意识很强，鲜有违背。违背黎族社会组织规约，将承担极其不利的后果，甚至包括生命权的剥夺。美国法人类学家霍贝尔在《原始人的法》中指出法的首要特征是“特殊的强力”，所谓特殊的强力，即法的强制性。② 黎族社会组织习惯之所以被称为习惯法，也恰恰因为其强制性。

（二）峒长规约

在黎族社会里，一般老年人都受到尊敬，人们称以“奥雅”。黎语“奥雅”［Ao - Lja］就是“老人”的意思。峒长乃“奥雅”之首，人们叫他“奥雅弄”。“弄”［Luny］是大的意

---

① 转引自彭家典：《试论“黎岐纪闻”》，载海南民族研究所：《拂晓历史的尘埃——黎族古籍研究》，云南民族出版社 2006 年版，第 85 页。

② ［美］E. 霍贝尔：《原始人的法》，严存生等译，贵州人民出版社 1992 年版，第 5 页。

思。又因为峒长往往被统治阶级封官，因而又在“奥雅”之后加上“门”［Mun］字，即“当了官的老人”的意思。峒长还被称为“毕寡”［Pi－Kwa］，“毕”［Pi］是母亲之意，“寡”［Kwa］是管理的意思，即形容峒长像母亲一样管理峒内的事务。我们怀疑“寡”［Kwa］是汉语“管”字的借词，很可能是指比峒长更高一级的清代封赐的“总管”。

1. 土官身份的双重性

黎族的峒长，最初的身份是峒组织的领袖。作为黎族最高级的社会组织的首领，其选任要求比亩头更严格，对能力与威望的要求更高。

“村峒无生熟黎之分，皆有长，曰峒头”①，人们一般称他们为峒长。据《琼州苗黎记》记载：“生黎风俗纯厚处处可见，而于酋长之产生，即可窥其大半焉。”② 这里的酋长也称为峒长。因此黎人的社会组织，由其峒长的产生方法便知。

关于峒长的产生，据说是从各自然村的村头中筛选出辈分最高、知识最丰富、家族影响力最大以及德高望重的人来担任。在血缘关系较为单一的峒中，凡杂居的外来居民一般不能当峒长，只有当外来居民占有相当的比例时才可以参加峒长选举。

村落的头人或酋长，美孚方言黎族称“奥迓”。“奥迓”

---

① K. T.：《琼州苗黎记》，载《社会月报》第1卷第7期，民国二十四年四月十五日出版。

② K. T.：《琼州苗黎记》，载《社会月报》第1卷第7期，民国二十四年四月十五日出版。

是宗族之间、氏族之间、村落内外出现的矛盾纠纷的调解者和处理者。在械斗、战争年代，他们是调派武装、指挥打仗的首领，并且英勇果断、身先士卒，不断地树立自己的形象和权威；在和平时代，他们是生产生活、宗教祭祀的指导者和组织者。①

“奥迓”一般是由村中阅历较广、经验丰富、为人正直、德高望重、热心公益的长者担任。②

峒长的选任在黎族社会中是头等大事，关系到整个社会的生存与发展。其方式有继承和民主推选两种，无论由哪种方式产生，峒长都必须具备相应的资格与条件。

就继承制度而言，黎族峒长的产生，与易洛魁人氏族社会类似。在易洛魁人氏族社会中，“酋长死后，由氏族全体推补，最先获得选补优先权的，是已做酋长的最近的氏族亲族——兄弟或姐妹的儿子。”

《萧志》：“熟黎……村峒以先入者为峒首，同入共力者为头目，父死子继，夫亡妇主。”③

《海南岛志》：“黎人择地而居，自谋生活。先至者为峒主，称头家。……头家世袭，父死子继，间亦有村人公举。”④

---

① 符兴恩：《黎族·美孚方言》，香港银河出版社2007年版，第102页。

② 符兴恩：《黎族·美孚方言》，香港银河出版社2007年版，第102页。

③ 王兴瑞：《琼崖黎人社会概观》，载《黎族研究参考资料选集》，广东省民族研究所1983年版，第153页。

④ 王兴瑞：《琼崖黎人社会概观》，载《黎族研究参考资料选集》，广东省民族研究所1983年版，第153页。

就民主推选而言，许多史料也有所提及。

《旧志》：“熟歧本南、思、藤、梧、高、化（诸州人）；昔从征至此，迫掠土黎，占立其地，种落寝蕃，自立峒头目。”（《天下郡国利病书》引）①

《萧志》：“熟黎……其先世因从征至此，利其山水田地，创为村峒，先入者为峒头。”②

《崖县现况》：“村落组织，系部落制，一村一部落。（部落即峒）每一部落推一长者为酋长。”③

《海南岛志》：“黎人择地而居，自谋生活，先至者为峒主，称头家。”④

在民主推选过程中，峒长的产生也不是一蹴而就的，而是经过多次考验，在民众中逐步树立自己的威信。

符兴保经过村内村外的一次次考验，才取得了村民的信任，树立了自己的威望。因此每当有案在身，村民都爱请他去论理，而且准能打赢官司。经过村里多位老人举荐，符兴保最终成为村民爱戴的“奥迓”⑤

---

① 王兴瑞：《琼崖黎人社会概观》，载《黎族研究参考资料选集》，广东省民族研究所1983年版，第152页。

② 王兴瑞：《琼崖黎人社会概观》，载《黎族研究参考资料选集》，广东省民族研究所1983年版，第152页。

③ 王兴瑞：《琼崖黎人社会概观》，载《黎族研究参考资料选集》，广东省民族研究所1983年版，第152页。

④ 王兴瑞：《琼崖黎人社会概观》，载《黎族研究参考资料选集》，广东省民族研究所1983年版，第152页。

⑤ 符兴恩：《黎族·美孚方言》，香港银河出版社2007年版，第103页。

被选人在当选峒长后，要经过中央政府的加封委任，才能够正式上任。峒长的职权因此带有明显的双重性，其权力因中央政府的册封而强化，在黎族社会内部具有合法性。中央政府的加封委任，有着较为正式的程序和仪式，峒长还会被赐予一定的物品，作为权力的象征。

峒长死后，一般不另选，由其子继任，无子可由其弟继任。新一任峒长也要经过总管加委，才能正式上任。大约19世纪末，红毛峒总管王政和曾亲自到番阳，加委什茂村王琼荣为番阳的峒长。在王政和来之前，全峒男女一起出动，锄草、修路。当王政和骑马将到番阳时，由各村哨官、头家或老人在村内击鼓，召集全体村民出来欢迎。当时，王政和召集全体亩头以上的首领开会，说：“今后由王琼荣做番阳峒峒长，大家要服从他的领导，团结好，搞好生产。”会后，与会者饮酒祝贺。①

番阳峒最初的峒长是由上级总管召集全峒各村的亩头、村头集会选出。峒长选出后，由各村头召集本村群众说明谁做峒长，征询群众有无异议，群众从来没有提出过反对意见。村头告诉大家，今后需要服从峒长的领导。峒长要经过上级总管委任，由总管赐给长衫一套、皮靴一双、红缨帽一顶、长烟杆一支和皮烟袋一个。这些物品会被依次传给下一任峒长。②

① 广东省编辑组：《黎族社会历史调查》，民族出版社1986年版，第170页。

② 广东省编辑组：《黎族社会历史调查》，民族出版社1986年版，第169－170页。

村峒无分熟黎，皆有长，曰峒头。峒头之产生法，系公选，被选者多为有生活经验之老长，及有功于村峒之人。①

峒长作为地方行政区划的官吏，必须与中央政府进行沟通和交流，因而具备一些特殊的要求如汉语能力的具备。

当选峒长的条件是通晓事理，爱护群众，为群众所拥护。如会说海南方言者，则被认为是更合适的人选。自峒长受当局册封开始，这一人选便以能用汉语方言与上级官吏通话为必备的条件。自从雅袁的头家王老多死后，该峒没有懂汉语的人继承，因而该峒的组织就被取消了。②

峒长也存在被罢免的情况。

头家的任期无一定期限，有任两三年的，也有任一年半载的，看他办事是否公正和群众的意见而定。当群众解除他的头家职务时，他就把“公田”交给新当选的头家来耕种了。处理村内大小纠纷事件的职责也随之被传到新的头家身上。③

峒长是黎族社会规约的维护者，并得到中央政权的授权，其权力设置目标是维护黎族社会的生存与发展，在黎族社会中具有重要地位。

据王老袁说：“峒长都是好人，大家都尊敬他。”王老满也说：“过去的峒长都是好人，他为大家办事。”王老东认为：

---

① 广东省编辑组：《黎族社会历史调查》，民族出版社 1986 年版，第 170 页。

② 广东省编辑组：《黎族社会历史调查》，民族出版社 1986 年版，第 124 页。

③ 中南民族学院编辑组：《海南岛黎族社会调查》（下卷），广西民族出版社 1992 年版，第 133 页。

“峒长不欺负穷人，为大家办事，群众都听他的话。”[①]

2. 峒内信息的充分公开

峒组织作为黎族最高一级的社会组织，所辖地域比合亩广，人口也比合亩多。因此要对组织进行有效的管理，信息的充分公开与共享是其必备条件。

黎族社会是一个没有文字的社会，很多信息的传达都是通过口耳相传，通过民间故事、谚语和山歌等形式，寄托和表达黎族人的社会观与道德价值观，其内容包括了勤劳勇敢、尊老爱幼、个体与集体的互相依存、官民关系的正确认识等观念，大量的社会治理信息为人们所熟知。黎族民众对首领有着自觉的崇拜，黎族认为：

一个大塘，必有一条大鱼；
一片山林，必有一只“谷姑”；
一片村庄，必有一个“土地公”；
一个地方，必有一个头人。[②]

这则谚语，强调了黎族社会首领在民众中的崇高地位，也表明了首领的不可或缺性。

在黎族社会里，开会讨论决策也是信息公开的一种重要途径。

大约在20世纪40年代，抗班村的王某偷了王老林的妻子

① 广东省编辑组：《黎族社会历史调查》，民族出版社1986年版，第80页。
② 王养民、马燕姿：《黎族文化初探》，广西民族出版社1993年版，第35页。

的耳环，交给了自己的侄子。因侄子又把耳环送给了一位妇女，这一偷窃案便败露了。为此，峒长王老魏和亩头王老本、王老满、王老人、王老易、王老丙一起，在老满的家里开会。他们判决盗窃者赔偿失主牛 3 头和一些光洋（耳环折价在内）。并且，盗窃者还得置酒肉招待峒长、亩头等老人。①

黎族社会的峒长家里或者公共场所往往备有一张大鼓，击鼓是召集会议、应对外患、传达信息的重要讯号，也便于信息的及时传达。鼓声对民众而言有极强的号召力，民众听到鼓声后必须赶到敲鼓地点。

总管所在地附近的二十多个村庄，如遇匪患或外力侵袭，总管就要及时击鼓传众共同抵御。总管备有一面大鼓，遇事变时，即差令四个人将鼓抬到村背高山上去，由两人紧急击打大鼓的两端，哨官闻声则照样鸣击其鼓，群众闻声则持弓弩枪支奔赴总管处，听命出战。

《崖县现况》："酋长家设一鼓，凡有攻守……事击鼓召全村人共赴之。"②

《海南岛志》："头长或族长家内常备有大鼓一面，有事时，击以为号，或强盗，或办公事，或议事，击法不同，村人则闻而知之。鼓声响处，村人毕集听命。"③

---

① 广东省编辑组：《黎族社会历史调查》，民族出版社 1986 年版，第 59 页。

② 王兴瑞：《琼崖黎人社会概观》，载《黎族研究参考资料选集》，广东省民族研究所 1983 年版，第 154 页。

③ 王兴瑞：《琼崖黎人社会概观》，载《黎族研究参考资料选集》，广东省民族研究所 1983 年版，第 154 页。

黎族峒长有处理村峒纠纷与峒内重大事件、维护村峒社会规约的职责，信息表达的首要内容就是社会制度信息，教育人们哪些行为可以为，哪些行为不可为，纠纷处理会给行为人产生哪些后果。

《陈汉光谈话》：“黎人首领，每遇黎人两方面有发生争执来告诉之事必将两人留下，查其无罪过者即释放；凡有罪过者或罚他猪或牛一双，或数双，以为首领寿。”①

峒内会议的召开和社会秩序的维护，也由哨官负责。过去曾有一个时期，由哨官定期召开各村“代表”会议……各村代表一人，多由亩头出席。开一天会，会议内容主要是劝告大家不要打斗，要和睦相处，还要求大家遵守禁止偷盗牛畜谷物乃至田园瓜果等物的规定。代表也可以提出其他意见，要大家共同遵守。对于较严重的危害公共利益的行为的处理办法，哨官也得在会上宣布。各代表回去之后，当晚即召开村众大会，传达是日的开会内容，要群众共同遵守。②

峒长作为地方官吏，具有行政管理的职能，税粮的征集、徭役的征发等社会义务信息也是信息公开的重要内容。

峒长要征集和催收本峒的税粮上交官府：

在实行哨官制度时期，原毛栈峒七百多户人家，每隔三年

① 王兴瑞：《琼崖黎人社会概观》，载《黎族研究参考资料选集》，广东省民族研究所1983年版，第155页。

② 中南民族学院编辑组：《海南岛黎族社会调查》，广西民族出版社1992年版，第329－330页。

在秋后要缴纳一定钱款汇送给总管。哨官嘱托每村一位忠实的老人，向每户（不分贫富）收铜钱五文，收齐后由哨官差人挑到红毛峒总管那里，再由总管转送给汉官。①

峒长要征发峒内民工服徭役：

过去县官除了征收吉钱和部分地区的粮赋外，还有一种力役的征用。县官或其下部属员一经出巡，往往有三五十人随送，所至各峒需要一批民工挑运行李等物；每次经过，总管或哨官必得代为征用民工。到国民党势力进入黎区后，当地的团董、乡长的征夫征工更多了。②

对峒长个人而言，其个人信息也为民众所知晓，诸如履行了哪些职责与义务、是否获得报酬等，峒长的行为都是公开透明化的。峒长代表全峒对外进行交涉，甚至决定对外战争等。峒长原为自然领袖，如王国兴的先祖，几代皆任红毛峒的峒长，有事管事，无事耕田。峒长被封建官府委任为“总管”“哨官”之后也无固定俸禄，但在处理重大案件时收受酬金酬物；有些峒的“总管”每隔 3 年要向峒内各户收铜钱 4—10 文，名曰“灯油钱”，带有津贴性质。

3. 峒内群众民主参与决策规约

在峒长的选任上，民众有表达意见的权利，而更制度化的

① 中南民族学院编辑组：《海南岛黎族社会调查》，广西民族出版社 1992 年版，第 330 页。

② 中南民族学院编辑组：《海南岛黎族社会调查》，广西民族出版社 1992 年版，第 513 页。

是对于一些偷盗案件的处理，民众意见对处理结果有重大影响，并且以全体一致同意为原则，才会使得处理结果生效，这些处理结果当然具有很强的执行力。

甲案：约在20世纪30年代，抱曼村王老翁合亩成员王某唆使同亩的人去偷另一合亩亩众的1头牛。事后，牛主请当时的峒长王老魏伯父解决，老魏即召集全峒大会，由失主打锣通知全峒群众集合。会上，峒长老魏先说：“大家相信我能解决这件案子吗?”当群众表示完全信任他之后，他才着手处理。最后，王某承认合谋偷了牛。于是峒长便判处王某赔偿失主水牛1头、黄牛2头、铜锣1个和光洋11个，群众表示同意这一判决。假如群众不同意峒长的判决，则可以在会上大呼：“不成！不成!”峒长在听到这样呼声以后，就必须考虑，并重新作出处理，直至群众一致同意为止。在案件处理完毕后，被罚者王某还要杀1头牛，而原告牛主则负责供应米酒，全峒群众大喝大吃一顿，峒长个人则得到1条牛腿的报酬。①

乙案：约在20世纪40年代，南冲村王某和一雅袁人同伙偷了抗班村王老爷合亩成员王老电的铜锣。于是，老电便请峒长老魏解决；峒长随即召开大会，主持会议者除老魏外还有他的哥哥，以及雅袁派来的王老衿、王老伦（甲长）、王老压等五人。会议判决偷锣者赔偿失主牛3头和火药枪1支。与会者一致同意这一判决，于是全体高呼：“好了，完了!”事后，

① 广东省编辑组：《黎族社会历史调查》，民族出版社1986年版，第58页。

失主老电送给峒长等五位老人1头小牛作报酬。[1]

三、"龙仔"投靠规约

在黎族传统社会，经济发展缓慢，早期就因经济原因产生了收养成年人的普遍现象，称为"龙仔"习俗。在海南哈黎地区过去曾经有这样一种结"干亲"的方式，凡是没有田产，生活困难的人家可以去投靠田产多的富裕人家，拜认为"父母"，投靠者被称为"龙仔"，收养人被称为"龙公"。首先，贫困户的妻子带些礼物，到富裕人家去拜认"父母"，请求帮助。经对方同意后，再与丈夫同去，让丈夫拜该夫妻为"岳父母"，双方就此成为亲戚。"父母"会把一头牛和一些田地交给"女儿""女婿"去耕种，不用交租。以后双方来往，彼此殷勤招待，一方有事，另一方要帮忙。

黎族"合亩制"地区，还有收养义子的情况。"原乐东县番阳乡雅开村王老元父亲被生活所迫，协子2人投奔毛或村，寄食在龙公王老发父亲家中，后来，王老发父亲便以水牛1头、猪1头、酒1缸和稻谷1把，把王老元买做义子。"[2] 这种收养的义子大多是成年人，也有未成年人，收养的义子"要拜义父的祖先，改为义父的姓氏，不能和义父有血缘关系

① 广东省编辑组：《黎族社会历史调查》，民族出版社1986年版，第59页。

② 陈立浩、陈兰、陈小蓓：《从原始时代走向现代文明——黎族"合亩制"地区的变迁历程》，南方出版社、海南出版社2008年版，第62页。

的女儿结婚”[1]，并能够继承义父的遗产。“原乐东县番阳乡抱隆村王老易父亲死后无亲生的儿子，义子王明享继承了他的全部财产，后来还当了亩头。番阳乡什茂村王德球父亲死后，义子王亚农和亲生儿子王德球共同继承其财产。”[2]

在黎族社会收养成年人的习俗中，最为典型的是合亩制地区的投靠现象，成年人以投靠“龙公”的方式被收养。黎谚云：“只有山猪才能独自寻食，人不能单独做食。”[3] 投靠人为寻求经济、政治上的保护，通过改姓等程序与被投靠人形成近现代法意义上的收养关系，其规则极其特殊，对其进行深入研究无疑会丰富收养理论。

（一）“龙仔”投靠的原因

投靠是黎族社会的一种普遍现象，在最初阶段，具有氏族收养成员的意义。所以，投靠人的出现，实际上是被保护民的产生。黎族合亩制地区称被投靠人为“龙公”，投靠人为“龙仔”。产生投靠的原因有很多，主要分为以下几种：

1. 经济原因的投靠

这一类又分为短期投靠和长期投靠两种方式。龙仔的短期投靠，有的是由于穷困欠债，便拜认债主为龙公，债主多为亩

---

① 陈立浩、陈兰、陈小蓓：《从原始时代走向现代文明——黎族“合亩制”地区的变迁历程》，南方出版社、海南出版社2008年版，第63页。

② 陈立浩、陈兰、陈小蓓：《从原始时代走向现代文明——黎族“合亩制”地区的变迁历程》，南方出版社、海南出版社2008年版，第63页。

③ 王养民、马姿燕：《黎族文化初探》，广西民族出版社1993年版，第34页。

头，龙仔到龙公的“合亩”内做活，同时通过从事副业生产积钱还债，一旦还清债务，便可以离开。龙公和龙仔的关系从此不再存在。短期投靠的龙仔不必经过拜认龙公的仪式，也不用随龙公改姓，其待遇与一般的亩众相同。①

龙仔的长期投靠，一般是因为孤苦伶仃，或因重大变故完全破产而无法生存，如遇到家中失火丧财的情形，有钱有米有田的人即为势弱者投靠的对象。这种龙仔不需举行拜认龙公的仪式，但是要随龙公改姓，称龙公为叔或哥，成为“合亩”内的一个成员，终身从事劳动。②

2. 寻求保护的投靠

黎族社会不存在统一的权力结构体系，五种部族语系间族群林立，各族群大小不同，生存的实力也相差悬殊；某些较小的群体为了确保自己生命财产的安全，便投靠实力强大的群体，拜认他们中声望大、威望高的人为龙公，日后他们出了什么事，龙公就出面为他调解。这类拜认龙公的情况必须举行仪式，即“入主”仪式。由龙公带龙仔在全村走一遍，并请村里的老人来喝酒，龙公在酒席上当众说明他和某人举行“入主”仪式，互为龙公龙仔的关系。然后“斩箭”，从此都受到约束。③ 这类投靠可能是源于父系氏族时期“收养外人入族”

① 陈立浩、陈兰、陈小蓓：《从原始时代走向现代文明——黎族“合亩制”地区的变迁历程》，南方出版社、海南出版社2008年版，第58－59页。

② 陈立浩、陈兰、陈小蓓：《从原始时代走向现代文明——黎族“合亩制”地区的变迁历程》，南方出版社、海南出版社2008年版，第59页。

③ 陈立浩、陈兰、陈小蓓：《从原始时代走向现代文明——黎族“合亩制”地区的变迁历程》，南方出版社、海南出版社2008年版，第60页。

的情形。

3. 解决纠纷的投靠

还有的是某些黎族人由于“闯祸”“犯罪”受了罚，但本人无经济能力交付罚款，为了逃罪免罪，便跑到异地投靠某一富裕的家庭，一般是亩头的家庭，在该“合亩”做活，躲避一段时间，等到问题过去了，龙仔交给龙公3头牛，龙仔和龙公的关系即告结束。①

据调查：某黎族村落的一个人失手打死属于其他村落的一只鹿，他为了和解，投靠了一个势力很大的家族，并举行仪式改名换姓。之后，该家族族长来向那个鹿的主人道歉，纠纷因此得以解决。②

（二）“龙仔”投靠的程序与效力

对于龙公而言，龙公具有养父的权利义务，对投靠其的龙仔有照顾、保护的责任。

不必经过拜认龙公仪式的短期投靠的龙仔，其地位与普通亩众相同，在劳动和产品的分配上与普通亩众一致。但是短期投靠的龙仔，因为债务的原因，其投靠具有以劳抵债的意味，没有继承龙公的财产和地位的权利，龙公也没有帮助未婚龙仔娶妻的义务。

---

① 陈立浩、陈兰、陈小蓓：《从原始时代走向现代文明——黎族“合亩制”地区的变迁历程》，南方出版社、海南出版社2008年版，第58页。

② 海南大学法学院黎族习惯法制调研组于2008年7月在五指山市进行的调研，载《调研笔录》，海南大学法学院图书馆。

不必经过拜认龙公仪式，但需改姓的长期投靠的龙仔，其在所投靠的家庭内部地位是平等的。龙公接收龙仔产生类似养父子的关系，如果龙仔未婚，龙公一般要帮助他娶妻，结婚后夫妇便成为“合亩”内的一户，可以按户平均分得一份谷物。龙公死后若是没有弟弟、儿子，则龙仔有继承龙公的财产和亩头职务的权利。①

全村全峒集体投靠龙公当龙仔的，需举行拜认龙公的“入主”仪式。② 龙公接纳龙仔，主要是为了壮大自己的势力，而龙仔投靠龙公，则主要是取得政治上的依附与保护。这类龙仔，既不随龙公改姓，也不为龙公劳动，在龙公家没有任何的继承权。

（三）“龙公龙仔”关系的解除

一般短期的龙公龙仔打算脱离关系时，只要将牛、钱赔偿清楚即可。对于经过仪式确认的龙公龙仔关系，如要脱离，就

---

① 陈立浩、陈兰、陈小蓓：《从原始时代走向现代文明——黎族“合亩制”地区的变迁历程》，南方出版社、海南出版社2008年版，第59页。

② “入主”仪式一般分两步：第一步是“分肉”，就是在拜认龙公时，龙仔除了必须给龙公三头牛或一个铜锣外，还要拿出一头猪或牛，杀来煮熟，切成小块，由龙公带龙仔走遍全村，给每户分送一块肉，并请村里的老人来喝酒，龙公在酒席上当众说明他和某人举行“入主”仪式，互为龙公龙仔的关系。第二步是“斩箭”，就是拿出两支箭，龙仔在箭上各斩7刀，表示将来如不承认龙公，龙仔就要照数拿出牛和银元给龙公。龙公又在两支箭的另一边各斩一刀，表示他承认这种关系。“斩箭”后，双方各拿一支，龙公龙仔关系宣告成立。参见陈立浩、陈兰、陈小蓓：《从原始时代走向现代文明——黎族“合亩制”地区的变迁历程》，南方出版社、海南出版社2008年版，第60页。

要先宰一猪，龙公龙仔分别将箭射向天，龙公的箭射向东方，龙仔的射向西方，射完后解除关系。

长期投靠的龙仔如果在外面闯了祸或做错了事，并且不服劝导，就可以通过举行“断亲仪式”来解除关系。家长（龙公）设酒席，请村中的老人和亲属朋友喝酒，举行“断亲仪式”①，被“断亲”者立即离开原家庭，此后再有惹是生非的事情发生，与投靠家庭无关，投靠关系至此解除。

黎族社会的投靠关系类似收养，当然两者的程序、仪式、效果都有很大的不同。在近现代收养法中，被收养人为未成年人，而在黎族的规约中，被投靠人一般是成年人，结“干亲”者或收养的义子有可能是未成年人；黎族投靠关系的成立和解除分不同的情况，需进行不同的仪式；不同的程序规则产生不同的投靠效力关系。从这些情况可以看出，黎族规约中的投靠规则、内容比近现代收养法要丰富得多。

四、“亩”“峒”规约与“大一统”的互动逻辑

毋庸置疑，中国历史上的任何朝代都存在着边疆民族问题，因此历代统治者必然要制定并实施一系列治理边疆民族的政策和策略，以实行有效的管辖。对上述问题的处置，关乎王朝之存续，国运之兴衰。② 而从法学的角度来看，实际上是一

① “断亲仪式”普遍适用于父子关系，包括亲生父子，及改姓认龙公祖先的龙仔与龙公的关系。

② 邱永君：《中国历代边疆民族政策之回顾》，载 http：//iea. cssn. cn/btwy/xrwc/200703/t20070327_ 3906274. shtml。

个国家权力能否下沉、如何下沉的问题。考察历朝历代黎族地区的政策不难发现，统治者采取的都是“羁縻”“怀柔”政策，随着中央政府权力的不断浸渗，黎族社会组织一方面是维持黎族社会内部正常秩序和推动黎族社会发展的社会政治组织，另一方面逐渐与中央统治政权的基层组织结合为一体，成为中央统治政权基层组织的一个组成部分。

在人类社会中，人与人之间的关系有三种，分别是“命令服从关系”“协商合作关系”和“冲突关系。”[①] 其中的“命令服从关系”就是权力关系。权力是什么？我们经常习惯或自然地使用这个术语，正如政治哲学家卢克斯（Lukes）的追问：“权力是一种属性还是一种关系？是潜在的可能还是实际的表现？是一种能力还是能力的运用？它被什么人或什么东西占有或运用？是被行动者（个体行动者或集体行动者）、结构还是系统？……”[②] 权力概念的多层次性，导致我们无法用三言两语解释清楚。

然而，就民众对权力的感知而言：“权力导致腐败，绝对权力导致绝对腐败”，“自由存在于权力的分立之中，专制主义存在于权力的集中营里”。[③] 这种关于权力的恐惧言论屡见不鲜，他们害怕权力的欺压，害怕总是置于权力的桎梏之中，

① 严家其：《首脑论》，上海人民出版社1986年版。

② ［澳］马尔科姆·沃特斯：《现代社会学理论》，杨善华等译，华夏出版社2000年版，第231－246页。

③ ［英］阿克顿：《自由与权力》，侯健等译，商务印书馆2001年版，第342－339页。

把权力完全放在个人权利的对立面。而实际上，权力技术是政治实践中的瑰宝，运用得当，可以达到良好的社会效果，一味排斥拒绝，而不发挥其功效，就不能客观正确地对待权力。

童之伟先生穷籍历典，宣称带有恶名的权力和大为人们称赞的权利有一体性。他列出种种名家学说：

权利与权力是相互渗透的，权利中有权力，广义的权利即包括权力在内，权力也是一种权利。①

“权力与权利在本源上是一致的”，“权力的权威性和强制性不过是权利的集中化表现而已，即权力者有支配和强迫他人的行为服从于自己的能力。这种能力可视为一种权利，即在特定地位上的权利。”②

《牛津法律大辞典》也概括道：“通常认为权力只是更广泛的‘权利’概念的含义之一。”③

权力权利一体，被童之伟先生总结为法权说，权力是保障权利的工具，权力也是权利。在处理中央与黎族地区的关系时，中央政府合理地运用了权力技术，对权力进行设置，为黎族人民的生存与发展权利提供制度支撑，而不是利用权力对黎族人民进行压榨和剥削。因而黎族社会才得以形成与现代行政立法相媲美的、具有自治权内涵的——信息充分公开、群众民主参与决策的程序保障、权利义务的均衡设置、首领治理责任

① 郭道晖：《试论权利与权力的对立统一》，载《法学研究》1990 年第 1 期。
② 文正邦：《有关权利问题的法哲学思考》，载《中国法学》1991 年第 2 期。
③ 《牛津法律大辞典》，光明日报出版社 1988 年版，第 706 页。

的有力追究、效率与安全价值综合平衡——黎族社会组织规约。

（一）“亩”“峒”依俗为治的合法性

中国是一个统一的多民族国家，也是一个实行中央集权制的国家，中央政府在整个社会的协调和控制中具有重要地位，起着至关重要的作用。在中央政府的权力授予下，黎族地区能够按照民族成员的真实意愿，决定并管理自己区域内的事务，实质是国家权力赋予黎族地区一定的自治空间。

1. 因俗制宜——古代少数民族地区自治的理论概括

从历史进程来看，海南黎族社会组织与首领习惯的形成与发展，是在当时中央政府的统一法律还不完善以及实施力难以到达的情况下对国家法律的一种补充，客观上起到了维护本民族内部社会秩序的作用。黎族地区地处偏远，与外界交往甚少，其内部社会形成了自己的一套生存规则与秩序。正如恩格斯所说的：“在社会发展某个很早的阶段，产生了这样的一种需要：把每天重复着的生产、分配和交换产品的行为用一个共同规则概括起来，设法使个人服从生产和交换的一般条件。这个规则首先表现为习惯，后来成了法律。”① 这种法律，就是历代中央政府所称的“俗”，在黎族社会内部具有顽强的生命力。“大抵人物旷悍，风俗荒怪，不可尽以中国教法绳治，故

① 《马克思恩格斯选集》（第2卷），人民出版社1972年版，第538－539页。

羁縻之而已。”① “真宗大中祥符二年十一月，琼崖等州同巡检王钊言：黎母山蛮递相雠劫，准前条约，不敢擅领军马直入掩袭，即委首领捕捉到为恶蛮人，悉还剽夺赀货及偿命之物，饮血为誓，放还溪峒，悉以平静。诏曰：朕命诫边臣无得侵扰外夷，若自相杀伤又本土之法，苟以国法绳之，则必致生事，羁縻之道，正在于此。”② 上述言论，都表明了“国法”的一种妥协与消解，在黎族社会内部，应当实施的是其“本土之法”或“俗”例，这才是至善之策，否则就会导致社会动荡的恶果，不利于中央政府的统一与管理。

海南黎族社会的这种“俗”例，在法人类学或法社会学的学者看来，就是一种习惯法的概念。③ 法律总是与一定的社

① 《史记》卷一一六《西南夷列传》。

② 《宋会要》。

③ 关于习惯法的解释和定义，主要有以下几种：第一种观点认为，习惯法是原始社会的部落规则。如“佤族社会仍然依靠长期的历史形成的习惯和传统，来调整人们之间的各种关系，维护社会的秩序。佤族没有文字，这些传统习惯和道德规范，没有用文字固定或记录下来，所以也可称之为‘习惯法’”（［英］E. S. 哈特兰德著：《原始法》，转引自［美］霍贝尔著：《原始人的法》，严存生译，贵州人民出版社 1992 年版，第 18 页）。美国学者哈特兰德在专著《原始法》中也说：“原始法实际是部落习惯的总称。”第二种观点认为，习惯法是“经国家承认，具有法律效力的社会习惯”，“一国之风尚礼俗，为法律所承认，不必有条文之制定者，谓之习惯法”（见《辞源》，上海商务印书馆民国四年（1915 年）版）。第三种观点认为，习惯法是民间有强制性的准法律规范。如高其才教授指出：“习惯法是独立于国家法之外，依据某种社会权威和社会组织，具有一定强制性的行为规范的总和。”（高其才：《论中国少数民族习惯法文化》，载《中国法学》1996 年，第 1 期）。上述观点均转引自蓝寿荣：《关于土家族习惯法的社会调查与初步分析》，载谢晖主编：《民间法》第 3 卷，第 156 - 158 页）。笔者认为，黎族社会组织与首领习惯法的概念，类同于第一种观念。

会形态相适应的，一个社会处在什么样的历史发展阶段，就有什么样的法律。海南黎族社会组织与首领规约，正是建立在其原始的农业社会基础上，在生产力水平极低的情况下产生和发展的。黎族人的耕作技术、生产工具等都非常落后，基本上是靠天吃饭，再加上黎族地区层峦叠嶂，交通闭塞，自然环境十分恶劣，以致于黎族人不可能独立进行生产，只能以集体的方式生产和生活。黎族人民在长期的生产生活等社会实践中，总结积累了一定的社会经验，经过世代传承、发展成为本民族的社会规范。这种社会规范一经形成，便具有强大的生命力和稳定性，代表着黎族社会习惯法的核心内容和基本精神。

海南黎族社会组织与首领规约，又体现了一种法律多元的格局。法律多元是指两种或更多种的法律制度在同一社会中共存的状态，这是西方学者在研究非洲和美洲部落的社会状况时提出的概念。日本著名法学家千叶正士认为，西方社会法律的三元结构由自然法、制定法和习惯法构成，而东方社会的法律三元结构由法律原理、官方法和非官方法构成。[①] 美国哈佛大学法学院的罗伯托·昂格尔教授，着眼于法律与社会形态的关系，提出了三种法律概念，即习惯法、官僚法与法律秩序。并且这三种概念与国家和社会分离的问题相应而生。尽管上述学说各有其特殊语境，但与中国的语境相结合，便呈现了多种范式。一种是国家与社会的二元结构，此类观点更多地与费孝通

① 参见［日］千叶正士：《法律多元》，强世功等译，中国政法大学出版社1997年版，第246页。

先生所说的“乡土中国”联系在一起，昂格尔特别强调“两种行为标准的对立，即公共规则与私人活动领域规则的对立”。在他看来，两种对立规则的出现，表明了国家与社会的二元发展。[①] 在中国的乡土社会中，“公共规则”以中国正式公布的成文法的面目呈现，“私人活动领域规则”则是流传于民间的各种非国家法，乡土社会的结构可以类似地看成是国家法与民间法并存的二元结构。民间法虽然没有经过国家的制定或认可，但它在社会运行中同样发挥着法律规制的作用，为人们所遵从。两种法律规则之间，既有互动，又有冲突。这与西方学者由近代历史经验中抽象出来的国家与社会二元对立的理论还是有区别的，仅仅被当成中国式的话语理解。另一种是黄宗智先生超越“国家/社会”二元模式，采用“国家/第三领域/社会”的三元模式。黄氏的“第三领域”的制度空间，建立在其对清代官府档案文书的分类研究基础之上。黄氏指出，在清代，提交官断的纠纷有相当数量在诉状已呈之后和庭审判决之前了结，其方式是通过司法制度与非正式司法制度的互动。……县官的意见遵循朝廷律例，民间调解则以息事和妥协为主要目标。二者的互动及其半制度化的保障，构成清代司法制度“第三领域”的主要内容。[②]

然而，中央政府与海南黎族社会之间，又异于前面两种模

---

① ［美］昂格尔：《现代社会中的法律》，吴玉章、周汉华译，中国政法大学出版社 1994 年版，第 53 – 54 页。

② 梁治平：《清代习惯法：社会与国家》，中国政法大学出版社 1996 年版，第 10 – 11 页。

式。首先，中央政府与黎族社会是一种二元模式，没有“第三领域空间”。黎族社会的首领，既有中央政府地方统治者的职权，又兼有维护黎族社会内部秩序的职能，他不需要国家法和黎族社会规约的折中，而只是在黎族规约不能调处时，才由国家法发挥功能与作用，国家法只是充当弥补或补充的角色。清代《黎岐纪闻》云：“黎头辖一峒者为总管，辖一村或数村者为哨官，凡小事由哨官处断，大事即报总管，总管不能处断，控告州县。”正好说明了黎族社会规约只有在其首领无法解决问题的情况下才会失去效力，让位于国家法。其次，中央政府与黎族社会的二元模式，不同于国家与社会的界分，而是一种中央对基层的认可关系。中央政府的“因俗制宜”，表面上看是无为而治的无奈，实际上是一种高超的权力技术的运用。在黎族社会中，国家法与规约并不处于同一地位，并不存在冲突与调适的问题，中央政府的认可，正是黎族社会习惯法产生效力的源头。

2. 历代黎族地区土官制度——古代少数民族地区治理的实践

“普天之下，莫非王土；率土之滨，莫非王臣。”中央政府的权力触角，在这种天下大一统的恢宏气势下，必然伸展到中华大地的每一个角落。

（1）汉至南朝与唐——中央政权与黎族地区的初步结合

自汉武帝元封元年（前 110 年）封建中央王朝在海南设立儋耳、珠崖两郡开始，中央王朝开始正式实施对黎族地区的统治。其间，黎族人民一直反抗不断，《后汉书 · 南蛮传》载，在汉武帝末年（前 87 年），黎族先民在反抗珠崖太守孙幸强征广时，曾攻破郡城，杀了孙幸。中央王朝当时对海南岛只是一种“遥领”的状态，并未取得完全的实际控制。

在南朝的梁朝以前，封建中央王朝一直采用征剿和征服的方式来对付黎区，未能与黎族社会组织“峒”建立起合作关系。梁大同间，由于“南首领”高凉冼夫人进入原儋耳治地，封建统治集团与黎族社会的长期对立状况得到缓解。据《北史·谯国夫人冼氏传》卷九一载：“越人俗好攻击，夫人兄梁州刺史挺恃其富强，侵掠旁，岭表苦之。夫人多所规谏，由是怨隙止息，海南儋耳归附者千余峒。”于是由夫人“请命于朝”而置崖州。至此，中央王朝通过“南越首领”冼氏夫人，开始与黎族社会政治组织“峒”发生了间接的联系。“峒”作为黎族古代社会政治组织亦开始被封建中央王朝所认识。

（2）宋元明时期——中央政权与黎族峒组织结合的加强

到了宋代，统治者正式给黎族峒首授官封爵。通过招抚、授官封爵，使黎族峒首听命于朝廷，从而达到了统治黎峒的目的。正如宋人苏过的《论海南黎事书》一文所言：“仆以为以力胜者，兵罢而复塞；以利啖者，赋贪而不叛也。朝廷若捐数官以数人，则贤于用师矣。……使赍金帛人喻诸黎，晓以利害，惧以祸福，若能开复故道，使行旅无壅，则籍其众所畏服者，请诸朝，假以一命，而岁与其禄。不过总十余人，岁捐千缗耳。今朱崖屯师千人，岁不下万缗，若取十一以为黎人之禄，可以罢千师之屯矣。”基于上述认识，宋朝统治者十分注重招抚归附的黎族峒首，并授官封爵。于是黎族峒首开始步入封建统治集团的行列之中，成为封建统治政权基层组织的一个组成部分。以黎族峒首为基础组织起来的土官制度逐渐发展为定制，大多数土官一旦被册封，则可以世袭。由于利用黎族峒首在黎族峒组织中的威望，封建统治集团通过黎族峒首的作用，达到了治理黎峒的目的。如《岭外代答》卷二“海外黎蛮”条载：“琼管有令于黎峒，必下王宜人，无不帖然。”

元朝统治者从北方入主中原，不免对汉人心存戒备，且其人数与兵力均不足。因此，元朝空前广泛地重用黎族峒首，以维护其在海南黎区的统治地位。元代黎族土官不仅掌握实权，而且官职阶位较高，黎族土官担任的职务有万户、千户、总管、知州、县尹等职。元代黎族土官制带有浓重的军事色彩。黎族土官制不仅建立了从万户、千户至百户的一套军事性质的土官组织；而且，州县等地方土官也掌握军权。据《元史·文宗本纪二》卷三三载：“天历二年十月，以南建峒主王官知州事，佩金符，领军民。”可见，土知州是军民兼领的。黎族土官势力的壮大，使“以黎治黎”政策得以有力推行，加强了元朝在海南黎区的统治势力。

明王朝在建立伊始，鉴于元朝“任用土人之敝”，即宣布废除元代黎族土官制度，改而委派流官通过各地“峒首”实行直接统治。与前代相比，此时黎族峒首已没有实权可言了。这是明王朝为防止元末黎族土官拥兵称雄并互相吞并、互相混战的局面的再现所采取的应对措施。但是，在汉族人口稀少的黎族地区完全废除黎族土官制是行不通的，因而至洪武末年又采取恢复土官制的一些措施。至明成祖时，改而全面推行黎族土官制。由于“以流官治黎”使政令推行效果不佳，明成祖大量授予黎族峒首官职，采取“以黎治黎”政策，大批任用黎族峒首为官，使诸黎纷纷归附明王朝。明朝黎族土官，州一级有土官同知、判官，县一级有土官知县、县丞、主簿、典史以及土官巡检等。授职标准按照峒首“所招民数多寡授以职”，授官衔号“以劳绩之多寡，分尊卑之等差”，据清道光《琼州府志》卷二二载：土官之职，“专一抚黎，不预他事。”即不让土官掌握州、县权力，以削弱其权力，目的在于防止元代土官权力膨胀局面的再现。

3. 清末以后黎区土官制度的衰落

清代，中央王朝在沿袭明代黎族土官制的基础上，进一步削弱了黎族土官的权力，州、县一级官府已不设黎族土官的职位。清代建立的黎族土官制，主要是在黎族峒的组织基础上建立起来的。“峒”下设峒首、黎总、哨官等职，“村”则设黎甲或黎首。清代中后期，封建统治政权在黎族地区得到进一步加强，至道光年间（1821—1850年），岛上几乎所有黎族地区都被划入了州、县的统治范围。于是，黎人归入版籍中日众。同时由于相当部分黎人归化日久而“与齐民等”，使州、县有效地辖制了大部分的黎族地区，在五指山外围地区的黎族土官的作用日渐式微。清代所建立的包括峒长、总管、哨官等的黎族土官制，至清末，在黎区外围大部分地区已趋向衰落，只有五指山腹地仍保留下来，并一直沿袭至民国时期。①

---

① 参见高和曦：《黎族峒的社会组织与历史作用》，载《越过山顶的铜锣声》，云南民族出版社2006年版，第113－123页。

近代，陈汉光担任抚黎专员，在黎区中分立三县或五县，将各县县界重新划定，并且恢复清代的总管制，改总管为团董，设正副各一人，其下分设保长和甲长，中央政府的权力向黎族地区进一步下沉，对其管辖更为直接有效。

（二）“亩”“峒”依俗为治的社会效果

中国的治理史，用马克斯·韦伯的话说，乃是一部“皇权试图将其统辖势力不断扩展到城外地区的历史”。[①] 在地处边陲的黎族地区，其统辖权威的有效性自是大大减弱。从历史上看，中央政权采取的至多是纳入版籍、收取贡赋的外部统摄，并从制度上认可黎族社会的内部秩序。从治理效果上看，黎族地区没有大的叛乱，没有脱离中央政府的统治，更没有形成可以与中央政府抗衡的诸如大理、南诏等的政权。同时峒长不断依附，中央政权对黎族地区的统治不断加强。

宋太宗太平兴国年间，李崇矩担任都巡检使，历巡广南西路各州，但因海南黎民扰动，亲赴洞穴，赠予财物，而怀柔招抚。[②]

宋徽宗崇宁年间，经略安抚使王道祖，抚定黎民九百零七峒，丁口六万四千……[③]

① ［德］马克斯·韦伯：《儒教与道教》，洪天富译，江苏人民出版社1995年版，第109页。

② 《续资治通鉴长编》（第十八卷），转引自小叶田淳：《海南岛史》，张迅译，学海出版社1979年版，第58页。

③ 《嘉靖广东通志》，载《琼台志》，第59页。

表 2　明永乐年间抚黎情况①

年代	招抚方略	招抚成效
永乐三年	敕黎首王贤佑，遣知县潘隆本齐敕抚谕，凡熟黎来归，令随产纳税，悉免差徭，生黎来归，免税三年，峒首则量所招民数多寡授以职	生黎村峒，多应招相率入朝
六年	遣刘铭招抚生黎	刘铭率生黎峒首王贤佑、王惠、王存礼等来朝贡马
八年		文昌县斩脚寨黎首周振声等来归，赐钞币，俾仍往招诸峒生黎
十一年	琼山县东洋都民周孔洙招谕诸黎	包黎等村黎人王观巧等二百三十户应招愿附籍为民
同年	临高民黄茂奉命招抚	深峒那呆等二十四峒生黎，至是率黎首王聚、符喜等来朝，贡马，黎民来归者，户四百有奇，计前后所抚诸黎共千六百七十处，户三万有奇
十九年		宁远县土县丞邢京率峒首罗淋来朝贡

历史上，中央政府以特殊的法令对待黎族地区的惯常做法，自有其必然性与合理性。黎族地区经济文化发展水平的差异，使得中央政府的法律制度无法直接对其加以适用，只能依靠本民族首领按其固有的法律制度对本民族进行管理，“以黎

① 王兴瑞：《历代治黎政策检讨》，《黎族研究参考资料选集》，广东省民族研究所1983年版，第78－79页。

治黎”，以达到对黎族地区实行政治控制的目的。这种做法，对中央政府而言，巩固与树立了中央政府的主权地位与权威，使自己的权力渗透到它想控制却难以控制的区域，维持了国家的统一。同时，基本上规范了黎族地区的分布格局和社会秩序，大致确认了黎族习惯法在国家法律体系中的位置与合法性。对黎族地区而言，国家通过立法形式对黎族习惯法进行适当确认，一方面使黎族的习惯法获得了合法性，获得了在本民族地区的权威，可以光明正大地运行；另一方面，又强化了黎族人民对本民族的习惯法的认同，赋予其强大的生命力，更容易使得黎族人民认为本民族的习惯法具有天然的合理性。

这一权力技术的运用，事实上是赋予黎族地区一定的自治空间。其自治空间有一定的限度，就是不能超出国家主权的范围，不能破坏国家的统一与完整，当黎族地区出现叛乱时，中央政府则采取“剿黎”的策略。“剿黎”是为了更好地“抚黎”，加强黎族社会对中央政府的认同。

（三）黎族亩、峒社会组织规约的特征

1. 特殊团体本位性质

生产力是所有社会现象中最根本的因素。生产力标准是衡量社会物质文明、精神文明以及其他一切社会现象、状态的基本标准。生产力发展水平、性质、要求和整体功能状况，一方面通过经济基础的中介，在深层次或根本意义上，决定法的产生、性质和发展变化等；另一方面又在相当大的程度上，直接影响、制约法的形式、内容、体系、观念、调整范围和发展变

化等。

"正像达尔文发现有机界的规律一样，马克思发现了人类历史的发展规律，即历来为繁茂芜杂的意识形态所掩盖的简单事实：人们首先必须吃、喝、住、穿，然后才能从事政治、科学、艺术、宗教等；所以，直接的物质的生活资料的生产，因而一个民族或一个时代的一定的经济发展阶段，便构成基础，人们的国家制度、法的观点、艺术、宗教观念，就是从这个基础上发展起来的，因而，也必须由这个基础来解释，而不是像过去那样做的相反。"①

黎族社会组织与首领习俗的团体本位特征，正可以借助这一路径说明。在自然经济占统治地位的黎族社会，生产力水平极度低下，生产工具简陋，基本上采取的是刀耕火种的较为原始粗放的生产方式。土地是提供黎族繁衍生息的唯一物质来源，仅有简单的社会分工，商品观念淡薄。建立在这种经济基础之上的合亩、峒社会组织，首先要解决的是在生产力水平低下的情况下如何发挥团体优势保障集体权利，进而保障个人权利。否则，"覆巢之下，岂有完卵"？合亩组织的统一经营的权力、成员间的团结互助的义务，恰恰是生产力水平低下的自然经济存在和发展的要求，需要对人力物力财力进行集中，形成合力，提高生产效率。成员间权利与义务的分布、组织权力的行使必须围绕生存权和发展权这一第一要务，集体劳动、保

① 恩格斯：《在马克思墓前的讲话》，载《马克思恩格斯选集》（第3卷），人民出版社1972年版，第574页。

卫疆界等成为组织成员重要的行为规则。黎谚云："一个人不能养活全村人，全村人可以养活一个人。"① 凸显出了团体的力量和重要性。

2. 团体组织成员的朴素平等

黎族社会成员的权利义务的平等性，是指每个团体组织成员享有相同的权利、履行相同的义务。黎族社会强调对团体的尊崇，不会允许出现权力的等差性，更不允许僭越团体权力的存在。亩、峒组织成员的权利义务都是平等的，没有特权和压迫的现象，是一种"平权型"的关系，是一种直接、原始的权利义务分配模式。

黎族社会成员的平等，首先是基于身份的平等。在以身份地位为基础的社会里，人们一旦从社会获得了某种身份，也就意味着他获得了与此身份相适应的种种权利。身份对于权利义务的重要性，在法律中有诸多体现。在以家庭为本位的中国古代社会，个人对父权制家族的先赋的、固定不变的隶属关系，任何人都不能凭自己的意志和努力摆脱这种来自家庭和群体的束缚，家庭成员和家长在地位上有一定的不平等性，家长有一定的特权。在雇佣劳动关系中，雇主因其身份要对雇员承担一定的赔偿责任，包括两个方面的内容：一是雇主对雇员在执行职务中所受损害应承担的民事责任，二是雇主对雇员在执行职务中致第三人损害应承担的民事责任。就宪法意义上的公民身

① 王养民、马燕姿：《黎族文化初探》，广西民族出版社1993年第1版，第35页。

份而言，宪法对于公民的权利义务也有着明确规定，公民的权利义务一律平等。黎族社会成员因血缘、地缘或由投靠形成的拟制血缘关系获得合亩、峒成员身份，并因此种身份享受到均等的生存与发展的权利。其每个成员的身份具有天然的平等性，但相对于合亩、峒团体而言，每个成员的权利都要受到约束，更注重对团体的义务，正如博登海默所言，前资本主义社会法的主要任务是为社会提供安全和秩序，义务优先具有普遍性①。

黎族社会成员身份平等，但行使权利的自由却受到一定的限制，例如对合亩成员的生产资料使用权的限制，即须由合亩统一行使，合亩、峒成员团结互助的义务亦会对其劳动报酬权产生限制。这种限制对每个成员都是相同的，成员之间通过此种途径实现了平等。有限度的自由与平等共存，达致和谐，这是黎族社会的成熟经验，体现了个人与社会和谐发展的理念，与西方的经验相异。在西方的经验里，法理念从个体出发将自由和平等视为人的基本价值。无论是古典自然主义将自由与平等作为同等的、和谐共存的价值和权利来论证和追求，还是新自由主义的不同派别对自由与平等各有侧重，希望追求的都是自由与平等的结合，然而，“自由和平等之间没有一个天然的平衡点，也没有任何一种能使两者同时达到最大化的方法。”②

① 参见［美］E. 博登海默：《法理学——法哲学及其方法》，邓正来译，华夏出版社 1987 年版，第 244－245 页。

② ［美］弗朗西斯·福山：《历史的终结及最后之人》，黄胜强等译，中国社会科学出版社 2003 年版，第 11 页。

这是资本主义个人本位价值追求的必然结果。个人既是个体的又是群体的，如果忽略人与社会的和谐，将会走向极端。寺田浩明教授对中西方法秩序的比较，对理解黎族社会与西方社会法秩序的差异也有裨益："西欧似乎是选择以个人作为秩序形成出发点的发展道路。把秩序理解为就是保护每个个体所拥有的正当利益而得到的总和。个体所拥有的正当利益被称为'权利'，而权利完全实现的状态则被称为'法'。权力就是实现这个法的机关。其观念形态的发展最终归结为社会契约论。与其相对，中国则是以全部个体的共存为基础。无论其基本的经济单位如何趋向于个体化或分散，但要求所有个体都顾全大局并作为一个和谐的集体中的一员来生活却一直被视为不证自明的道理。首先有全体的生存，才会有个体的生存。代表全体的利益要求每个个体互助互让，同时对于每个个体有时会出现的私欲膨胀予以抑制和处罚，这些都被看作是公共权力应该履行的职责。"① 需要指明的是，中国古代法中的"全体"指的是家族，黎族社会的团体是指合亩、峒社会组织，这些社会组织虽属不同类型，但由集体保障个人的法秩序却是共通的。在黎族社会中社会成员的权利义务的平等性，首先注重的是团体的生存与发展，对成员的权利有所限制，目的是通过社会的生存与发展来保障个人的生存与发展，在当时的社会条件下是一种最优的选择。

① 参见［日］寺田浩明：《清代民事审判与西欧近代型的法秩序》，载《中外法学》1999年第2期。

3. 首领问责的价值

黎族社会首领的职责，与当今政府的行政职能类似。亩头有领导生产、管理日常事务等职责，峒长有领导成员保卫疆界、维持社会秩序等职责。黎族社会首领的职责行使，必然对首领当选资格提出严格的要求，品德高尚、能力强、身体素质好、懂得宗教知识等均成为首领应当具备的条件。首领甚至还要承担比普通成员更多的义务，例如在领导生产时亩头在往返途中忌与人谈话等，其言论权就受到一定的限制。首领是团体意识的化身、集体利益的维护者，当首领因主客观原因不能行使职责、怠于行使职责时，就会被问责，这一点与西方的责任政府相类似。《布莱克法律词典》（*B1ack's Law Dictionary*）对责任政府的解释是：“这个术语通常用来指这样的政府体制，在这种政府体制里，政府必须对其公共政策和国家行为负责，当议会对其投不信任票或他们提出的重要政策遭到失败时，表明其大政方针不能令人满意时，他们必须辞职。”① 此种责任政府建立在议会制民主的基础上，但就责任追究而言，无论是西方社会的政府还是黎族社会的首领都形成了自己的问责制。按照当今的政治学观点理解，这种责任追究制度的实质在于：政府接受公民的委托行使行政管理权力，公民则按照法定程序，对政府及其官员行使行政管理权力的行为，通过直接或间接询问及质询等方式，要求其作出具体解释或明确答复。按照

---

① 转引自高秦伟：《构建责任政府：现代政府管理的必然要求》，载《济南市社会主义学院学报》2002 年第 1 期。

法定程序规定，公民可以对政府及其官员的严重失职行为采取更为严厉的措施，包括罢免其职务，并且，公民还可以通过司法途径，进一步追究其在行使职权过程中所产生的不当行为或不良后果的法律责任，迫使其承担直接或间接责任。黎族社会的首领治理责任，也会受到有力追究，在程序与力度方面，有自己的鲜明特色。

就问责的程序而言，黎族社会对首领的问责是以一种比较人性化的方式进行的。黎族社会的亩头，在自己没有能力领导好生产的情况下，可以引咎辞职，这是责任自我追究的一种方式。引咎辞职会产生两种不同的结果：一种情况是亩众对亩头辞职的准许，但没有强烈地谴责与责备，除了亩头职务的解除外也没有要求其承担其他不利的后果。另一种情况是亩众认为亩头仍然有能力领导生产，不批准亩头辞职，这当然不发生问责的效力。黎族社会首领的产生依据是其在生产生活中能力与威望的积累，当其能力与威望消退，不宜继续履行职责时，对其权力的解除也顺理成章，民众采取的是一种温和的方式，没有咄咄逼人的质询与罢免。黎族社会是一个小圈子，是熟人社会，人与人的交往以和谐为目标，顾及人情和脸面也是社会交往的准则，对首领的权力更替往往相对宽容。

然而，尽管黎族社会对首领的态度比较温和，但问责的力度仍然是前所未有的。首先，从问责的前提来解读，只要不能履行职责，或者履行职责的效果达不到预期目标和要求，就会被问责。其次，首领被问责的方式就是辞职和罢免，用通俗的话来说就是“不行就下”，而没有批评、警告等我国现行行政处分中比较轻缓的方式。黎族社会的问责制从表象上看就是首领的任免制，这也从另一个侧面说明了首领的重要性，对首领的要求之严格。问责对于强化首领的责任意识，促使政府和首领正确履行职责、履行好职责具有重要意义。无论是黎族社会这样的小型社会，还是西方的成熟民主社会，或者当今中国责任政府的建立，问责制作为一项重要的社会制度都必不可少。

第二章　黎族传统社会的神判与惩罚规约

一、神判与“械斗”规约

一个社会的安宁秩序往往要靠许多规范协同运作才能适当地维持，这些规范包括自然的天理、神旨、道德、礼俗以及人为的法律、家训、乡约、乡规等。[①] 在多元的规范之下，相应的纠纷解决方式也是各种各样的。黎族地区纠纷解决存在两种特殊方式：神判与械斗。神判用来解决世俗手段所不能解决的纠纷，械斗则用于解决关涉到群体利益的比较大的纠纷。这两种方式是传统黎族社会中解决疑难案件和群体性纠纷的最佳选择。因此，神判与械斗是黎族规约中具有补充性和选择性的重要程序制度。

① 张伟仁：《传统观念与现行法制》，载《台大法学论丛》1987 年第 1 期。

(一)“祖先鬼”与“鸡卜”“雷神判”

当纠纷的解决者对纠纷的处理难以令双方当事人满意之时，或双方当事人对纷繁复杂的案件各执一词，解决者难以辨明证据真伪时，就需要求助于神灵的力量，这就是通常所说的神判。神判，是一种特殊的纠纷处理方式。在人类法律文化发展的初期，世界上任何一个有文字记载的社会都有着类似神判的记录，① 而在事实上，利用神判来判别是非、解决纷争的也并非只有原始民族。② “像这许多不同的习惯，虽然包含各种不同的方法和程序，但是人们依赖神灵求助神灵的裁判，目的完全相同。”③

无论是何种形式的神判，其核心都是对不可知的超自然力的崇拜，是人们在不能利用自己的智力来搜索犯罪证据或迫使嫌疑者吐露实情时，不得已而采取的一种信赖超自然力的审判

---

① 例如:《圣经·旧约》中记载有古代以色列人以苦水试验妻子贞操；在古代巴比伦的《汉谟拉比法典》中则把被怀疑有通奸行为的女子抛入水中，以其浮沉来判定她是否贞洁；古代印度的《摩奴法典》的补充文本《伏那罗陀法典》第102条中规定了火审法、水审法、秤审法、毒审法、圣水审法等八种神明裁判的方法；古代希腊有使受怀疑者浮在海上或从高岩跃下的习惯；使用毒剂是非洲A-shanti人常用的一种方法；JuJu人则使嫌疑犯从满是蛇和鳄鱼的池里游过去；苏门答腊人令人吞咽一握生米或面粉；Borneo人有斗鸡斩猿的惯例；古代埃及把嫌疑犯拉到神庙，在神灵面前祷告以定罪之有无；古代日本和古代日耳曼有关于铁火判、捞沸判的记载。

② 在中世纪的欧洲，在两造之间实施决斗以明是非，直到13世纪初还在欧洲的司法体系中占据着重要地位。

③ 瞿同祖:《中国法律与中国社会》，中华书局1981年版，第271页。

方法。[1] 这种对超自然力的崇拜，归根到底反映的是人们对世界的认识、对自然的认识。而在黎族人的认知系统中，这些世界观、价值观、思维方式等，再经过历史的积淀，形成了一种传统的自然崇拜心理。这种自然崇拜心理构成了黎族人特有的信仰，凝固于他们的生活中，成为民族性的生活习俗，也成为一种生活方式和评价生活的方式。

在黎族地区，人们在原始的自然观指导下，形成了诸多的社会心理因素，这些因素的共同作用，使得人们十分重视充满万物和生命的世界，并且相信一种自然秩序的存在。万物有灵和自然崇拜是这一观念的终极体现，是“支配着人们日常生活外部的力量在人们头脑中的幻想的反映”[2]，在这种反映中，“人间的力量采取了超人间的力量形式”。[3] 并且造成了人对自然的认可与归属感。在相信万物有灵的社会里，自然崇拜在形式上是直接对自然物体进行崇拜，实质上是对各种各样的自然灵魂（鬼神）进行的崇拜。而这种对自然（天）的崇拜，也就是人对自然秩序的追求与渴望，因为“如果人首先把他的目光指向天上，那并不是为了满足单纯的理智好奇心。人在天上所真正寻找的乃是他们自己的倒影和他那人的世界的秩序”。[4] 人本来就是大自然的一部分，生活于其中必然要寻求一种自然秩序的平衡。在黎族人看来，“人的全部（从形体到

---

① 陈金全：《西南少数民族习惯法研究》，法律出版社2008年版，第92页。
② 《马克思恩格斯选集》（第3卷），人民出版社1972年版，第354－355页。
③ 《马克思恩格斯选集》（第3卷），人民出版社1972年版，第354－355页。
④ ［德］卡西尔：《人论》，甘阳译，上海译文出版社1985年版，第62页。

精神）都与自然相类，所以，人才应该刻意效法，因循自然”。[①] 因此，自然秩序就是人的秩序（社会秩序），自然（天）的法则也是人的法则，二者浑然一体。概言之，黎族人的自然观念就是天人合一的自然观念。

当这种天人合一的自然观成为黎族人民的共同意识，这种原始的自然观和世界观也就几乎支配着黎族社会生活的各个方面。黎峒中每有大事要决定，通常要进行鸡卜[②]，如战争、出猎、订婚、出嫁等。以战时鸡卜为例：战前，全峒参与者集合，并把武器齐放于峒前草坪上。由主持鸡卜的人杀一只小公鸡，将鸡血淋在武器上，并抽出小鸡的两根肋骨来查看鸡卜。杀鸡时，占卜者念咒，求鬼保佑击败敌人。在鸡股骨的营养孔插入小木签高于右肋骨的，表示我强敌弱，当天出战必胜。反之，则会失败。作法完毕，以酒肉款待主持鸡卜的人。若依鸡卜结果行事而获得胜利，事后更要以牛只、铜钱酬谢占卜者。若当日鸡卜不利，三天后再做，直至出现吉兆。[③]

文学艺术也和自然观密切相关。黎族村峒中的铜锣平时不能随便敲，只有到了重大的活动时方能使用。民间传说是黎族的口头文学形式。一般由村里的老人讲述，内容包括人类来

---

① 范忠信：《中西法文化的暗合与差异》，中国政法大学出版社 2001 年版，第 20 页。

② 鸡卜亦称“鸡骨卜”，是古越人的占卜法。据唐张守节注：鸡卜法用鸡一狗一，生祝愿，祝愿毕即杀鸡狗，煮熟又祭，独取两眼骨察看其上孔裂，似人形即吉，否则凶。唐宋以来在黎族中即流行此法。

③ 广东省编辑组：《黎族社会历史调查》，民族出版社 1986 年版，第 182 页。

源，“鬼神”、祖先事迹、村峒历史、部落关系、英雄事迹和爱情故事等等。著名的《黎族创世歌》中就包含着许多对原始自然观、世界观的认识。

在婚姻恋爱方面，也受到这种观念的强烈影响。男女相爱便在一起居住，睡觉时如男方做了吉利的梦，就可以结成夫妻，如做了不吉利的梦，恋爱便告终止，双方需另择所爱。

丧葬方面，人死后要杀鸡、猪，请“道公做鬼”，还要煮饭、泡酒以祭死者，连续数日。选择墓地时还要进行“鸡卜”。葬后数日要接死者灵魂，本家要忌生产，若是凶死，则全合亩、村峒都要禁忌生产数日。

种种情况说明，在黎族占支配地位的社会意识形态主要是唯心的，因此其对世界的看法也是唯心的。其核心思想就是有一种超自然的力量在主宰着自然界和人类社会，人要遵守这种自然的秩序。因此，当人们遇到自然灾害和自己不能解决的社会问题时，只有祈求神灵的帮助。黎族规约中的神判也就由此而产生。从黎族人的自然观的角度看，神卜也罢、禁忌也罢，甚至包括梦的启示，最终都是一种秩序的体现，也就是天人合一的自然秩序。

关于黎族传统社会中存在的神明裁判的信息见诸各种调研资料：[①]

如：神（鬼）审判。

黎族信仰原始宗教和巫术，他们十分相信神（鬼）审判

① 王学萍：《中国黎族》，民族出版社2004年版，第114页。

的效应。只要遇到难于判定的事情，他们便发毒誓，祈求神灵的效应以惩罚坏人。神（鬼）审判是一种巫术活动，是维护和执行习惯法的一种辅助而又具有强制性的手段。神（鬼）审判经常被用于对通奸、盗窃等行为的裁定。如果丈夫风闻妻子与人通奸，但又没有抓住把柄，只好采取此手段：把火塘里燃烧的木炭和火灰撒在茅草屋门里，对妻子说："你光脚从这里踩着出去，如果你与别人通奸，眼睛会变瞎，不然是我的眼睛变瞎。"但妻子往往为了保全丈夫，宁愿承担罪名，也不走出去。黎族一惧怕死亡，二惧怕眼睛瞎。过去，黎族过着刀耕火种的生活，生产力低下，食不果腹，眼睛瞎就意味着丧失了劳动力，将给家庭带来沉重的负担。在医学落后的地区，青光眼、白内障也会导致人的眼睛变瞎。但人们没有意识到这一点，而错误地认为是做了坏事而拒不承认，鬼神弄瞎他（她）的眼睛。这种神（鬼）审判冤枉了许多人。

再如：雷神判。

雷电往往造成人畜死亡，缺乏科学知识的人则认为雷专劈坏人。当有些事情不能被明断的时候，人们便进行雷神判。如某个人的财物被盗窃，又没有抓住盗贼，只是怀疑某人。在此情况下，无论是被偷的一方，还是被怀疑的一方，都可以把口水吐到手心里，对对方说："如果你确实没有偷我的东西，你敢用你的手掌击我的掌心吗?"或者说："你确实认为我偷了你的东西，你敢击我的掌心吗?"如果做贼心虚或者不敢确定，一般不敢与对方击掌。击掌后由雷来审判，雷劈死谁，就是谁做了亏心事。人们相信，雷会劈死做亏心事的人。

综上所述，黎族的神判是原始的自然观念与自然秩序的客观要求的产物，当人们缺乏识别能力、不能以确凿的证据解决争端时，只好通过自然的指点来确定是非黑白。从自然秩序的客观要求来看，对那些既缺乏证据又无法弄清原委的案件，为了防止纠纷的升级，避免人员的伤亡和财产的浪费，及时处理纠纷，化解矛盾，选择神判的方式，是对自然秩序有效的修复。当然神判并非万能的，疾病、灾难未必不会降到无辜者身上。但我们要看到的是，通过神判，人们的行为受到一定的约束，同时对人产生强大的心理威慑，从而有助于社会的安宁，也符合自然秩序的客观要求。

（二）“械斗”规约

解放前，在黎族社会，由于民族、土地、财产、人口、婚姻、债务、仇恨等方面的纠纷，个人、家庭、家族、村寨、地区、部族、民族之间经常发生摩擦。即便是某一个人被害或犯罪，不单其族群所有人，甚至其祖先鬼，也要来参与索赔或理赔，由此便往往发生纠纷，发生武装械斗。[①] 在这里，复仇成为一种“集体的责任”（collective responsibility）。[②] 解决此类纠纷的办法，有和平调解和武装冲突等两种。调解得好，可以化干戈为玉帛，调解失败，则会导致兵戎相见，发生械斗。一般而言调解往往发生在有着血缘、地域和群体认同的族群之

① 张冠梓：《论法的成长——来自中国南方山地法律民族志的诠释》，社会科学文献出版社2002年版，第315页。

② 林惠祥：《文化人类学》，商务印书馆1991年版，第207页。

间，由双方的头人或和双方有着联系的第三者出面调解。但是，调解的范围、力度、作用都是极为有限的，而且也只限于双方均认可的习惯或习惯法的意思范围内。相比之下，类似于中国古代部族间征战的械斗形式，则是这一地区的习惯法，特别是制裁方式的重要内容。在调查中我们发现黎族有关械斗习惯法的资料很多，主要涉及械斗的参加者，械斗的开始、结束、伤亡处理等。而这又成了械斗解决纠纷的依据。

关于械斗产生的原因，正所谓世界上没有无缘无故的爱，也没有无缘无故的恨。在盗窃、恋爱、婚姻、债务、报仇等引起械斗的表面原因背后，黎族人之所以会采用械斗这样的暴力方式来解决纠纷，必然有其深层次的原因。

首先，我们认为这是一种习惯法惩罚作用的体现。械斗所涉及的是群体之间的纠纷，被用来解决敌我矛盾，这种解决纠纷的职能也可以理解为习惯法施以对方最为严厉的惩罚，类似于我国古代中原地区所谓的“大刑用甲兵”。产生这种惩罚手段的更深层次的原因在于社会结构的影响和社会道德调节的失效。冤家械斗是黎族地区历史上十分常见的现象，这与黎族地区特殊的社会结构不无关系。黎族地区，主要的社会组织是村峒组织。历史上村峒组织是黎族人民联系的纽带，不同的村峒代表着不同的地区、不同血缘集团。峒体现部落关系，而村则体现血缘关系。[①] 黎族习惯法的一条重要原则即同一村峒的成

① 高泽强、文珍：《海南历史文化大系·民族卷》，载《海南黎族研究》，海南出版社、南方出版社 2008 年版，第 75 页。

员必须互相帮助和保护，峒内成员有互相援助和保护的义务，当成员受到外峒人的欺侮时，必须为其复仇。[①] 也就是说，当某成员受到外人伤害时，其他人有为他报仇的义务，这充分体现出习惯法维护血缘集团与村峒利益的原始家支主义特征。古代黎族地区的械斗多发生在不同的村峒之间，到了近代，甚至村峒内部各家庭支系之间也间或发生械斗。械斗的起因各种各样，结果也不尽相同，甚至有的是因鸡毛蒜皮的小事而起，最终酿成一场浩劫，严重影响了人们的生产生活。

其次，从社会道德对人们行为的调节角度来看，尽管黎族的原始道德在调节人们的行为方面起着很重要的作用，但需要强调的一点是，黎族和风细雨的道德调节往往只适合于自己的氏族、自己的峒、自己的合亩内，对其他氏族、其他峒、其他合亩及其成员是不起作用的。因此，在黎族社会，不同氏族、峒、合亩之间及其成员之间如果发生纠纷、冲突，解决的途径往往是械斗或暗杀，甚至以消灭某一氏族、峒、合亩而告终。在原始社会初期和中期，人们之间以及不同氏族、峒之间的纠纷往往引发械斗，导致一定规模的死伤，也伴随着经常性的杀俘现象。到了后期，即使部落之间的械斗多以和解结束，杀俘现象也得到了一定的遏制，但是失败的一方仍将付出巨大代价，甚至整个部落臣服于胜利者。所以械斗在黎族传统社会难以被根除。据解放前的调查，合亩制地区在解放前经常发生黎族械斗。因此，可以看出黎族的社会道德调整范围是很狭小

① 王学萍：《中国黎族》，民族出版社2004年版，第104页。

的，且往往不会考虑行为者的动机和行为本身的区别。如在血族复仇中，不去考虑对方是有意伤害自己还是偶然的过失，一律对肇事者及其所在氏族村峒或合亩使用暴力。即使在本氏族、峒、合亩内，如有成员杀人或盗窃并累及氏族、村峒、合亩集体，集体则可以当即组织人暗杀他，或开除他的族籍、峒籍、合亩籍。如有人患了精神病，氏族要令其同胞族人将患者锁起来，以防外出伤害人畜，累及本族。① 因此，可以看出道德调整的方式和手段简单且作用有限。

械斗所针对的是较大的纠纷，需要较多的人参与才能进行，因此这也就决定了械斗必须是有组织的行为。因此械斗的程序很严格，而不是没有目标、没有规范的乱斗。一般而言，海南黎族在进行械斗前，要当事人向村、峒的头人申诉、请求。头人同意后，便向对方下通牒。通牒是用一条细小的白藤打一个大圈和三个小圈，插上鸡毛做成。鸡毛表示要烧村庄、屋舍，藤条表示见人抓人、见牛拉牛、见物抢物。大圈代表罚牛，第一个小圈代表当事人，第三个小圈表示要罚钱。通牒由对方以前嫁来的妇女或请第三方的人递送给对方。对方收到通牒后，由村、峒的头人商讨解决的办法。只有两种选择，一种是向对方赔偿损失、接受罚款、赔礼道歉。把通牒收下，双方派人谈判。另一种是拒绝对方提出的赔偿、罚款条件，以械斗来解决，把通牒退回给对方。于是，双方进入械斗的准备

① 王养民、马姿燕：《黎族文化初探》，广西民族出版社 1993 年版，第 57 页。

状态。①

我们所了解的几次械斗，有以下一些环节：

（1）通牒，有两种方式：一种用猪颈，一种用“鸡毛信”。鸡毛信黎语叫 IEGYKATY，即用一条细小的白藤，打一个大圈、三个小圈，小圈上插上鸡毛。群众解释为：鸡毛表示要烧房子、村庄，藤表示见人抓人、见牛抓牛；大圈表示罚牛，第三个小圈表示罚钱。

当因某种事引起一方要处罚另一方时，一般都先经过本村或本峒的村头、峒头、哨官等共同商量，决定后，以猪颈或鸡毛信通知对方当事人或他的亲属，表示要对方接受处罚。当事人接到通牒后，就要报告本村的村头、峒头或哨官，共同商量对策。如果接受处罚，则留下猪颈或鸡毛信，双方可以通过谈判解决；如果拒绝接受，把猪颈或鸡毛信退回去，则说明已经准备用械斗方式来解决，这样双方就进入械斗状态了。

据资料，通牒一般是请别人或者对方嫁到本峒的妇女送达。据说，这是为了避免对方杀害或扣押使者：

（2）请援，械斗双方往往请求自己的龙公来援助，没有龙公的就去拜龙公，甚至有龙公的也有再去拜认的，以增强自己的力量。请龙公援助，需给予报酬。

（3）兵头，黎语称 VAUD DIAD，他的任务是带头进攻，是由领导和指挥者出赏征用的。应征的兵头与指挥者订立“合同”，用小竹枝或藤条，按指挥者右手中指第二至第三个

① 《海南黎族社会历史调查资料》（四），1963 年铅印本，第 31 – 33 页。

关节的长度，刻四段或五段交给兵头收执，表示按攻进对方村庄的先后次序给予若干奖赏，兵头再去组织几个人共同配合行动。在实际战斗中，也可能是其他人首先攻进村庄，兵头就应把竹枝交给首先进攻者，由他受奖。如攻不进村则不给奖。

（4）俘虏，不杀俘虏，和解了可以赎买，赎金多少按俘虏的身份有所不同：一般是哨官、峒头等比老人多，老人比青年多，男子比妇女多。

（5）分配，械斗中攻进对方村庄后，首先要烧毁对方为首者和引起事件之当事人的房子，在村内任意抢掠。首先攻进村子者，第一次抢的牛只归己，鸡鹅及一般衣物用具谁抢的归谁，其余一律归公，然后进行分配。铜锣归哨官、峒头；牛只首先由哨官、峒头等各分一头，其余由参加械斗者均分；猪少的全体共同吃，多了由抢到的人抬回本村共同吃。

（6）负担，请龙公援助及奖励兵头的费用，由各户分担。

（7）和解，没有固定的仪式，番满与什稿地区的和解由番阳龙公五人主持，在王友凤家杀牛喝酒，龙公说："喝酒以后两村不要再打架，不谈过去的事，后代也不再计较"。然后，龙公及械斗双方在一双箭镞上各砍一刀，双方代表互换酒碗喝酒，各执箭镞一支，并共同送给龙公5头牛，这样便算和解了。也有的是一方希望和解，便请别峒的哨官或峒头为使者，征求对方同意以后，双方各自杀牛喝酒了事。

另外，无论是因为何事而械斗，争斗的双方都要遵守一些共同的规则。如在械斗中不伤害对方的妇女、儿童和老人；不伤害对方弃械投降者；不虐待俘虏；不毁坏对方村寨的庄稼；

对械斗中伤亡过重的一方进行一些赔偿；等等。

械斗本身就是一种纠纷，因为其是不同群体之间的矛盾的表现形式；同时械斗也是黎族地区纠纷解决的一种方式。作为黎区一种特殊的纠纷解决方式，看似野蛮的械斗实际上是黎族地区多元化纠纷解决机制中的重要内容。这种特殊的解纷形式在当时有其合理性与价值。

首先，械斗有着严格的程序规范，绝不允许其随意发生，这就从源头保障了械斗不会频繁出现。即使出现了械斗的苗头，但由于一些原因终止（例如：纠纷的一方采取容忍的态度，答应对方条件），产生械斗的社会矛盾得以解决。在传统社会里，由于交通闭塞，黎人不同部族长期共存于同一社会环境中，彼此知根知底，因此对于诉诸暴力的后果往往有着明确的预期。这时的械斗是完全作为一种纠纷解决方式出现的，其作用就在于催促纠纷的双方进入一个博弈的局面，以大规模的武装冲突为筹码，迫使对方就范。这使得纠纷中的双方被拉回到谈判桌上，寻求纠纷解决的最佳途径。

其次，械斗作为一种纠纷解决方式的价值还在于能够迅速、快捷地解决纠纷。迟来的正义非正义，这是一个广泛的共识。从效率的角度来看，纠纷的出现意味着秩序的破坏，纠纷解决的最终目的就是要使秩序得以恢复。因此，如何能够有效、迅速地恢复秩序就成为解决纠纷的关键。相比其他纠纷解决方式，械斗没有冗长的调查、审理等程序，只是单纯地依靠力量的对比来分清是非，械斗过后往往会换来一段时期的安宁。尽管有时结果无法保证公正，但与现代社会中人们通过漫长的诉讼程序而得到的迟来的正义相比，这不公正的表面背后却是对黎区秩序至上的最好维护。尽管“人在很大程度上受着利益的支配，但是即使是利益本身乃至所有人类事务，实际上还须受到观念和意见的完全支配。”[①] 而在黎族地区，注重秩序成为人们的普遍共识，谈论公正的前提条件就是将它置于秩序至上的框架中。

当然，械斗作为一种特殊的具有极端性的纠纷解决手段，有着一定的负面影响，往往造成大量的人力、财力损害，使得当地本就十分脆弱的经济雪上加霜。但我们认为，纠纷解决的多元性暗含着一种灵活性的要求，灵活性要求不管方式，只求有效地化解纠纷，恢复黎区的秩序。而且灵活性的另一层含义就在于为了解决纠纷，各种方式可以互相转化。在黎族那样一种传统的社会中，械斗成为一种解纷手段是必然的。械斗是黎族地区解决族际和群体之间的各种纠纷的重要方式，也是这一地区传统法文化的重要内容。

二、惩罚规约

黎族人民在预防冲突、解决纠纷的实践中累积形成了一系列习惯法规范及解决纠纷的有效程序。惩罚机制所依靠的正是这些黎族特有的习惯法规范。这些口耳相传的习惯法规范，与纠纷解决的程序和方式，共同构成了黎族地区的纠纷解决机

① 大卫·休谟的观点，转引自哈耶克：《自由秩序原理》，邓正来译，生活·读书·新知三联书店1997年版，第125页。

制。尽管自然的村峒社会组织、血缘等级造就了人们在经济与社会生活中的地位的差异，但这并不意味着在纠纷调解中，高等级的人对低等级的人就占有绝对的优势地位。惩罚机制的终极目标是在解决纠纷之中实现对人际关系的修复，实现一种社会的和谐。在黎族地区，友好关系的恢复具体表现为促进村峒和谐、维护社会稳定两个方面，这正是纠纷解决的直接目标。

（一）惩罚的执行者

探讨黎族地区的惩罚机制，首先面对的，同时也是惩罚机制中的核心问题，是惩罚机制的主体问题，即哪些人享有惩罚权的问题。黎族地区惩罚机制的有效运作，关键在于惩罚机制的主体，他们是民族习惯法的具体代言人和执行者，通过特定的形式运用习惯法调解争端，体现习惯法的公正性和权威性。因此，享有惩罚权的人可以说是连接习惯法和惩罚过程的关键点，是实体法与程序法衔接的要害，是乡土社会秩序的维护者和民间权威的具体化身。

黎族传统的习惯法，对某些道德准则和社会规范并没有精确的、详细的规定，各地区对犯罪者的处理不尽相同，没有常设的执法机构。司法大权掌握在峒长、哨官、头家手中，一般案件由头家处理，大的案件由哨官、峒长裁决，大事报总管，总管处理不了上报县衙。[①] 弓峒之间的纠纷械斗，由各弓峒的峒长们协商解决；峒内的刑事纠纷和违法行为，由峒长裁决；

① 王学萍：《中国黎族》，民族出版社2004年版，第113页。

村内的刑事纠纷和违法行为由村长和村中奥雅裁决；两个村之间的刑事纠纷和违法行为，由两个村的村长和村中奥雅协商解决，解决不了由峒长裁决，或举行神判。峒长无法裁决的才送交官府处理。[①] 不管是黎族的非国家性质的正式组织，如峒长等，还是非国家性质的非正式组织，如“奥雅”“族长”等，他们在解决纠纷时所作出的裁判一般都具有相同的效力。

1. 合亩内具有惩罚权的人：亩头

在合亩制地区，调解纠纷、对外作战和讲和都由亩头负责；合亩与合亩之间如有人因酒醉打架，亩头要出面劝解和训诲。从亩头的产生可以看出，亩头之所以能具有惩罚权是由于血缘关系和家长制的共同作用。在人类早期的社会中，为了生存与克服生产力低下的矛盾，人们自觉地团结在一起，而选择的方式往往是通过血缘这一天然的纽带，从而产生出一定的自然领袖，久而久之这种自然领袖就具有了一种独特的身份，责任也就相应地扩大到生产之外的其他事情上。不可否认的是亩头的产生也源于这样一种逻辑，首先是为了生产的顺利进行，其后因解决生产生活中的一系列问题而不断扩大自己的权利，包括惩罚的权利。在家长制的传统社会，在缺乏国家意志的黎族社会群体中，亩头是天然的家长，人们把亩头作为评价事物的尺度，也体现了黎族社会对长者的尊重与服从。

合亩内发生纠纷时，首先由亩头主持亩内会议予以解决；倘若超出了合亩范围，往往会求助于峒长、族长等头人，由其

---

① 王学萍：《中国黎族》，民族出版社2004年版，第111页。

出面进行调解裁决。若本合亩的人有偷盗行为，失者就找偷盗者所在合亩的亩头，要该合亩负责赔偿；如该亩头不理，则与偷盗者一起被治罪。

在调解纠纷时，亩头对于自己的合亩成员的行为所负的责任，视血缘关系的亲疏或事件的大小而定。例如："在是同一个祖父的合亩中，如果其中某人因偷盗、放寮①或其他原因被别人追究时，除抓当事人外，还要抓亩头，即使当事人的父亲尚在，也要抓亩头。但是，如果是事件重大如杀人等，则不但亩头而且村头也要负责。如果合亩内的任何人犯了杀人之罪，对方要抓人和处罚，均唯亩头是问，因他是排从各房中的辈分最长者。被罚的款和牛，首先由当事人负担（指田地已分的，田地未分的由合亩负责），然后由合亩其他兄弟帮助，甚至全村帮助。一般情况下，合亩成员出了事，不论是否应由亩头负责，出事者都要找亩头商量，亩头有责任帮他想办法解决。"②

2. 村里具有惩罚权的人：村头

村头的职能是处理本村或本血缘单位内的纠纷。比较难解决的纠纷，也有请外村或非血缘关系的村头参加解决的。村头一般都懂事理，会说话，有能力处理群众纠纷，但要收取一定的报酬。村头负有裁判的任务，纠纷方在他的指导下进行协商，而且他又是缔结重要契约的证人。另一个主要任务，他是

① 放寮：男女幽会之意。解放前，黎族男女一般到十三四岁时就可以放寮，通过放寮，若双方愿结为夫妻，男方便托姨母或嫂子去说亲。

② 广东省编辑组：《黎族社会历史调查》，民族出版社1986年版，第207页。

对外的集体代表并指导对外政策。靠村头的工作所得的直接利益是很少的，村头不向村民索取任何东西，只是在诉讼的时候有点收入。处罚邻村来的盗窃犯所得的罚款是分配给村民的，但是盗窃犯被罚水牛时，水牛则归村头。① 如雅袁王老堤的父亲，被乐东县王老忍诬告偷他捕到的山鸡，提出要罚王老堤5头牛和1个铜锣。王老堤的父亲便请什空村的村头王老奔和王老妹判理，判决之后，分别给王老奔1把稻谷、给王老妹3把稻谷作为报酬。

3. 峒组织中具有惩罚权的人：峒长

峒长作为黎族社会的自然最高首领，同亩头、村头一样，在黎族社会中也具有调解纠纷的职能，具有惩罚权。从原始的峒长产生机制来看，峒长能成为纠纷的解决者首先是因为人们敬仰他的个人品质。他凝聚了普通民众实现公平、正义的价值追求的愿望。峒长在调解纠纷时，要以本民族的历史、典故、古理来说服当事人。他们拥有较为强势的家族背景，以此作为纠纷仲裁者的地位支撑，在此强势的背景下，人们自然会选择服从强者的安排。峒长无法调解的纠纷，诉诸上级总管。峒长调解纠纷，一般没有固定的报酬。问题解决后，由当事人杀牛或猪请他喝酒，或赠铜钱若干作报酬。

4. “奥雅”及其他具有惩罚权的人

无论称呼如何，毋庸置疑的一点就是这些活跃在黎族乡土社会中的“头人”，都是黎族纠纷解决者中的一部分。很多案

① 中国科学院广东民族研究所：《海南岛民族志》，1996年6月，第103页。

件正是通过这些不同的纠纷解决者各自或共同的作用来解决的。还是以峒为例，“峒头除参与本村、本血缘单位的事务外，还参加村与村之间和全峒性的事务。如处罚、械斗等纠纷，如处罚、械斗等纠纷牵涉的不止一个村，甚至涉及全峒，或几个峒时，要由峒头、哨官、团董等共同解决。不论是有官职或无官职的峒头、村头，在处理纠纷时，就具有在谈判中主持评理并保证双方实现条件的人的身份，甚至可得到报酬和贿赂。”①

一般来说，在纠纷解决的层次上，先由合亩或村峒内的头家解决纠纷，头家不能解决者，诉诸哨官，哨官不能解决者，诉诸峒长；由峒长召集全峒的哨官、头家开会共同解决。峒长不能处理的问题，报请总管处理。②

需要说明的是，奥雅、哨官、保长、甲长以及前面说的亩头、村头、峒长的职能界限有时候并不那么清晰。在不同的黎族地区，奥雅、哨官、保长、甲长、亩头、村头、峒长有可能由一个人担任，或者相同职能的人因地区不同而称呼不同，或者在职能上有所交叉。当然，这不会影响到他们在黎族文化圈内的地位及调解纠纷的作用。

5. 妇女在惩罚机制中扮演特殊角色

在调查黎族习惯法中的传统纠纷解决者时，我们发现了一个很独特的现象——妇女在纠纷解决中常常起着重要的作用，

① 广东省编辑组:《黎族社会历史调查》，民族出版社1986年版，第204页。
② 广东省编辑组:《黎族社会历史调查》，民族出版社1986年版，第171页。

一些很严重的纠纷，如果妇女出面，往往就能够得到圆满的解决。据清代《黎岐纪闻》（卷二）记载：“其俗贱男贵女，有事则女为政”，“遇有事妇人主人，男不敢预也”，“语言不合辄持弓矢标枪相向，势不可挡，有妇人从中间之，即立解”。《广东新语》《峒奚谷纤志》《琼黎一览》等文献也有类似记载。现今黎族的某些地区仍有“蕊岔”的传统和解仪式，其中由寡妇作为双方代表。清末在保亭黎族苗族自治县“合亩制”地区毛枝峒和毛道峒发生械斗，最终达成和解协议，双方各派出寡妇一人为代表，举行一种传统的和解仪式，黎语叫“蕊岔”。清代汉籍如《广东新语》《琼黎一览》《黎岐纪闻》《琼崖黎岐风俗图说》等都记载在一些地区黎族间发生争斗纠纷时，只要有妇女出面干预调解，就可以息战罢兵。

黎族的纠纷解决者名称各异，职能和形成过程也不尽相同。例如：峒相当于部落，一群近亲联合而成的部落，说相同的方言土语，“部落大者百数十家，小者二三十户，多沿溪谷流域为峒”；“峒之大者七八村，构成部落，先住者为领袖，称‘头家’”。① 这些头家都或多或少有着维护黎族社会稳定、调解社会矛盾的功能。但与现代社会的职业法律人相比，他们一般具有以下特征：首先，这种纠纷解决者往往由家族、村峒或部落的管理者充任。其次，纠纷解决者或多或少承担着一些宗教上的职能。最后，民间的这些“法律人”在处理纠纷时所扮演的角色也是多重的。

---

① 张硕人：《海南岛述略》，1949 年。

综观黎族习惯法关于刑事纠纷的规定，习惯法体现出一种和谐宽容的人道主义精神，对于刑事纠纷的处理往往采用较为平和的手段。习惯法维护基于血缘纽带而建立起来的家族氏族利益，同时它也广泛地承担着维护整个黎族社会的秩序、惩罚犯罪的功能。

（二）惩罚的类型

黎族地区由于传统政权控制不强，加之黎族没有文字，规约也没有以成文形式记载，甚至有些时候黎族的规约对某些道德标准和社会规范并没有精确的、详细的规定，各地区对哪些行为应当受到习惯法的规范与制约的规定也不尽相同。

1. 对偷盗的处理

农业是黎族地区的主要产业，农业生产关系到黎族人民的生存大计，牲畜对于农业生产，又有着至关重要的意义。因此，对于牲畜的保护自然显得尤为重要，偷盗牲畜被人认为是破坏农业生产的行为。据记载："在黎族地区，视偷牛为最严重的盗窃行为，被捉拿的盗窃者按习惯法科以成倍惩罚。失主发现牛被某人偷走后，就将案情报告村长或峒长处理。一般的情况是'偷一罚十'。然后，失主将罚得的牛只杀掉两头宴请乡亲。若偷盗者无法即时赔偿，则责令其'刻木为契'，日后陆续还清；若罪犯无力赔偿，亲族又不愿意帮助的，被盗者可以将罪犯杀死。这样处理，犯人的家属和其他人也不敢提出异议。对于偷猪者，罚水牛两头、猪一头。水牛归失主，猪则杀了给全村乡亲们吃。对于偷鸡者，罚猪、鸡各一。鸡归失主，猪杀了供全村乡亲们吃。对于偷盗光洋等钱财的，赔偿10倍。失主将其中的一部分钱买酒菜请乡亲们喝酒。对于偷粮食者，罚得更重，即偷1斗粮食，赔偿水牛10头，失主将一部分牛杀了招待乡亲们。”[①] 在黎区，偷窃瓜菜也要受惩罚：若瓜菜之类被偷窃，失主就将部分遗留物，用木条挂在路口，让“天地看见”，表示民众愤慨，预兆缺德者总有一天会受到应有的惩罚。[②]

在本村的公有土地上，长出一棵果树苗或其他实用树苗，哪怕只有一尺高，谁先用茅草在树干上打结或用刀在树干上砍一个交叉做记号，这棵树长大成材或开花结果，则归打草结或砍交叉记号的人所有，其他人不得采摘、砍伐，违者按盗窃罪论处。[③]

2. 对通奸的处理

有妇之夫与未婚之女子通奸被妻子抓获的，一般的情况是丈夫向妻子请罪，表示以后不再犯。若得到妻子宽恕，则由奸夫出一头猪，奸女出一坛酒，请村里人吃喝，问题便解决了。若妻子不肯宽恕，则实行离婚，并把结婚时带来的嫁妆全部带回娘家。有夫之妇与未婚男子通奸被捉获，妻子要向丈夫承认错误、谢罪。若得到丈夫的原谅，则由女子出一坛酒、男子出

① 中华文化通志编委会：《中华文化通志·民族文化典（侗、水、毛南、仫老、黎族文化志）》，上海人民出版社1998年版，第511页。

② 高其才：《中国少数民族习惯法研究》，清华大学出版社2003年版，第173页。

③ 王学萍：《中国黎族》，民族出版社2004年版，第111页。

一头猪，请乡亲们吃喝，问题便算解决了。若丈夫不饶恕，则实行离婚，由妻子之娘家赔偿水牛5头作为聘礼的损失。有夫之妇与有妇之夫通奸被捉获，若得到丈夫或妻子的饶恕，也由男的出猪、女的出酒宴请乡亲们。若受害之夫或妻不肯饶恕，便可以提出离婚。这类问题在很早以前通常判处死刑，但是随着时间的变化，经村中老人调解，大都能言归于好。

此外，如村内发生强奸事件的话，作案人也要受到一定的处罚。如在乐东县第二区毛农乡毛或村，王老海强奸王××的妻子，当时由村中老人“奥雅”当众责备教育，并罚王老海在群众面前认错，另罚他一头猪、一坛米酒供群众宴饮了事。[①]

3. 对放寮的处理

由于黎族地区有着传统的放寮习俗，因此，由放寮所引发的纠纷也是很常见的。已婚而未成户的妇女放寮，会受到一定舆论的压力，同时，丈夫有权禁止她放寮。如她放寮被丈夫当场发现，丈夫不但要打骂妻子及情人，还要罚和妻子放寮的对方一头猪，罚岳父家一缸酒，有时丈夫便因此提出离婚。[②]

4. 对杀人的处理

黎人性情温和，人与人之间都能和睦相处，很少发生杀人的事情。据记载：“村里好像是没有杀人事件，杀人者要受罚

① 中南民族学院编辑组：《海南岛黎族社会调查》（上卷），广西民族出版社1992年版，第145页。

② 广东省编辑组：《黎族社会历史调查》，民族出版社1986年版，第164－165页。

金的处分，但详细数字难于记述。有一男子因醉酒后杀死亲兄弟，可是这时候杀人者没有被处罚。”①

（三）惩罚的方式

1. 接受奥雅的审判惩罚

黎族解决纠纷主要采用的是一种类似于合议制调解的审判制度。此种审判一般由村峒的头人、老人、宗教人物、家族长等长辈主持，这是一种最主要的纠纷解决方式，不管是民事纠纷还是刑事案件，当事人都可以请老人、头人斡旋调停。以偷牛为例，在美孚族审判盗牛犯的历史记述中写道：“偷牛犯被捉后即用铁链锁上，被带上村长家。由村长打起挂在他家门口的牛皮大木鼓召众开会审判。审判官们包括奥雅（老人）等人，他们聚集坐在村长房屋后面天井矮板凳上，围成方形，开会讨论。犯人坐在他们附近地面上。审判由早到晚，一直到深夜，第二天还继续，可见作出判决之艰难。审判中他们不仅要询问犯人，还要询问被害人的意见，听取双方家族、村峒、合亩内一些群众的意见。审判时大家都愿意听对方的语言，并且没有厌倦，谈话活泼，有礼有序地讨论着。最后经过长时间的讨论，作出决定。犯人往往是被处以罚款，但是如果交不出罚款，就会被处死。而且罪犯死后，他的肉还有被吃去的（这是在街站村的说法）。”②

① 中国科学院广东民族研究所：《海南岛民族志》，1996年6月，第105页。
② 曾昭璇、张永钊、曾宪珊：《海南黎族人类学考察》，第218页。

2. 族群之间的械斗

黎族和风细雨的道德调解方式往往只适合于自己的氏族、自己的峒、自己的合亩内，对其他氏族、峒、合亩及其成员是不起作用的。因此，在黎族社会，不同氏族、峒、合亩之间及其成员之间如果发生纠纷、冲突，解决的途径往往是械斗或暗杀，甚至以某一氏族、峒、合亩的消灭而告终。

如前所述，海南黎族地区的械斗往往会经过一些程序，在这一系列程序中，弱势的一方往往会接受不同种类的惩罚，比如向对方赔偿损失、缴纳罚款、赔礼道歉，从而防止械斗带来的不利后果。如果这些最终没有阻止械斗的发生，弱势一方将承担更为严重的死伤，甚至会导致族群的集体毁灭。

械斗作为一种纠纷的解决手段，往往造成大量的人力、财力损害。虽然在表面看来能够维持黎族社会的一种局部的安宁，但这种安宁也是不能持久的，在这种手段下被解决的纠纷，往往存在更大的不安定因素。因此，械斗解决纠纷，往往是治标不治本，武装冲突仍然此起彼伏，连绵不断。械斗这种保障人身与财产安全的形式，也无法从根本上抹平由武力冲突而导致的祸患。

3. 接受神明的裁判

神明裁判是一种特殊的纠纷处理程序。当纠纷的解决者对纠纷的处理难以令双方当事人满意之时，或双方面对纷繁复杂的案件，纠纷当事人各执一词，难以辨明真伪，纠纷调解者也会束手无策，此时就需要求助于神灵的力量，这就是通常所说的神明裁判。黎族规约中的神明裁判大部分是在偷窃案件中，失主没有当场抓住行窃者，从而不能提供充分证据的情况下才进行的。在他们看来，财物丢失，必定有偷窃的人，当不能找到证据，又没有当场捉住偷窃的人，失主就凭借主观臆断怀疑一个可能行窃的人，而这种怀疑的可靠程度取决于“鸡卜”，“鸡卜”则是一种与神沟通的方式，这样就把当事人双方的命运交由“神明”判决了。然而当“鸡卜”的神判结果尚不能得出最终的裁决时，假如被怀疑者不承认的话，就要进行第二次神判。第二次神判是凭借当事人双方身体某些部位抵御外来力伤害的结果或者当事人心理上的恐惧与羞愧来进行的。通过身体上的惩罚与心理上的威慑来进行案件的验证，其结果就是案件的最终裁决。

神判是原始宗教的产物，当人们缺乏识别能力和不能以确凿的证据解决争端时，只好借助自然的指点。但是神判并非万能的，疾病、灾难未必不降到无辜者身上。不过这些方式使人们的行为受到一定的心理约束。

4. 惩罚措施

黎族强制性的惩罚措施多种多样，比较轻的有罚款、检讨、勒令赔礼道歉等，较重的有开除族籍、处死等。黎族对于严重违反习惯法的行为，习惯法规定最重的惩罚是：“当着众人捆绑当事人的手脚，浸水后在湿的身体上放黄蜂窝，让黄蚁咬。对一般性违反习惯法的行为，则以惩罚为主。”[①] 在现代

① 詹慈：《黎族合亩制论文选》，广东省民族研究所印行1983版，第192、221、273页。

习惯法已经有了一些改变，“一些地区通行的规则是将处罚具体化，如凡家禽家畜毁坏别人的庄稼要罚四个 100。即 100 块钱，100 斤米，100 斤酒，100 斤肉（猪肉或牛肉不限），四个 100 相当于 1000 块钱”。[①]

此外，黎族有家庭断亲规约。“当家庭的成员中有人不接受家教，在社会上多次惹事，违反了习惯法，造成严重后果，而当事人又固执不改时，家长要设酒席，请兄弟朋友入座，当着村寨众亲友声明父子断亲或兄弟断亲。断亲时在酒席上放置两支箭，由村寨中有权威的头人，用利刃把两个铁箭头一刀斩割，作为断亲记号，断亲的双方各保存一支。举行了断亲仪式后，断亲者要立即离开原来的家庭。此后断亲者若在村寨或社会上惹祸，原来家庭成员不负任何责任，一切后果由断亲者自己担当。”[②] 这些处罚办法不仅具有一般的惩罚作用，还警示着人们：在这样的“熟人社会”或“半熟人社会”里，人们处于血缘关系与地缘关系共同编制的大网中，谁破坏了这里的安定祥和气氛，他不仅要丢人现眼，还需付出高昂的代价。这样的处罚，使得黎族地区社会秩序良好。可见，实行严厉的强制性惩罚措施，对于维护地方治安起着不可忽视的作用，对于纠纷的解决以及纠纷的预防都有着重要意义。

① 王学萍：《中国黎族》，民族出版社 2004 年版，第 112 页。

② 《海南岛黎族苗族自治州保亭县毛道乡黎族合亩制调查》，全国人民代表大会民族事务委员会办公室印行 1957 年版，第 213 页。

第三章 黎族传统社会的婚恋规约

一、"放寮"与"隆闺"的恋爱习俗

黎族的青年男女在恋爱时是自由的。黎族男女一般不讲究门当户对，只要双方合意就行。黎族众多的节日，为青年男女公开、自由的交往提供了种种方便和机会。原始偶婚的遗风使青年男女能呼吸到自由恋爱的空气。《黎岐纪闻》中写道："男女未婚者，每于春夏之交齐集旷野间，男弹嘴琴，女弄鼻箫，交唱黎歌，为情投意合者，男女各渐凑一处，即订偶配，其不合者，不敢强也。"又云："未婚黎女，不禁野合。"①

黎族传统社会里自古就有"放寮"与"隆闺"的婚恋习俗，女孩成年后独立居住于特别建造的"隆闺"中，与成年

---

① ［清］张庆长：《黎岐纪闻》。见吴江、沈氏世楷堂：《清道光中昭代丛书合集己集广编》（第33卷），影印本，上海古籍出版社1990年版，第11-12页。

男子自由交往，父母不加干涉。男女双方在充分交往后，甚至是在生育子女后才进入婚姻生活，成家立业。

始于原始社会形态下的恋爱自由观念的深远影响，黎族人一直倡导婚姻自主。男女结婚完全由自己选择对象，是出于当事人双方的共同意愿。史料对此观念多有记载——《虞衡志》："春则秋迁会邻峒男女，装束来游，携手并肩，互歌相答，名曰作剧。有乘时为婚合者，父母率从无禁。"①《黎峒行》："婚嫁无媒妁，踏歌以相。"② 《天下郡国利病书》引《旧志》："男女未婚配者，随意所通，高唱黎族，即为婚姻。"③

若夫妻俩婚后感情不和，无法共同生活下去，便可以自由离婚。夫妻离婚无须任何凭证，只要双方自愿，请村中或合亩中一位老者当众宣布即可，妇女便回娘家生活，男女也可自由再娶再嫁，任何人都不会干涉。④

但是，随着黎族社会形态的变化，以及外来民族的观念的影响，黎族婚姻中也出现过父母包办的不自主婚姻。黎族男女的婚事如果征得了父母的同意，便以父母包办的形式举行婚

---

① 王养民、马姿燕：《黎族文化初探》，广西民族出版社1993年版，第50页。

② ［清］李聘：《黎峒行》。见王海、江冰：《从远古走向现代——黎族文化与黎族文学》，华南理工大学出版社2004年版，第82页。

③ 王养民、马姿燕：《黎族文化初探》，广西民族出版社1993年版，第50页。

④ 王养民、马姿燕：《黎族文化初探》，广西民族出版社1993年版，第50页。

礼。即使通过“夜游”对歌私定终身的青年男女，也要征得双方父母的同意。

黎族的歌谣表达了黎族女性对自由恋爱的向往：“母娘打侬因为哥，前门赶到后门坡，虽是为哥受打骂，愿受打骂不弃哥。”[①] 黎族流传的《抗婚歌》体现了女子对包办婚姻的不满：“心里像针扎一样苦，因为阿拜给我另定婚，求求你们，退掉聘礼——订婚夫的猪与牛。”[②] 在《白沙县志》中记载的换婚制就是包办婚姻的一种，这种习俗因严重影响男女的恋爱自由，往往造成婚后夫妻不合，甚至有黎族妇女因此投河、上吊自尽。[③]

受自由恋爱、自由婚姻观念的影响，黎族人特别是女性表现出了对包办婚姻的反抗。在叙事长诗《巴定》中描述到：“父母迫巴定，嫁给无情郎”，“巴定不是好欺侮，番阑人我看不起，说罢上了路，愤愤往家走”，“巴定要回家，回与有情郎，踏上来时路，归路平坦坦”[④]。为了爱情、婚姻的自由，他们可以不顾一切地反抗，“父母迫我我不去，我愿剃头做尼姑，我愿上树吊颈死，我愿下湾喂鱼虾”，反抗不成“逃父逃

---

① 王养民、马姿燕：《黎族文化初探》，广西民族出版社 1993 年版，第 75 页。

② 王养民、马姿燕：《黎族文化初探》，广西民族出版社 1993 年版，第 87 页。

③ 白沙黎族苗族自治县地方志编纂委员会：《白沙县志》，南海出版公司 1992 年版，第 322 页。

④ 王养民、马姿燕：《黎族文化初探》，广西民族出版社 1993 年版，第 90－91 页。

母跟哥去，下雨打雷情不离”。

早婚普遍存在于原始社会和古代社会。如东罗马帝国的《查士丁尼法典》和欧洲中世纪寺院法规定的婚龄，男为14岁，女为12岁；中国后周武帝规定：男15岁、女13岁为嫁娶之期；唐开元年间规定男15、女13岁，听婚娶；明洪武令、清通礼均规定：男16、女14以上，可以婚娶。探究提倡早婚的原因，主要是增加人口，满足其赋税和丁役的需要，弥补战争的消耗。在汉族，早婚也有一些经济的原因，如聘礼太重，产生“童子婚”“童养媳”“掉换亲”等方式，尽量少交或不交聘礼以娶妻，就如梁治平先生所说“贫穷与财婚的结合产生童养媳等早婚”①。

黎族有早婚的习俗。《保亭县志》中记录到：解放前，青年男女在十三四岁便可结交异性朋友，十五六岁即可结婚。②从黎族遗留的象征成人礼的隆闺和文脸习俗也可以看出，黎族男女交往的年龄较早，大概十二三岁就开始了，结婚年龄自然也早。《琼州海黎图》第十一幅画描绘男女青年对歌的场面，文字介绍说：“春情日暮，男女年至十五六者，每于村中唱歌嬉戏，彼此互相悦慕，即订配偶，父母亦从而勿禁，后始议聘如黎礼。”③

---

① 梁治平：《清代习惯法：社会与国家》，中国政法大学出版社1996年版，第75页。

② 保亭黎族苗族自治县地方志编纂委员会：《保亭县志》，南海出版公司1997年版，第495页。

③ 《琼州海黎图》图11文字说明。参见李露露：《清代黎族风俗的画卷——〈琼州海黎图〉》，载《东南文化》2001年第4期，第14页。

这种早婚习俗毋庸置疑也反映了黎族人口增殖的社会压力，但是由于母系氏族社会“不落夫家”等习惯的遗留，黎族的早婚习俗体现出与汉文化不一样的特色。聘礼作为女性身价的象征，在黎族社会的婚姻缔结过程中必不可少，而女性结婚后和生子前“不落夫家”，因此不会像汉族一样逃避聘礼而产生“童养媳”① 婚姻方式。

黎族的早婚习俗更多地体现了女性在黎族社会的重要地位。在“刀耕火种”的农业中，黎族男女分工十分明确，“播种时，男女协作，男子用山兰棍在前戳穴，女子随后手播种子于穴，用脚掩土于种。稻熟时，妇女用手捻刀收割稻穗，系捆后由男子挑回住处”②。在黎族社会中，男不做女工，女不做男工，而黎族男女结婚后，虽然妻子“不落夫家”，但如果夫家在生产中需要帮手，妻子就要去夫家帮工。可以说，因为妇女在生产生活中的不可替代的作用，早婚的习俗可以维持家庭中男女比例的平衡，使自然社会的生产生活趋于和谐。这一点，在离婚的方式中也可体现。在“不落夫家”的情况下，男方希望解除离婚关系，只需到女方家对岳母说：“阿妈，叫她（妻子）以后别再回我家做工了，我决定与她分手啦。”女方希望解除离婚关系，只需把礼金、筒裙带上，过去给婆家挑回一担水，然后对婆婆说：“阿妈，谢谢您的厚爱，请您多保

① 在汉文化渗入严重的黎族地区有“童养媳”现象，但属于很特殊的情况，这里所说的是黎族传统社会的婚姻习惯法中没有“童养媳”的习惯规则。

② 王海、江冰：《从远古走向现代——黎族文化与黎族文学》，华南理工大学出版社2004年版，第23页。

重，我不想再回来了。”[1] 妇女在自然生产中的重要地位是黎族形成早婚习俗的重要原因。

解放后，结婚的年龄有所提高，但现在仍保有早婚习俗的遗迹，黎族男女在17—19岁即依旧俗结婚，有些黎族女性认为20多岁才结婚的是老姑娘，没人要的。黎族男女结婚很少有人领结婚征，结婚、离婚以习惯法上的仪式为主，不受婚姻法的限制。

二、“不落夫家”的婚俗

在黎族婚姻规约发展过程中蝶变而成的一夫一妻制，于倡导婚姻自主、禁绝血缘婚的观念下，形成了一系列与婚姻制度相配套的系统而完善的婚姻规则。

（一）严格的通婚范围

上文提及，在各原始民族有关人类及其生命来源的传说中，几乎都反映了兄妹结合的血缘婚并非“自然而然的事”，而是迫不得已而为之，“这说明在神话产生时期，血缘婚已被禁止”[2]。不仅在传说中，在黎族通婚范围的禁忌规则中也能找到这一判断的佐证。

同氏族不通婚：乐东二区头塘乡（今属乐东黎族自治县三平镇）邢姓按一、二、三、四表与五、六、七表各自分成

---

① 符兴恩：《黎族·美孚方言》，香港银河出版社2007年版，第221页。

② 王学辉：《从禁忌习惯到法起源运动》，法律出版社1998年版，第60页。

两个通婚集团，保留了氏族社会严格的外婚制，至今不同血缘集团通婚的习俗还保留着。[①] 白沙县的“喃唠峒”最早的居民有连满、连鸟、连鸡、马棉和马喧五支人，而“连”与“马”分别代表两个不同的氏族集团，因此，他们之间可以通婚，但是氏族内部不能通婚。[②]

各地区为示区别，不同氏族的黎族妇女在文面和织绣衣裙时，都遵照传统习惯编织各自特有的款式及花纹；有一些地区还习惯将动物、植物的名称（如水牛、芭蕉等）作为同一血缘集团的称号。东方哈应方言黎族的姓氏中有“木棉的孩子”“芭蕉的孩子”和“番薯的孩子”之意。反映了他们把这些植物分别作为不同血缘氏族集团的称号。[③] 以动植物之名作为不同氏族的标志，实际上是黎族原始图腾崇拜的显性标志。在黎族的神话传说中，有与龙、狗、蛇、鸟等动物婚配的故事。如与青蛙婚配的故事：“有一妇人因吞食神果而生下一只青蛙，后来青蛙长大了很有本领，它通过了非凡的考验，得以同一位漂亮姑娘成亲，他们的后代便是黎族人。”[④]《龙与少女》[⑤] 是人与龙结合的故事，《蛇姻缘》[⑥] 反映了人与蛇相配的故事，

---

① 王学萍：《中国黎族》，民族出版社2004年版，第110页。

② 邢关英：《黎族》，民族出版社1990年版，第29页。

③ 王学萍：《中国黎族》，民族出版社2004年版，第166页。

④ 唐绪祥：《中国少数民族身体装饰》，载《装饰》1997年第1期，第64页。

⑤ 中国民间文学集成全国编辑委员会、《中国民间故事集成·海南卷》编辑委员会：《中国民间故事·海南卷》，中国ISBN中心2002年版，第456－457页。

⑥ 中国民间文学集成全国编辑委员会、《中国民间故事集成·海南卷》编辑委员会：《中国民间故事·海南卷》，中国ISBN中心2002年版，第381－382页。

《公主与黑狗》[①] 描述了人与狗婚配的故事。显然，原始社会的图腾崇拜演化为后期“鸟”“鸡”“马”等氏族的名，这种氏族的命名方法可以明显标示氏族集团内部的血缘关系，同氏族不通婚的规则通过氏族称号得以显现出来。

同血缘不通婚。禁绝血缘婚是黎族最重要的婚姻规则，直至今天仍为黎族人所遵守。黎族所禁的血缘婚范围很广，包括直系血亲婚、旁系血亲婚与拟制血亲婚。

1. 直系血亲间的通婚范围

直系血亲间禁婚的历史几乎与人类婚姻家庭的历史一样悠久。早在人类还蹒跚于历史发展阶梯的底层——蒙昧时代之际，自然选择法刻板而无情的制裁就已经使人类在家庭组织上发生了第一个进步——“在于排除了父母和子女之间相互性交关系”这一禁例的产生，标志着人类结束了“毫无限制的两性关系”阶段，开始了自己的婚姻家庭的历史。[②] 黎族婚姻规约正是以直系血亲间禁止结婚的规定为起点而发展起来的规则体系。

2. 旁系血亲间的通婚范围

旁系血亲，即非直系血亲而在血缘上和自己同出一源的亲属。根据习惯法的规定，无论是父系亲属还是母系有血缘关系的亲属都禁止通婚，需要指出的是，此处禁止通婚的同血缘关系远不止三代。琼中红毛地区黎族隔十多代也不能结婚，如两

---

① 符兴恩：《黎族·美孚方言》，香港银河出版社 2007 年版，第 35 页。

② 王学辉：《从禁忌习惯到法起源运动》，法律出版社 1998 年版，第 135 页。

人执意要结婚，族中长老罚两人脖子上挂牛轭、牛铃铛游村，如此方可结婚。[①] 上述峒组织内部禁止通婚就是依据这个原则而来的。

3. 拟制血亲间的通婚范围

习惯法禁止通婚的直系血亲，不仅包括自然血亲（即父母子女间），还包括法律拟制的直系血亲，即继父母子女、养父母子女、因投靠所形成的亲属关系及结拜兄弟家族等。例如：上辈认了“同年”“老童”（即结拜兄弟姐妹），虽然没有血缘关系，但也不能通婚；[②] 在合亩制地区，已举行过“做鬼”宗教仪式（黎人法事的一种说法——笔者），并认了该合亩的祖先作为自己的祖先的“龙仔”，也不能跟合亩制内以及与该合亩有血缘关系的人通婚。

在黎族，有的地方不仅同部族、同血缘不通婚，同村绝对不通婚，甚至仇家也不通婚。[③] 仇家村落不通婚的习俗是黎族家族复仇主义的体现，如果两个村落的祖辈们因争抢女子发生过械斗或仇杀，其子孙后代一般都忌讳联姻。如保亭黎族苗族自治县加茂镇毛林村 1 队的陈姓与 2 队的黄姓两家不通婚，是因为陈、黄两姓的祖先因争妻而发生过仇杀事件，两姓祖先为此订下规矩：陈、黄两姓永不通婚，违约者罚吃青草。如果陈、黄两姓青年谈恋爱被人发现，村中长者去摘一把青草强迫两人吃，或者叫两人像牛一样爬着去啃青草，啃完青草后两人

---

① 王学萍：《中国黎族》，民族出版社 2004 年版，第 112 页。
② 王学萍：《中国黎族》，民族出版社 2004 年版，第 112 页。
③ 后来黎族有些地方的仇家村落存在受诅咒的限制性通婚。

必须分手，不得继续谈恋爱。几百年来，陈、黄两姓从未违誓通婚。[1]

与古代汉族“同姓不婚”习俗不同的是，黎族“合亩制”地区有“婚姻不避同姓”的说法。黎人本无姓氏，在汉文化的影响下，托汉语而改变姓名结构，以汉姓为姓氏，所以同姓不一定同血缘，婚姻也不必“避同姓”。需要说明的是，如果同属一个黎姓集团，在不同地区又分属几个汉姓，虽汉姓不同，但也不能通婚。如东方县的符姓黎人原来分为五个血缘集团，各有一姓氏，每个血缘集团又分为大公、中公、尾公，叫五姓十五公。五大姓可以相互通婚，但是十五公内部不能通婚。[2]

（二）复杂的婚姻缔结程序

根据黎族规约，婚姻的缔结大致经过了下述程序：

订婚。订婚即男女双方合意订立婚约，黎族男女由订立婚约揭开缔结婚姻的序幕。确立恋爱关系后，男女双方若有结婚的意愿，就由男方父母带槟榔、酒、茶等物品亲自到女方家说亲，女方应在双方父母在场的情况下作出同意或不同意的表态。如果同意，男方家要再次带上述物品来女方家举行订亲仪式。订亲后，两家可互相往来。

在以杞、赛方言为主的保亭地区，黎族的订亲较为复杂。

---

① 海南省民族学会：《黎族田野调查》，民族出版社2006年版，第42页。

② 邢关英：《黎族》，民族出版社1990年版，第31页。

一般由男方的两个女性长辈到女方下聘，聘礼包括槟榔、烟丝、茶等用物，女方若同意，经过三次退还后再留下来，这时便可选择订亲的日子。①

婚约在黎族的婚姻成立过程中充分发挥着习惯法的效力，婚约不仅是黎族婚姻成立的必要要件之一，也对订立婚约的男女产生财产上及道德上的约束力。订亲后，若是男方提出退婚，托人告诉女方家长，取得同意，聘礼一般不退回；双方未申明解除婚约前，都不得另行择婚，违者受到村寨众人的斥责，认为是侮辱别人的家门，要赔礼道歉。

在通常情况下，在确立婚约后，婚姻当事人达到当地习惯认可的婚龄，男方家长则会与女方家长共同协商选择结婚吉日。结婚当天，男方需携牛、猪、米、酒等彩礼到女方家，女方则会摆酒席，场面非常大，气氛隆重。男方将新娘迎回家，新娘通常有娘家人陪送，接过来后，男方要请全村人喝酒，举行隆重的结婚仪式。②

海南省民族学会于 2006 年 7 月编印的《黎族田野调查》，通过对八个黎族村庄的调查，对黎族结婚礼仪有比较详细的描述：

---

① 保亭黎族苗族自治县地方志编纂委员会：《保亭县志》，南海出版公司 1997 年版，第 495 页。

② 王学萍：《中国黎族》，民族出版社 2004 年版，第 196－198 页。

表3 八村婚仪表（一）（2002年调查数据）

仪式/村名	槟榔村	毛林村	福关村	番响村
提亲	又称“放槟榔”；男方父母择吉日、带槟榔（个大长相好，忌单数）；女方忌公开退回槟榔；与仇家村落通婚要举行“洗眼睛①”仪式	称“问亲”，男方亲戚1次6人或6人分3次（忌鳏夫寡妇）前往提亲，竹篮1个（槟榔数十个，盖红纸，忌其他颜色及单数）；女方家长揭红纸为同意；女方请吃饭忌杀鸡	男方媒人（忌寡妇）捎蓝布六尺（不能少）、钱不等，前往提亲	称“接排南”；男方2妇人（忌寡妇）登女方家门提亲；女方父母派人了解男方。
订亲	又称“定日子”；男方2媒人的丈夫带4只鸭、20斤酒、20斤米、槟榔前往订亲（忌单数、忌短斤少两）	称“定日子”（一定要择吉日）；商量婚期、彩礼；女方父母索要“草席（棺材板）”，忌苦子木	择吉日；礼物、礼金忌单数	称“慢开”“串鸡腿”②；下聘礼；谈礼金；四日之忌③

① 如果两个村的青年男女相恋结婚，其祖先曾经因为种种原因互相仇杀、械斗、罚款、赔偿等结下仇，现在他们的子孙要联姻，就要举行洗眼睛仪式，要不就会变成睁眼瞎。

② “席间，拿出鸡腿骨两个（左边代表男子，右边代表女子），查对婚事吉凶，比如两个鸡腿骨上下端各有一孔或这两个鸡腿骨只下端有一孔，那么表示吉利，婚事就成。如两个鸡腿骨只有上端各有一孔相对应，那么表示不吉利，则婚事不成。”参见海南省民族学会：《黎族田野调查》，2006年7月，第129页。

③ 忌四日内任一方家中打烂锅和碗、弄断筷子、家畜死亡等，犯忌则退婚。

续表

仪式/村名	槟榔村	毛林村	福关村	番响村
送彩礼	婚礼头一天送彩礼（建国时：2 头猪、200 斤酒、200 斤米；20 世纪 80 年代：同上 + 80 元；现在：以金钱为主，三四千元不等，且女方有了陪嫁）	婚礼头一天送彩礼；彩礼忌短斤少两，否则婚姻不成	婚礼头一天送彩礼；彩礼忌短斤少两，否则婚姻不成	定日子；送礼金（要一次全部送完，忌拖欠礼金）
接　亲	男方 10 时左右到女方家；新郎、伴郎、4 个媒人带礼物（50 斤米，粉丝包红纸条，槟榔，1 只提篮，篮底放米，上放筒裙，1 块黑布）；起名①忌动物名；忌单方择日、忌下雨、忌见蛇	男方上午 11 时接走新娘。忌下雨	双方聆听父母长辈教诲。忌下雨	男方派 2 位中年妇女（忌寡妇与生产不顺者）接新娘

① 新郎在接亲时，女方家要给新郎起一个新的名字，起名以方位、地域、吉利、祝福等为原则，植物名字也可，如“中村”“山脚”等。

续表

仪式/村名	槟榔村	毛林村	福关村	番响村
送　亲	女方派4男2女（忌鳏夫寡妇）送亲；新人打伞、披红、戴礼帽	女方伴娘送亲	不限	女方派2个中年男子、2个妇女（忌鳏夫寡妇）送亲
迎　亲	14时左右男方人在村口放鞭炮迎接，新郎“披红”①；请新娘（忌遇不正常死亡之事与醉酒之人，如有，请道公做法事）	挖坑立桩，搭棚遮阳，修灶支锅迎接新娘（忌遇不正常死亡之事与醉酒之人，如有，请道公做法事）	回到村口一般不搞仪式，忌遇不正常死亡之事与醉酒之人，如有，请道公做法事；迎新娘忌超过午夜12时	新娘晚上八九时入村（忌超过午夜12时）；女方派男子射鸡蛋；男方派1个妇女回男方家报喜；新娘换筒裙；男方点火把迎新娘

① 回到男方家后，新郎先进自家院子，院门口已摆1张桌子，上放4个碗，斟酒后，新郎的好友轮流上前，给新郎披红，1人送1条，披红从右肩挎至左侧，原来前去接亲时的披红是从左肩挎至右侧。新郎左右手各端1碗，互相喂饮，依次与所有好友喂饮后才结束。

续表

仪式/村名	槟榔村	毛林村	福关村	番响村
成　亲	拜堂；“量米①”；新娘敬槟榔②；起名③。（穷人“押命”④及“槟榔公”⑤禁忌）	喝喜酒；送红包；闹洞房；起名（忌与他人同名）等	不限	祖屋拜堂；男方、男方外婆家、女方送亲队依次放炮
饮福酒	新人共饮福酒，酒宴通宵达旦，不闹洞房；逗娘⑥；对歌	不限	不限	男方男子陪送亲队喝喜酒；唱黎歌；对山歌；闹洞房

① 拜完堂后，新娘开始履行主妇仪式，到伙房量米，男家预先在米中放1块光洋，感谢新娘前来做主妇，激励新娘尽好主妇职责。新娘将光洋收好，将米放入锅里，量米仪式结束（现在光洋之事渐为人们所淡忘）。

② 量米后，新娘向男方父母及高辈分家人、亲属敬槟榔，被敬的长辈都有红包相赠，这些红包不直接送到新娘手上，而是放在堂屋的桌上。

③ 同给新郎起名。

④ 男方派2个中年以上的女性亲属带礼物到女方家：过去2条鱼、2块光洋、5～6斤米、5～6斤酒、槟榔，现在1头猪、1筐米（50斤）、50斤酒、手镯、2块光洋、槟榔、粽子或糕饼12个。

⑤ “槟榔公”指没有正式办过结婚酒而与人同居或成家的男性，这种家庭除完成了“下槟榔”程序外，很可能也举行过“押命”仪式，但由于家庭经济状况不济，无力举办结婚酒，因而不被当地社会舆论看好，成为一种特殊的家庭形式。

⑥ 婚礼独特有趣的程序。参见王学萍：《中国黎族》，民族出版社2004年版，第198页。

续表

仪式/村名	槟榔村	毛林村	福关村	番响村
回　门	“不落夫家”不严格，婚后第二天吃完早饭后，新娘与送亲人一起先回娘家；新娘如果愿意，婚后可长住夫家，不会受到非议	婚后新郎择吉日，上午送新娘回娘家，下午自己回来，第二天新娘自己回夫家，两个小姑子挑糯米饭去嫂子娘家，下午回来。新娘常回娘家住。可在娘家生孩子之后，回夫家长住	新娘婚后第4天回娘家，如第4天非吉日可以推后（忌单日子）；带1小坛 biang 酒，1小腰篓米，小姑子陪同；8天后又回一次，自己当天往返	基本同福关村
请　妻	婚后第二天下午，新郎赶往新娘家，带50斤米、30斤酒、槟榔，请妻回家，新娘择吉日回夫家。以后新娘可以择日自回夫家	农历八月份，小姑子请嫂子（新娘）回家吃“新米”；腊月二十八、二十九，婆婆亲自接媳妇（新娘）回家过年	小姑子陪同；主妇仪式①	小姑子陪同；主妇仪式

① 婚后2个月或半年，婆婆择吉日，给米缸、小锅、铁锅、碗筷等，自己开始煮饭，小姑子（忌他人）陪同，忌将饭吃完，忌将剩饭喂猫狗，忌洗碗。

表 4　八村婚仪表（二）（2002 年调查数据）

仪式/村名	道小村	西方村	头塘村	福报村
提　亲	又称“放烟叶”（忌单数）	不限	不限	男子与 1 男伴带槟榔、糖果等礼品到女方处见女方父母
订　亲	有入赘婚。(一般有兄弟几人的家才有可能让家里男子入赘)	幼时（最小 8 岁）父母包办订婚，但不影响长大后的自由恋爱，不合心意者可解除婚约	孩子 9 ~ 11 岁时，父母帮忙物色对象，双方父母同意后吃一顿饭。孩子长大后不满意可退婚，无须赔偿	男方母亲带菜、礼品去女方家。(19 个糯米饼，忌双数；30 ~ 40 斤酒、80 斤猪、400 ~ 500 口槟榔)
送彩礼	彩礼重，4000 ~ 6000 元；女方有嫁妆	婚前男方亲戚按提亲或订亲时的约定如数送去彩礼（具体规定不同）	婚前男方亲戚按提亲或订亲时的约定如数送去彩礼（具体规定不同）	婚前 10 天男方亲戚如数送去彩礼（糯米 10 斤、大米 15 斤、酒 200 ~ 300 斤、猪肉 150 斤、槟榔 500 ~ 1000 口、聘金 2000 ~ 3000 元）
接　亲	请老人择吉日，忌在男女双方的忌年忌日（即亲人去世的年和日）接亲	择吉日（忌在男女双方的忌年忌日）接亲	择吉日（忌在男女双方的忌年忌日）接亲	新郎、伴郎、媒人等带礼物在中午前到达女方家，太阳落山前要离开女方家

续表

仪式/村名	道小村	西方村	头塘村	福报村
成　亲	择吉日（忌在男女双方的忌年忌日）成亲	择吉日（忌在男女双方的忌年忌日）成亲；寡妇再婚不受限制	择吉日（忌在男女双方的忌年忌日）成亲；寡妇再婚不受限制	择吉日（忌在男女双方的忌年忌日）成亲；新娘一定要穿花筒裙
饮福酒	晚宴喝酒	晚宴喝酒	晚宴喝酒	晚上，男女分坐两边喝酒
回　门	“不落夫家”不严格，有关回门的日子、礼物的习俗不一	“不落夫家”不严格，有关回门的日子、礼物的习俗不一	“不落夫家”不严格，有关回门的日子、礼物的习俗不一	婚后2~3天男方择吉日，送新娘回娘家，带熟猪肉20斤、蒸熟的糯米饭1锅、酒20~30斤
请　妻	男方接回或自己回	男方接回或自己回	男方接回或自己回	新娘回娘家几天后，男方择吉日接其回夫家

从以上8个村的婚俗习惯可以看出，八村的婚仪过程大多包括提亲、订亲、送彩礼、接亲、成亲（有的含起名）、饮福酒、回门、请妻等几个步骤。概括而言，黎族婚仪有别于汉族的特色主要有二。

1. 婚仪有禁忌

彩礼忌单数、忌缺斤少两。除福报村订亲时的糯米饼为19个（单数）外，其他村的礼品、酒、礼金、红包多为双数，特别是槟榔的数量。而且男方所送礼品、礼金、酒等绝对不能少于商议之数，否则要想办法补全。据说单数会使夫妻一方早逝，缺斤少两说明男方心不诚，会因触怒鬼神而遭惩罚。

忌下雨、忌见蛇、忌遇非正常死亡之事与醉酒之人。黎人认为嫁娶时逢下雨、见到蛇意味着鬼神不看好这桩婚姻，会发生不吉利的事情。在婚嫁之日，黎人忌遇到非正常死亡的人和醉酒的人，如果遇到，一定要请道公做法事驱邪。

忌“槟榔公”。黎人将办结婚酒视为婚姻的必经程序，没有办结婚酒的婚姻不为舆论所认可，俗称“槟榔公”。当“槟榔公”家里的女人去世时，还要象征性地补办一次“请酒”，黎语称之为“趁敖”，这时，要杀 1 头猪，拿约 5 斤米和 1 小坛酒（约 3 斤），请道公“做鬼”，祈求列祖列宗接纳该女人。

2. 牛、槟榔在婚姻缔结过程中是必不可少的彩礼

黎族常以牛和槟榔等物为聘礼（彩礼），“婚礼以牛为重，黎酒、槟榔、吉贝等物佐之”。[①] 黎族家庭以牛只多寡定贫富，有几十或上百只者为富裕者。[②] 作为聘礼的牛送得越多，意味着女性的“身价”越高，男方的诚意越足。

槟榔在黎族婚姻缔结过程中具有重要的象征爱情的意义。黎族地区有“一口槟榔大如天”[③] 的婚谚。在黎族男女青年的

① 《琼州海黎图》图 12 文字说明。见李露露：《清代黎族风俗的画卷——〈琼州海黎图〉》，载《东南文化》2001 年第 4 期，第 14 页。

② 王学萍：《中国黎族》，民族出版社 2004 年版，第 112 页。

③ 王海、江冰：《从远古走向现代——黎族文化与黎族文学》，华南理工大学出版社 2004 年版，第 121 页。

恋爱、婚姻中，槟榔一直伴随于人们的身边。男女青年见面交往要吃槟榔，“口嚼槟榔又唱歌，嘴唇红红见情哥”[①]；订婚时“一口槟榔分两份，同吃槟榔来订婚”[②]；男方给聘礼，一般由二男二女送槟榔，送者要婚姻关系顺利和谐，女方收下槟榔表示同意，退回表示不同意。一般男方会反复送几次槟榔，表示女孩的珍贵。在《陵水民歌选》中就有这样的描述：“槟榔如金蒌如宝，吃哥槟榔哥屋人”[③]，“若得妹妹放声诺，愿送槟榔做礼情”，“亲家来到做满边，先散槟榔后散烟”。黎族社会至今还存在用槟榔订婚的习俗。黎族人将槟榔同爱情、婚姻结合起来，体现了对美好生活的追求。

（三）合理的婚姻关系终止程序

婚姻的终止是指合法有效的婚姻关系因发生一定的法律事实而归于消灭。[④] 在黎族，夫妻终止婚姻关系的原因有二：

1. 夫妻一方死亡

婚姻是当时社会承认的两性的结合，夫妻是婚姻关系的主体，夫妻一方死亡，婚姻关系因其主体之一的消失（即在客观上已不复存在）而自然结束。

---

① 陈立浩、陈兰、陈小蓓：《从原始时代走向现代文明——黎族“合亩制”地区的变迁历程》，南方出版社、海南出版社2008年版，第88页。

② 王海、江冰：《从远古走向现代——黎族文化与黎族文学》，华南理工大学出版社2004年版，第121页。

③ 中国歌谣集成海南卷编辑委员会：《中国歌谣集成》（海南卷），中国ISBN中心1997年版，第248页。

④ 陈小君等：《婚姻家庭法学》，中国检察出版社1995年版，第224页。

解放前，黎族妇女在出嫁后仍和娘家人保持着十分密切的关系，有些地区的妇女在丈夫死后，就由娘家兄弟或侄子接回娘家，与其父母或兄弟一起生活，原来的家庭解体，婚姻关系不复存在。这种由娘家亲属照顾、供养的习俗，在黎族地区被认为是一种应尽的义务。而其所生子女则留在丈夫家由夫家照顾；如果子女太小，可暂时随其回娘家，待长大后再送回夫家，而夫家也照惯例给其一些报酬。①

需要说明的是，失踪在黎族传统社会中会产生婚姻终止的法律后果。如果一方失踪，那么另一方再娶或再嫁，都不会受到阻拦，即使失踪的一方后来出现，也不存在复婚的问题。在福关村的调查中就有这样的例子："有一家的妻子因为受不了家庭的贫穷，离开家已经几年了，虽然两人没有离婚，但村里的人都认为男方可以再找一个了。"②

2. 离婚

黎族人在离婚方面，没有太多的要求与限制。夫妻感情不和，任何一方都可以提出离婚的要求，并且所有的合乎情理的离婚要求，都会得到众人的理解和社会的支持。

在合亩制某地区，男女提出离婚，要请父老乡亲喝酒，在席上说明理由，双方同意，将一块黑布撕成两半，各执一半，

---

① 中国科学院民族研究所广东省少数民族社会历史调查组：《黎族合亩制调查综合资料》（第 4 册），1963 年 7 月至 10 月，第 32 页。

② 张跃、周大鸣：《黎族——海南五指山市福关村调查》，云南大学出版社 2004 年版，第 199 页。

即为离婚，离婚后的男女双方都可以再娶再嫁。[①]《白沙县志》中记录了离婚的习俗：女方不愿意与男方生活，便自己收拾衣服离开，但不能带走家里的东西。若是男方不愿意与女方共同生活，便要求女方离开，男方要备酒一罐，鸡一只，送女方回娘家，并讲清离婚情由，得到女方父母及兄长的谅解，方算结束了夫妻关系。解放后，多数离婚者仍按旧俗办理离婚手续。[②]

在黎族，离婚的情况并不常见，黎族的基本婚姻制度是一夫一妻制，无论是富人还是穷人，大多数都严格恪守一夫一妻制。大多数黎族人一生只结一次婚，有的女性即使早年丧偶，也不曾改嫁，独自含辛茹苦把孩子拉扯大。民歌中表达了黎族人对于感情的执着："有心等到树生籽，等树死去才分离。"[③]对于黎族人来说，他们的夫妻关系是和谐的，家庭暴力在当地是非常罕见的，离婚率出奇的低，而离过婚的男女也不会受到社会歧视。

在黎族人的婚姻中，妻子已落夫家后，夫妻俩就要严格遵守一夫一妻制的婚姻，不许有通奸的行为。若丈夫与别的女人通奸，不听妻子劝说，妻子可召集娘家的人到现场捉奸。若通奸的男女没被捉获，妻子可以将通奸女人的衣服和奸夫带去的

---

① 王海、江冰：《从远古走向现代——黎族文化与黎族文学》，华南理工大学出版社 2004 年版，第 83 页。

② 白沙黎族苗族自治县地方志编纂委员会：《白沙县志》，南海出版公司 1992 年版，第 321 页。

③ 中国歌谣集成海南卷编辑委员会：《中国歌谣集成》（海南卷），中国 ISBN 中心 1997 年版，第 280 页。

东西拿回来；若东西都被带走了，妻子可到通奸女人的家里把奸夫的东西夺回，并要求其部落的人一块去拘捕通奸男女。捉获，令奸夫奸妇向其妻子谢罪，若得到其妻子的宽恕，则由奸夫出猪一头，奸女出酒一坛，给部落的人喝，事情就算了结了。若其妻子不肯宽恕，则将结婚时所带来的东西带回娘家，与其丈夫离婚。反之，妻子与人通奸亦受到同样的处罚，而且离婚后，妻子的娘家还要赔偿水牛五头[①]。

好吃懒做、酗酒，不听劝说，也是导致夫妻离婚、家庭破裂的原因。黎族谚语说：“不种田吃好米，没有老婆得好妻。”[②] 流行于保亭、琼中一带的《割茅歌》中唱道：“老婆滚地猛哭喊；骂老公太惰……全村老少来取笑，碰上这老公猪一样懒!”[③] 而保亭县加茂镇毛林村的村规民约中也规定：“反对酗酒闹事，一旦发现，派出所就将其留制，直到酒醒承认错误。”[④] 已婚者偷窃，将会成为夫妻离婚的一个原因。[⑤]

夫妻任何一方死亡的直接后果就是婚姻关系的解除，而双方离婚的方式也非常简单，一般不需要办什么手续，婚姻关系很容易解除。婚姻关系的解除常伴随以下后果：

其一，夫妻身份关系消灭。夫妻关系是男女两性因结婚而产生的相互间的权利和义务的关系。男女双方基于夫妻身份所

---

① 王养民、马姿燕：《黎族文化初探》，广西民族出版社1993年版，第74页。
② 王养民、马姿燕：《黎族文化初探》，广西民族出版社1993年版，第64页。
③ 王养民、马姿燕：《黎族文化初探》，广西民族出版社1993年版，第65页。
④ 海南省民族学会：《黎族田野调查》，民族出版社2006年版，第39页。
⑤ 王养民、马姿燕：《黎族文化初探》，广西民族出版社1993年版，第67页。

发生的一切权利义务，都随婚姻关系的解除而不复存在。黎族婚姻关系的解除不以办理离婚登记为条件，而是以习惯法中的离婚仪式来确定。

其二，财产关系的变化。由于黎族人家庭大多贫困，离婚很少涉及财产分割。《白沙县志》中记录到：若男方提出离婚，则婚前送给女方的财物一概不予收回；若女方提出，女方必须赔偿所领男方之一切财物。双方婚后财富与儿女均作两份，债务一般由男方承担。①《保亭县志》中记录到：男方提出离婚，男方除了给女方一件衣服外，不用再给其他的财产；女方提出离婚，女方一定退还以前男方所给的礼聘。②

其三，子女抚养权的归属。黎族人对于离婚后子女的抚养一般没有争议，由谁抚养都可以，若只有一个孩子，则由村里年长的人来决定给谁抚养。美孚方言的江边、石碌、重合等地，离婚后子女都由女方带走，东河、大田、抱板、保平等地，不论哪方提出离婚，子女都留在夫家，因太小而离不开母亲的孩子，长大后仍会回生父家生活。③

其四，儿子的继承权。父母离婚后，因年纪太小而随母亲生活的男孩，长大后回生父的家里生活，仍有继承生父财产的权利。寡妇再嫁时带过门的子女，在继父家里会得到平等的待

---

① 白沙黎族苗族自治县地方志编纂委员会：《白沙县志》，南海出版公司1992年版，第321页。

② 保亭黎族苗族自治县地方志编纂委员会：《保亭县志》，南海出版公司1997年版，第495页。

③ 符兴恩：《黎族·美孚方言》，香港银河出版社2007年版，第115页。

遇，不受任何歧视，男孩也有继承继父财产的权利。①

（四）特别的再婚程序

黎族男女复婚、改嫁的现象很正常，并且不会受到人们的歧视。不论女方是由于丧偶而回娘家，还是与丈夫分开回娘家，都没有人指责，黎族人对此采取很开明的态度。女子第二次结婚全由自己做主，没有人会干涉。

黎族是一个非常注重仪式的民族，不仅体现在结婚方面，还体现在复婚方面，复婚也要有特定的形式。如在保亭地区，若离婚是由男方提出的，在复婚时，男方就要挑一担糯米饭到女方家，不论女方家是否同意，东西都不能再带回来；如果是女方提出离婚的，在复婚时，只要征求男方意见便可以了，若男方三次都不答应，女方就不会再提了。在通什地区，复婚也需置办酒席，甚至举行比初婚时更隆重的礼仪：一般由长老来主持，请“神公”“神婆”作法，有过错的一方须受到教训。②

黎族俗语说：“一嫁由父母，二嫁由自己。”③ 女方若丧偶，再婚则没有其他特别的形式，财产一般由儿子掌控，如果孩子年纪小，就带回娘家抚养，大了回男家，也有女方带着孩子改嫁的情况，女方和孩子都不会受到新夫家的歧视。黎族歌

---

① 符兴恩：《黎族·美孚方言》，香港银河出版社 2007 年版，第 115 页。

② 熊云辉：《婚俗、法治及其路径——以海南黎族婚俗的调查为对象》，载《甘肃政法学院学报》2006 年第 5 期，第 9 页。

③ 王养民、马姿燕：《黎族文化初探》，广西民族出版社 1993 年版，第 76 页。

谣中表达了对娶寡妇的看法："找个寡妇娘，财宝满屋粮满仓"①。和汉族社会截然不同的是，有子女随嫁的寡妇更受异性欢迎，因为黎族地区对劳动力十分看重，随带的子女可为新家庭出力，也可证明寡妇有生育能力。一般来说，年纪比较大的寡妇，儿子已经长大或结婚，就很少考虑再嫁，而留在夫家和子女一同生活。② 有的寡妇为了照顾子女，也可招夫入赘。

三、"地上舅公大"的亲权规约

由于黎族"不落夫家"习俗的存在，黎族家庭的建立与婚姻的成立在时间维度上脱节，致使黎族传统家庭形态呈现多样化。常态的黎族家庭形式在女性生育子女后随丈夫到夫家居住时形成，子女（含私生子女）与父母构成家庭成员，有婚姻而无子女的所谓"丁克"家庭一般不存在。另一种家庭形态是母亲与子女共同生活在舅公家里，这里含两种情形：一是母亲生育子女后终身"不落夫家"而生活在娘家，外甥成为舅公家的固定成员；二是父亲死后母亲带孩子回娘家，与舅公生活在一起。在这两种家庭形态里，舅公代替父亲行使亲权职能。这种由"不落夫家"习俗引起的舅权，既体现了亲权范围的扩大，又使黎族亲权产生向母系倾斜的特色。

"亲权"这一古老的概念源于罗马法和日耳曼法。但近代

---

① 王月圣：《黎族创世歌》，海南出版社1994年版，第264页。

② 张跃、周大鸣：《黎族——海南五指山市福关村调查》，云南大学出版社2004年版，第260页。

民法中的“亲权”与古代和中古时期的“亲权”已有了极大的区别。在早期的罗马法中，“家父权”以亲权人的利益为出发点，表现为家父对家子的占有支配权。家父权制度是罗马法特有的一项制度，在古罗马，“家父之于‘家子’，未必果有父子之关系也”，“家父权之行使，不以对于婚生子女为限；养父之于养子女及生父之于认领之非婚生子女，亦有家父权”。[①] 家父对家子在人身方面的权利是很大的，家父就是家子的法官，对于家子所犯的过错，家父有权以任何方式予以处罚，包括监禁、身体刑，甚至死刑。而日耳曼法的父权不同于罗马法中的家父权，它以子女的利益为出发点，表现为对子女的保护权。近现代许多国家的亲权制一般继承日耳曼法，以保护教育未成年子女为中心，表现为权利和义务的统一。

近现代西方法制中之“亲权”，是指父母对子女基于身份关系所产生的权利和义务。对“亲权”概念的界定，学术界主要有以下几种观点。一种观点认为：“亲权是指父母对未成年子女在人身和财产方面的管教和保护的权利和义务。”[②] 另一种观点认为：“父母保护教养未成年子女之权利义务，谓之亲权。”[③] 第三种观点认为：“亲权在近代立法，谓以教养保护未成年子女为中心之职能，不仅为权利，同时为义务。”[④] 还有一种观点认为：“亲权是指父母对未成年子女有身份上及财

① 陈朝璧：《罗马法原理》，法律出版社2006年版，第409页。
② 李志敏：《比较家庭法》，北京大学出版社1988年版，第227－228页。
③ 林菊枝：《亲属法专题研究》，台湾五南图书公司1985年版，第139页。
④ 史尚宽：《亲属法论》，中国政法大学出版社2000年版，第657页。

产上的以监督保护为内容的权利义务的总称。”① 上述各定义，尽管表述有差异，但其基本的内涵是一致的，都表明了亲权是基于基本的身份关系而产生的，专属于父母对于未成年子女的权利和义务。

由于人口增加对于黎族社会具有维护族群存续的重要意义，女性在婚姻家庭乃至社会生活中都具有很高的地位，非婚生子女也不为社会、家庭所排斥，黎族亲权习惯法对非婚生子女也给予了平等的保护。另外，因“不落夫家”习俗影响而产生的子女与舅公生活在一起的特殊家庭形态的存在，舅公与外甥形成特殊的亲属关系，舅公承担着亲权中的父权的一部分职能，负责教育和保护外甥。母亲在子女教育、管理方面起主导作用，舅公分享父权，在黎族习惯法中，亲权体现出向母系倾斜的特点，具有浓厚的黎族特色。

（一）舅公也构成亲权人

亲权人即亲权的主体，是指享有亲权的人。古代法几乎都以父为亲权人，亲权不及其母。现代各国立法以男女平等为原则，故在亲权主体的规定上，父母为当然的亲权人，即把亲权平等地授予父母双方。黎族习惯法中的亲权人既有近代法在平等原则下规定的主体，又有自己的特别之处。

1. 父母与继父母为主要亲权人

由于黎族传统社会存在“不落夫家”习俗，黎族人生活

① 《新版新法律学辞典》，中国政法大学出版社1991年版，第521页。

中的两项重大事件——婚姻的成立与家庭的产生——之间发生了时间上的脱节，婚姻缔结后并不随之产生家庭，女子大多在生下第一个孩子后才定居夫家，黎族小家庭模式的形成以女子定居夫家为标志。黎族社会并不强制未落夫家的女性对丈夫保持性的忠贞，奸生子女的存在也就不足为怪了。

对奸生子女，黎族习惯法表现出与现代家庭法同样的宽容心。按习俗规定，女子出嫁但私通怀孕的，不允许在娘家分娩，需要到夫家分娩。而夫家和民间也认为这是正常的事情，生下来的婴儿，是夫家的成员，孩子的命名和抚养都由夫家负责办理。①

对婚外生育的子女，习惯法给予的是双重保护。由于民间男女青年多自由择偶，男女青年在爱河中发生关系而私生的子女，属于非婚生子女。非婚生子女一般有两种前途安排：一是留在娘家，与舅公共同生活，受到舅家的保护，实质上与舅公形成了类似于现代民法意义上的收养关系②；二是在得到继父的抚养许诺后，随母亲出嫁，与继父确立正式的父子关系，列入继父的直系血亲之内。③ 黎族人认为生儿育女是神灵的安排，因此，即使是非婚生子女也不会受到家庭成员和社会的歧视，并且他可以和婚生子一样得到平等的教育和保护。

对于与父母共同生活，后父亲死亡或父母离异的年龄小的

---

① 王学萍：《中国黎族》，民族出版社2004年版，第203页。

② 此种情形，在黎族习惯法中，舅公名义上还是以本色出现，并无养父身份。

③ 王学萍：《中国黎族》，民族出版社2004年版，第203页。

未成年子女而言，一般是随母亲生活[①]，也会有两种前途安排：一是父亲死亡，母亲不改嫁，则与母亲仍留在原家庭，形成单亲家庭。二是随母改嫁或回娘家，则与继父新组家庭或与舅公共同生活，继父将承担子女的抚养义务，视为己出，或者舅公承担父亲的部分职责，承担抚养义务。

对于因母亲“不落夫家”而一直生活在外婆家的未成年子女而言，则舅公行使父权，其亲权人为母亲和舅公。

2. 舅公是一种特殊的亲权人

上文已经论及，舅公并不以养父的名义对与其共同生活的未成年外甥履行抚养义务，这是黎族亲权法的一大特色。

对于未成年的婚生子女和非婚生子女来说，基于母亲血缘和“不落夫家”习俗的原因，母亲可能与未成年的子女在其兄弟（对未成年子女来说就是舅公）的照顾下生活，与偶婚制时期不同的是，母亲带子女加入的不是母系氏族大家庭，而是舅公所在的小家庭，可能出现子女与母亲、舅公，有可能还有舅母、表兄妹一起生活的特殊家庭形态。

这种特殊的家庭形态源于原始社会母系氏族时期，是以母系血缘关系确定氏族成员关系的习俗的遗留。在母系社会中，基于母系血缘关系，子女生活在母系氏族社会中，舅公成为原始家庭模式下“男人一丈夫一父亲”的替身，孩子们在舅公的庇护下成长。舅公代替了家庭中父亲的角色，他们在外甥心中的地位，远高于自己从未见过的父亲。舅公的优势地位一经

---

① 王学萍：《中国黎族》，民族出版社2004年版，第112页。

确立，久而久之便形成了一套具有约束力的舅权思想道德体系，影响着黎族传统社会家庭模式的形成。过去，不论外甥官做多大，到舅家时一定要下马进村，脱帽进屋。① 黎族社会直到现在还留有“天上雷公大，地上舅公大”② 的谚语。

在这种特殊的家庭形态之中，舅公对外甥而言类似于近代法意义上的养父，以“舅公”的名义行使类似养父的职责。同时，由于母亲的存在，舅母与外甥却并不存在血缘或姻亲之外的任何关系，与外甥不产生任何权利义务关系。所以，外甥与舅母之间的关系并不符合现代意义上的养子与养母的关系。因此，外甥与舅公仅仅形成类似养父子的关系，却不与舅公、舅母形成收养关系③。

虽然舅公并不属于近现代亲权法中亲父、继父、养父的亲权人范围，但是舅公对外甥的权利与义务却符合亲权关系中的要素。首先，舅公对外甥的照顾与保护责任源于原始民族血缘

---

① 王学萍：《中国黎族》，民族出版社2004年版，第152页。

② 孙绍先、欧阳洁：《黎族女性文化专题研究》，海南出版社、南方出版社2008年版，第37页。

③ 我国收养法中一般收养关系成立的要件包括：（1）被收养人是不满14周岁的“孤儿”“弃婴和儿童”或生父母有特殊困难无力抚养的子女；（2）收养人须年满30周岁、无子女、有抚养教育被收养人的能力；未患有医学上认为不应当收养子女的疾病；有配偶的需夫妻共同收养；只能收养一名子女；（3）送养人须是孤儿的监护人、社会福利机构或有特殊困难无力抚养子女的生父母；未成年人的父母不具备完全民事行为能力的，监护人不得将其送养；监护人送养未成年孤儿的，须征得其他有抚养义务人的同意。特殊收养关系成立的条件包括：（1）无配偶男性收养女性的，年龄应相差40周岁以上；（2）收养三代以内同辈旁系血亲的子女的，不受被收养人不满14周岁的限制，但需被收养人父母双方同意。参见《中华人民共和国收养法》。

关系的遗留，舅公以自己的名义行使外甥父亲的亲权内容。其次，受到“不落夫家”习俗的影响，子女随母亲居于娘家不是无奈之举，而是传统习惯法下的家庭规则，外甥、母亲及舅公一起生活，形成特殊的家庭关系。最后，在外甥与舅公生活在一起的情况下，舅公虽然承担类似养父的责任，却不产生收养关系。所以，在黎族的传统婚姻家庭习惯法中，亲权人不像近现代法中定义的那样专指父母，还包括特殊的亲权人——舅公。

（二）亲权对象是未成家之子女

近现代法所称亲权对象之子女，以未成年者为限，亲权因子女成年或宣告成年而终了。黎族传统社会习惯法没有规定成年与未成年的界限，对于父母来说，只要子女没有结婚成家，即在亲权之下，父母对其有照顾、教育、保护等责任。结婚成家之意，在黎族习惯法中，对男女有不同的标准。

对女儿而言，即使其结婚，也因不落夫家而继续在父母的亲权之下，只有其结婚并落入夫家脱离父母以后，才算作成年。另外，如果黎族女性落入夫家，但又离婚回到娘家，则其仍处于父母的亲权或舅权①之下。所以，对于黎族女性来说，享有亲权以住在娘家为限。

对儿子而言，只要其缔结了婚姻，并建立了属于自己的家

① 所谓舅权，在这里不作概念使用，仅用以指称舅公对外甥的照顾与管理，即上文已经论述的在特殊家庭形态中舅公对外甥的特殊亲权人之资格。

庭，即为成年。享有亲权，应以未结婚且未建立起属于自己的家庭为限。

并且对特殊亲权人舅公来说，因为舅权的实质是代替了亲权中父权的某些职能，所以，只有其外甥在以下几种情况下才能成为舅权的对象：

第一，不随母亲出嫁并且符合黎族意义上的未成年标准的非婚生子女；

第二，以下几种情况中的婚生子女：（1）因母亲不落夫家，一直随母亲住在娘家，并符合黎族意义上的未成年标准的；（2）因父亲死亡，随母亲回娘家居住，并符合黎族意义上的未成年标准的；（3）因父母离婚，随母亲回娘家居住，并符合黎族意义上的未成年标准的；（4）母亲死亡，父家丧失抚养能力，并符合黎族意义上的未成年标准的。[①]

（三）亲权旨在教育和照顾

在黎族传统社会里，父母、继父母与舅公对于子女及外甥，承担着以教育和照顾为主的亲权义务。

首先，父母对子女的亲权主要表现在教育和照顾方面。在局部地区，在外来文化（主要是汉族文化）的影响下，后来也出现了父母主导子女婚姻的情形。

1. 教育权

黎族很重视对子女的教育，谚语有云：“养儿不教如养

① 孙绍先、欧阳洁：《黎族女性文化专题研究》，海南出版社、南方出版社2008年版，第141页。

牛，养女不教如养猪”，“春耕不好害一年，教子不好害一生”[①]。男孩在童年时跟随父亲学习持弓射箭、捕鼠捉鸟和抓鱼技术；到了少年时期，在父亲指导下掌握必要的记数知识和历法知识；十几岁时，学会犁耙田、爬树砍山栏和使用火药枪打猎。[②] 女孩则跟随母亲，从小挑水、煮饭、舂米、拔秧、插秧、放山栏稻种、捻稻等。[③]

对于孩子的教育，父母双方都有义务，但更多的是妇女担负着这个责任，“生男育女要教育，母亲的话要记取”[④]。因为黎族没有文字，其子女的教育由母亲以歌谣的方式传述，如黎族的摇篮曲因不同的性别而表达不同的内容，对男孩唱的歌的内容主要与男性工种有关，如砍山栏、犁田、狩猎、砍柴等，“长大拿弓箭，入林射山鸡。阿妈吃它头，翅膀给爷爷，大腿给阿爹，记住啊我儿。”[⑤] 而对女儿歌唱出与女性有关的插秧、种田、收割、纺织等内容。

2. 照顾权

由于“不落夫家”习俗的存在，黎族家庭最大的特色就是子女“未成年”的标准不同，在“未成年”的这段时间里，子女都能受到父母的照顾。父母对子女除了行使人身的照顾权，还行使财产的管理权。在黎族一夫一妻制家庭中，一旦父

---

① 保亭黎族苗族自治县地方志编纂委员会：《保亭县志》，南海出版公司1997年版，第491页。

② 王学萍：《中国黎族》，民族出版社2004年版，第378页。

③ 王学萍：《中国黎族》，民族出版社2004年版，第379页。

④ 王月圣：《黎族创世歌》，海南出版社1994年版，第254页。

⑤ 陈立浩：《论黎族歌谣》，载《琼州大学学报》2000年第1期，第61页。

亲死亡，应当由儿子继承父亲的财产，如果儿子未成年，则由母亲代替儿子保管遗产，直至儿子成年即交还。

3. 惩戒权利与赔偿义务

惩戒权为基于保护教养权之权利，尤其为基于教育权之权利。[①] 这种惩戒权在黎族传统社会里，甚至延伸到女性出嫁之后。如果女性在夫家有不当行为，父母仍有惩戒权，“女子在夫家违反家规，经丈夫出面向娘家说明，娘家负有教育责任”，“出嫁的女子，在夫家发生危及社会公德的行为，夫家和娘家都要承担赔偿责任”。[②]

4. 局部地区的婚姻主导权[③]

白沙县黎族人的婚姻多由父母包办，即使青年男女通过“夜游”对歌私定婚约，也要征求双方父母同意后，由男方补送聘礼。[④]《保亭县志》记载：“解放前，男女 13～14 岁便可结交异性朋友，但婚姻都由父母作主。”[⑤]

在黎族传统社会里，由于上文所提到的舅公的特殊地位，舅公也行使一部分亲权。

---

① 史尚宽：《亲属法论》，中国政法大学出版社 2000 年版，第 667 页。

② 孙绍先、欧阳洁：《黎族女性文化专题研究》，海南出版社、南方出版社 2008 年版，第 141 页。

③ 上文已经论述到，黎族婚姻基本上是自主婚姻，后期由于汉族文化的影响，逐渐产生了一些父母主导子女婚姻的形式与内容，这里讨论的仅限白沙县等局部地区的情况，意在全面讨论父母的亲权内容。

④ 白沙黎族苗族自治县地方志编纂委员会：《白沙县志》，南海出版公司 1992 年版，第 320 页。

⑤ 保亭黎族苗族自治县地方志编纂委员会：《保亭县志》，南海出版公司 1997 年版，第 495 页。

1. 对外甥的教育职责

从舅权的行使对象上来讲，舅权是相对于外甥——姐妹的子女——而言的，《尔雅》曰："谓吾舅者，吾谓之甥。"特别是对于黎族女性在未结婚时生的子女而言，舅公代替了父亲的角色，成为他们的保护人，并把他的生产技能、生活经验，以及他对精神层面的认知等等一齐传授给外甥。

2. 对外甥的保护职责

外甥在随母亲回娘家与舅公一起居住后，会与本族中其他的同辈之间产生各种冲突，在冲突之中，舅公作为特殊家庭形态中的男性长辈，承担对外甥的保护职责。

此外，在黎族传统社会里，舅公的权力范围广泛，甚至延伸到女性出嫁之后。关于三亚市凤凰镇槟榔村黎族的丧葬习俗的田野调查提道：黎人去世后，要马上通知死者的嫁出去的女儿、舅公及其他亲属，在这些人中，女儿、舅公是最主要的，出殡的日子要等到出嫁的女儿和舅公到达后才可以选定。[①] 若"出嫁的女子，受到丈夫的欺负，娘家兄弟出面谴责和处罚"[②]，在习惯法上，舅公也是出嫁姊妹的保护者。

（四）亲权的消灭

亲权的对象消灭时，亲权消灭。对于父母与子女的亲权关系来说，子女死亡是亲权绝对消灭的原因。对于儿子而言，一

---

① 海南省民族学会：《黎族田野调查》，民族出版社2006年版，第26页。

② 王学萍：《中国黎族》，民族出版社2004年版，第194页。

旦儿子结婚并组成自己的小家庭，其亲权也归于消灭。至于女儿，落入夫家后，父母或舅公对其的照顾、教育义务依然部分保留。

亲权的主体消灭时，亲权消灭。当父母双亡时，父母所有之亲权消灭；若父母一方死亡，则可由另一方或者舅公行使亲权。当舅公死亡，则舅权消灭。

断亲仪式是亲权消灭的一种方式。若家中有人在外面闯了祸或做错了事，就要加以教育，使其承认错误。若其不服劝导，家长就设酒席，请村中的老人和亲属朋友喝酒，举行“断亲仪式”，当众宣布脱离父子或兄弟关系，由村中最有威信的老人主持，用尖刀在两支箭镞上各砍一刀，将其作为断亲的标志，由双方各执一支，作为凭证，以免日后再起纠纷。[①]被“断亲”者立即离开原家庭，此后再有惹是生非的事情发生，与原家庭无关，亲权关系至此断离。

四、文脸与女性身价规约

经历了由原始社会的血缘婚到偶婚制，再到一夫一妻制的发展路程，黎族婚姻家庭规约蝶变成熟。“不落夫家”习俗通过惩罚通奸行为规则的确立，由原始社会的不稳定的同居关系脱胎换骨而成为稳定的一夫一妻制下的特色规则；从婚姻的缔结到离婚后的财产分割、子女抚养，习惯法的规则效力日益增

① 中华文化通志编委会：《中华文化通志·民族文化典（侗、水、毛南、仡佬、黎族文化志）》，上海人民出版社 1998 年版，第 513 页。

强；包含舅权内容的特殊亲权关系及收养成年人的投靠现象，刷新并丰富了近现代的亲权、收养规则，都体现了黎族婚姻家庭规约向母系倾斜的特色。

所谓“一方水土，一方风情”，黎族婚姻家庭规约孕育和根植于这些民族特色之下，具有高度的地方化色彩，与汉族传统的男尊女卑文化不同的是，在黎族传统婚姻家庭规约中，黎族女性一直处于崇高且受人尊敬的地位。这一特点不仅体现在“不落夫家”等婚姻家庭规约上，更体现在文面现象、女性身价及黎锦等物蕴含的恋爱自由、婚姻自主、男女平等的婚姻家庭理念上。

（一）文脸与身价

1. 文脸与女性的尊崇地位

（1）婚姻的禁忌

关于黎族血缘婚的传说故事提到了文脸习俗，文脸在婚姻缔结过程中具有不可缺失的重要作用，体现了黎族婚姻规约的根本制度——禁忌血缘婚。

《黎族支系的来源》中提到了在婚姻事件间的关键点——娜黑文脸，文脸之后，娜黑的哥哥阿伐“认不出来”她了，于是这种方式成了兄妹结合的充分条件，最终种族的繁衍得以延续，而以后的黎族妇女也都通过文脸的方式来宣告自己已经成人，可以婚配。这段关于文脸的描述隐含着对婚姻中的乱伦现象的禁忌，文脸的娜黑改头换面成了“陌生人”，从娜黑文脸到婚姻成立，其传说虽然讲的是兄妹的结合，却隐含了对血缘婚的否定和对以“外人”（文脸后哥哥不认识的陌生人）为婚姻对象的肯定。“外婚制乃是针对乱伦的婚姻禁忌体系的最原始形式”[1]，这里的文脸实际上呈达的是对外婚合理性和必然性的肯定以及对乱伦婚姻禁忌的命题，是黎族婚姻习惯法规则中的根本制度。

弗洛伊德指出禁忌的两种不同意义：一方面是“崇高的”“神圣的”，另一方面则是“神秘的”“危险的”“禁止的”“不法的”。接着，他引述了《大英百科全书》关于禁忌的解释，就严格意义来说，禁忌仅仅包括：（1）属于人或物的神圣不可侵犯的（或不洁的）性质；（2）由于这种性质引起的禁制作用；（3）经由禁制作用的破坏而产生的神圣性（或不洁性）。他还指出“最早和最重要的禁忌是图腾崇拜的两个基本定律：禁止杀害图腾动物和禁止与相同图腾氏族的异性发生性关系”[2]。

从黎族那些包含文脸习俗的血缘婚故事中被加入“雷公判决”“婚后生出怪胎”等解释性情节，可以看出黎人已经意识到血缘婚是“神秘的”“危险的”；于是，婚姻中形成了将同氏族、同血缘通婚列为“禁止的”“不法的”的习惯法规则；从文脸功能由遮蔽道具到禁绝血缘婚的氏族标志的转变，我们不难看出文脸因禁忌“同氏族的异性发生性关系”的作

---

① ［法］爱弥尔·涂尔干：《乱伦禁忌及其起源》，汪堂家译，上海译文出版社2005年版，第31页。

② ［奥］弗洛伊德：《图腾与禁忌》，文良文化译，中央编译出版社2005年版，第35页。

用，被黎人认为是“崇高”“神圣”的。

黎族是个没有文字的民族，但是没有文字的民族流传至今的风俗习惯要比有文字的民族通过文字记载所保留下来的信息更具有可信度，因为这些风俗习惯是众所周知，并被大家认可而形成规范的，相反，记录下的文字反而易掺杂个人的意志，因而具有片面性。黎族的文脸习俗就是这样一个具有高度可信性和研究价值的黎族原始社会遗留至今的习惯，甚至可以称之为规范。对于黎族文脸习俗的起源和代表意义，学者争论已久，笔者更倾向于图腾说。

（2）黎族的图腾

“每一件与图腾崇拜相关的事物似乎都不容易理解，例如外婚制形成的理由……我们还是应该相信朗格所说的，即使在原始的民族里也无法保留这些结构的原始状态，因此在这种情况下，我们不得不在研究过程中做某些程度的想象。”① 当“外人”这个意识出现时，可以对应得知民族团体的意识已经产生。民族原则上为外婚团体，同一民族之人，必须由他民族求偶，有图腾信仰之民族，属于同一图腾者，不许互婚。②

图腾崇拜“一方面延伸了部落关系；另一方面则防止了近亲结婚”③，弗雷泽在《家族和氏族的起源》一书中指出，

---

① ［奥］弗洛伊德：《图腾与禁忌》，文良文化译，中央编译出版社 2005 年版，第 117 – 118 页。

② 史尚宽：《亲属法论》，中国政法大学出版社 2000 年版，第 91 页。

③ ［奥］弗洛伊德：《图腾与禁忌》，文良文化译，中央编译出版社 2005 年版，第 3 页。

根据图腾崇拜制度，“部落或公社被分成若干群体或氏族，每一个成员都认为自己与共同尊崇的某种自然物象——通常是动物或植物存在血缘亲属关系。这种动物、植物或无生物被称为氏族的图腾。这一制度的社会方面，表现在禁止同一氏族成员之间通婚。因此，他们必须在别的氏族中寻找妻子或丈夫。”①

由上文可知，文脸这种习俗首先是因禁止血缘婚姻而产生的，同一氏族具有同一图腾标志——文脸图案，人们可以知道每一个可以婚配的妇女是哪一个氏族的，可以或不可以和哪一个氏族的人通婚。文脸习俗的确立使血缘婚现象从根本上得到禁绝，黎族的婚姻制度得以顺利发展。从图腾崇拜的含义来看，文脸毋庸置疑是图腾崇拜的一种。

“黎族的图腾崇拜，大概是与黎族的母权制氏族社会同时产生，其特点是认为人们的某一血缘联合体和动植物的某一种类之间存在着某种联系。”② 提到图腾不得不提到文脸的图案，而提到文脸的图案就不得不联系到黎族另一个流传至今的习俗——织锦，黎锦作为黎族人的文化遗产备受关注。

黎族老人符镇南先生说：“在各支系的黎族筒裙、铜鼓、皮鼓及日常用具上，都绘有各种青蛙图案。”③ 邢关英在论及黎族的原始宗教时说：“黎族有五大方言区，各方言群的妇女织绣筒裙时有青蛙纹图案。”“各地区的黎族妇女在纹身和绣

① 海通：《图腾崇拜》，广西师范大学出版社2004年版，第2页。

② 王学萍：《中国黎族》，民族出版社2004年版，第164页。

③ 符镇南口述，郑广琼整理：《美孚黎原始宗教及自然崇拜》。见符和积主编、海南省政协文史资料委员会编：《海南文史资料》（第7辑），1993年版，第194页。

纺衣裙时，都遵照传统习惯编制绘制各自所有的图示，如青蛙纹等。”① “黎族五大方言区的各方言群的妇女织绣筒裙时有青蛙纹图案。妇女纹身时，也刺有青蛙的花纹。”② 以海南黎族润方言支系的黎锦和文脸为例，仔细观看，会发现其上的图案与文脸的图案有异曲同工之处③。

蛙纹代表什么含义呢？赵国华在《生殖崇拜文化论》一书中指出：“从表象上看，蛙的肚腹和孕妇的肚腹形状相似，一样浑圆而膨大；从内涵来说，蛙的繁殖力很强，产子繁多，一夜春雨便可育出成群的幼体。姜寨和庙底沟蛙纹上的那些黑点就是表示怀子甚多。所以，蛙被原始先民用以象征女性的生殖器官——怀胎的子宫（肚子）。”④

黎族人偏爱蛙纹不仅表现在织锦和文脸上，“黎族同胞使用的铜锣和鹿皮鼓都铸有青蛙纹。铸有青蛙纹形象的铜锣，被视为宝物，称为‘铜精’。”⑤ “黎族的祭祀器物有一种‘独木法器’，上面雕刻着蛙人形纹样。”⑥ 由此可以看出，黎人文面

---

① 邢关英：《中国各民族原始宗教资料集：黎族卷》，中国社会科学出版社1998年版，第655页。

② 中南民族学院本书编辑组：《海南黎族社会调查》，广西民族出版社1992年版，第648页。

③ 这一观点在祁庆富、马晓京所写的《黎族织锦蛙纹纹样的人类学阐释》一文中得到了全面的论证。

④ 赵国华：《生殖崇拜文化论》，中国社会科学出版社1990年版，第182－183页。

⑤ 中南民族学院本书编辑组：《海南黎族社会调查》，广西民族出版社1992年版，第677页。

⑥ 王学萍：《黎族传统文化》，新华出版社2001年版，第217页。

与黎锦图案以及器具上的纹饰都表明对青蛙这种动物的自然崇拜，将这种自然崇拜刻在脸上或绣在织锦上即演化为图腾崇拜，而这种崇拜的内在含义就是对女性及女性生殖的崇拜。引申而来，黎族对女性的尊崇，也是源于对作为禁忌血缘婚的氏族图腾的女性文脸的崇拜。

（3）透过图腾定义女性尊崇地位

“较早的图腾是按母系传承的，因为计算亲属是按女系的”①，文脸这种习俗在黎族的传统中正是女性纹、男性不纹。这面女性的旗帜，实际上是以母亲为代表的女性世系为抑止血缘婚而擎起的。“只要家庭与氏族相混融，特别是和母系氏族相混融，那么，性禁忌就会完全地或者是基本上用在母系亲属身上。”②

当原始社会的黎人懵懂地意识到同血缘族人的结合繁衍，不利于他们及后代的生存和发展时，就不得不采取手段来禁止这种习俗的继续，并同时推行新的婚姻习惯，对于没有文字的黎人来说，无论是禁止旧的习俗还是推行新的习惯都是一件很困难的事。这时，人们对图腾的崇拜就发挥了强大的作用，处于母系社会主导地位并肩负着确认群体血缘及辈分的女性把体现同一血缘集团的标志刻在脸上，一是体现对本血缘集团的图腾的崇拜和尊敬，二是通过这种明示性含义向所有人表达我所代表的同血缘群体，让男性们一眼看出哪些人可以结合、哪些

① 海通：《图腾崇拜》，广西师范大学出版社2004年版，第220页。

② ［法］爱弥尔·涂尔干：《乱伦禁忌及其起源》，汪堂家译，上海译文出版社2005年版，第61页。

人不能结合，从而把同血缘的男性——“自己人”排斥在了婚姻的门外，血缘婚习俗的危害就这样以女性文脸为标志得以顺利禁止。

所以，黎族盛行的文脸习俗应该是母系氏族社会的标志，是对女性尊崇的一种象征性反映，这种反映表现在女性地位高于男性地位上，由于文脸的仪式只能由年长的受尊敬的女性来主持，因此对女性的尊崇也表现出年长女性的地位高于年幼女性的特点。

2. 女性地位的一种表述——“女性的身价”

关于婚姻，黎族流传着这样两句话：“男性的尊严，女性的身价”，“生男传家种，育女生财根”①。因为妻子是丈夫使出浑身解数通过“夜游”和进入“隆闺”的重重关卡求来的，是有身价——用聘礼聘来的女人，所以应受到丈夫的尊重。

女性受尊崇的地位突出表现在身价——聘礼上。黎族把牛视为五大财产（牛、田、铜锣、粉枪、木板谷仓）之一②，《黎岐纪闻》提到“以牛之有无多寡计贫寡”，“以十数牛易一锣”，说明在清朝初年，牛只被当实物财富使用，甚至起一般等价物的作用，可用来购买土地和黎人所珍视的铜锣，还可以用来继承、转让、借贷和出租，成为积累财富的手段和财富的

① 王月圣：《黎族创世歌》，海南出版社1994年版，第3页。

② 王海：《古远而丰厚的沉淀——试论几组黎族神话和神奇故事的文化意蕴》，载《民俗研究》2005年第2期，第42页。

象征。[1] 民国初年，一牛可易田二三亩[2]。而订婚时，男方送给女方的一项重要的聘礼就是牛。除此之外，女性还因为地位崇高而享有高度自由和权利。

当女性完成文脸的成人礼并入住隆闺后，即享有婚前性行为的默许、非婚生子女的承认与婚后可不落夫家等权利，即使已结婚的女性，若回到隆闺中，则其社交活动仍与未嫁时一样，行动相当自由，住在隆闺期间发生的行为，一切都是合理的。但是，不同于血缘婚习俗盛行时期，女性被认为如女神般令人膜拜的情况，在黎族一夫一妻制婚姻家庭中，女性的权利虽然依然很大，但是曾经接近于无限的自由受到了一定的限制。

根据道德风俗，不落夫家的已婚女性除非对丈夫不满，否则其约会的对象一般是如今的丈夫，当然另会其他情人也不会被禁止。但是一旦女性走出隆闺，“生育”后定居夫家，女子就要受到氏族规约的限制，不能再如在“隆闺”期间那样自由，突出表现就是“黎女多外出野合，其父母亦不禁止，刺面妇则终身无二，尝问之黎人，其俗以既婚则不容有私，有则群黎立杀之，故无敢犯者。”[3] 这里所说的黎女是指成年未婚配的女子，而刺面妇则是已结婚并定居夫家的妇女。

---

① 梁天送、谢剑：《论海南岛黎族合亩制度的衰落》，载《云南社会科学》1988 年第 2 期，第 78 页。

② 王兴瑞：《琼崖黎人社会概观》，载詹慈编：《黎族研究参考资料选集》，第 157 页。

③ ［清］张庆长：《黎岐纪闻》，见吴江、沈氏世楷堂：《清道光中昭代丛书合集己集广编》（第 33 卷），影印本，上海古籍出版社 1990 年版，第 11－12 页。

在受到尊敬的同时，女子还因“身价”而享有被保护等权利，“男子欺负妇女就等于侮辱了自己的母亲，丈夫虐待妻子，就等于挖掉了自己的眼睛，女子享有参与家庭事务和支配家庭财产的权利。”①

（二）部族人口增殖压力推升女性的尊崇地位

由于黎族社会的自然环境十分恶劣，随时都会受到生命威胁，面对这样的生存状况，人类必须团结起来，依靠群体的力量才能保护自己。在这种情况之下，维持一定的人口数量是非常必要的，这就使得人类本身的生产显得尤为重要。

但在黎族传统社会，黎人对生育本身还缺乏科学的认识，更不懂得妇女生育后代是男女交媾的结果。他们从万物有灵的观念出发，把女子怀孕之因归结为他们周围某种动植物或其他东西——图腾。如前文所述的黎族人类起源的传说中说到的葫芦，即是对女阴的刻画，反映了古人对妇女生殖力的崇拜。正是由于妇女在生育中所起的这种特殊的、男子所无法替代的作用，使得妇女在当时受到氏族成员的尊重和崇敬。

黎族婚姻家庭规约的形成，是以因禁忌血缘婚而产生的氏族外婚制为前提，以将文脸作为氏族的标记为根本制度的。氏族内部禁止通婚，作为宗教信仰和传统习惯，成为黎族母系氏族组织最基本的制度。黎族人至今还遵循拥有同一个祖先的人

① 唐启翠：《歌谣与族群记忆——黎族情歌的文化人类学阐释》，载《海南大学学报（人文社会科学版）》2007 年第 4 期，第 364 - 365 页。

或村落禁止通婚的习惯法则。因此，自然禁忌及祖先、图腾崇拜渗透于黎族人的生活的各个领域。

体现在黎人的婚姻习惯法规则上就是男性对妻子的私生子的认可和“不落夫家”的习俗，甚至在亲权、收养、继承关系中体现的女性与娘家不可分割的关系。

同时风俗习惯与道德规范的结合又成为黎族人适应和调整社会关系的自然选择。黎族人在漫长历史过程中所形成的传统伦理道德观念，就是尊重女性。于是，在尊重女性的道德思想基础上形成了黎族婚姻家庭习惯法中的恋爱自由、婚姻自由及男女平等等观念。

由于女性是生育行为的直接承载者和生育的主体，女性对黎族的人口繁衍和生存发展具有决定意义，所以，妇女在社会生活中所处的重要地位并没有从根本上被动摇过。

（三）女性在社会政治、经济等方面的尊崇地位

1. 黎族女性普遍受到尊崇

不同于汉文化，黎族女性一直受到黎人的尊崇。

黎族主要崇拜的始祖神黎母就是女性，海南儋州黎母庙“在县西黎晓山顶，在巨石岩岩，乡人以祀黎母。灵甚，岁时祭享，祈祷有应”。① 即使接触到汉文化，黎族的许多生活习俗仍体现了女性地位高于男性的思想。到宋代，黎族的部落首领仍有由妇女担任的，“王二娘者，黎之酋也，夫之名不闻，

① ［明］唐胄（正德）：《琼台志》卷二十六，上海古籍书店1964年版。

家饶于财，善用其众力，能制服群黎，朝廷赐封宜人。琼管有令于黎峒，下王宜人，无不帖然。二娘死，女亦能继其业。”[①] 明代田汝成的《炎徼纪闻·蛮夷》卷四，黎人条载：“峒各有主，父死子继，夫亡妻及。”清代的《黎岐纪闻》写道：“其俗贱男贵女，有事则女为政”，“遇有事妇人主之，男不敢预也。”[②] 男子打架，女子相劝则其一定要停止，“黎性悍而质直，间有两类一语不合，则操戈矢相向，得妇人架中一劝，随亦解释。”[③] 如果峒与峒之间发生械斗，要发出“通牒”，送“通牒”的使者必是妇女，械斗停息，双方各派出寡妇一人为代表，举行一种传统的和解仪式“蕊岔”。[④]

从宋代史籍《岭外问答》记载的“王二娘主政”到清代的《黎岐纪闻》记载的“遇有事妇人主之，男不敢预也”，我们可以看到其持续时间之长久。虽然后来在封建化的黎族外围地区，已改变了妇女主政的情况，但妇女依然受到黎人的尊重，如峒主见到妇女、老人都要下马。直到今天，走路时，男子见了女性和老人还要让路。在家庭中，妻子有过错，要报告女方娘家并协商处理，女子被夫家欺负，娘家常兴师动众来论

---

① ［宋］周去非：《岭外代答》卷二，《海外黎蛮》，广陵书社 2003 年版，第 7 页。

② ［宋］周去非：《岭外代答》卷二，《海外黎蛮》，广陵书社 2003 年版，第 7 页。

③ 李露露：《清代黎族风俗的画卷——〈琼州海黎图〉》，载《东南文化》2001 年第 4 期，第 15 页。

④ 陈立浩、陈兰、陈小蓓：《从原始时代走向现代文明——黎族“合亩制”地区的变迁历程》，南方出版社、海南出版社 2008 年版，第 8－9 页。

理。[1] 夜游和不落夫家等习俗也都包含着母系社会遗留的女性地位崇高观念，由此引申出的男女平等、恋爱自由、结婚自主等理念甚至影响到今天。

2. 黎族女性长者的地位尤为崇高

黎族女性长者的崇高地位主要表现在文脸习俗上。由于文脸仪式对于女性来说是一生中最重要的事情（标志女性成人、可以婚配、正式进入氏族、被祖先承认等多种含义），因此只能由辈分高的有威望的女性主持，这就表明高辈分的女性比低辈分的女性更受尊敬。

黎族女性长者在宗教活动上往往也占有一席之地，比如：黎族地区的女性宗教主持者被称为“娘母”，“娘母”因主持对黎族人来说很重要的崇拜祭祀活动而具有特殊的威信。

黎族女性长者的崇高地位还体现在重要的生产活动中起主导作用上。在黎族合亩制地区，把是否有妻子作为考核亩头的条件之一，“合亩”亩头的妻子，具有在“合亩”领导黎人进行生产的权力，并与丈夫共同执行与“合亩”生产有关的自然崇拜的祭祀活动，并且，如果亩头的妻子过世，则他自动失去亩头的头衔。男女订婚都由双方“合亩”的妇女主持，年老的妇女还是劝阻械斗的使者和和解仪式的主持者。距解放约50年前，毛道峒与毛枝峒械斗后进行和解，谈判时双方的代表都是一位老寡妇，两老妇手托一碗清水，碗内放一个铜钱，分别用铜钱抹对方的双眼，口念“……你们不要蒙眼，要开

① 王月圣：《黎族创世歌》，海南出版社1994年版，第12页。

开眼，以后好好来往，也可以做亲戚”等语，双方再饮酒言好，砍箭盟誓，和解以后恢复正常通婚和友好往来。①

总体来说，黎族女性一直处于被人尊敬的地位，但是女性的地位在细微之处还是随着婚姻习惯的变迁而变化的。由于血缘婚的弊端日益明显，处统治地位的黎族女性为了氏族的和谐发展，不得不通过文脸的方式，让渡了拥有完整面容的权利，使婚姻禁忌得以明示，血缘婚得到禁止。此外，也是通过文脸才区分出了氏族，这个时候女人属于同一氏族，丈夫属于不同氏族，人们仍依女性世系来确认后代，对妇女和母亲依旧高度尊敬。但由于文脸现象的出现，辈分高且更早文脸、有文脸经验的女性的地位肯定更高。至今，黎族中还流传着不文脸的女性死后不能见祖先鬼的说法，说明文脸是区分同氏族中女性地位高低的一种方式。

在一夫一妻制时期，男性在社会生活中的作用显现，为了氏族的和谐，女性进一步让渡自己的性自由权利，如女性婚后即使不落夫家，性行为也会受到一定的限制。此时期，男女双方在婚姻关系上平等。在黎族人的观念中，男女双方分属不同的祖先，因此女性得以在婚姻中保持自己的独立性，男女双方处于完全平等的地位，体现在爱情婚姻和家庭关系上就是男女完全平等与自由。双方都有自己独立的人格，男女之间相互尊重、互不干涉、互不强制，只要一方不同意，婚姻家庭关系即

---

① 陈立浩、陈兰、陈小蓓：《从原始时代走向现代文明——黎族“合亩制”地区的变迁历程》，南方出版社、海南出版社2008年版，第73－74页。

建立不起来。结合自愿、离婚自由，当事人自己掌握婚姻的主导权，真正实现了以爱为基础的美满自主的婚姻。

可以说，黎族传统社会的不断发展和婚姻习惯的逐步变迁是和女性不断地让渡自己的权利分不开的，这说明，和谐的社会是不能存在某一方地位极高、权利极大的情况的，只有双方或者多方的权利逐步趋于平衡，社会的和谐才有可能得到实现。

总之，黎族社会的政治历史、特殊的生存环境，以及长期形成的宗教与道德观念，促使黎族独特的婚姻家庭习惯法的产生与发展。其自身的长处，高度的社会道德规范，男女真正平等自由的婚姻，和谐的家庭风范，创造出了黎族婚姻家庭习惯法上的文明。

第四章　黎族传统社会的物权与债权规约

在原始氏族社会时期，黎族内部没有“私有”的概念，没有“交易”“交换”的概念，所以也没有狭义的民法制度。但是，随着生产力的发展和商品流通的需要，特别是由于汉族等民族的迁入，黎族与其他民族的往来日渐密切，出现了私有财产，有了以物易物的交易和简单的商品经济。于是，在这种背景下黎族传统社会的物权与债权规约逐渐得以产生与发展。

自秦汉以来，海南岛与内地就互通有无了。《汉书·地理志下》卷二八载：粤地“处近海，多犀、象、毒冒、珠玑、银、铜、果、布之凑，中国往商贾者多取富焉”。《后汉书·循吏·孟尝传》卷七六载：合浦郡“不产谷实，而海出珠宝，与交趾比境，通常商贩，贸籴粮食”。[①] 海南地处粤地，东汉时属合浦郡，故上述记载同样适用于海南。到清代，黎族地区

① 转引自吴永章：《黎族史》，广东人民出版社1997年版，第31页。

出现了墟市，此时黎族与其他民族间的交易逐步规模化。

物权与债权规约在黎族法制中具有相当重要的地位，它保护家族以及有产者的利益，引导黎族民间的各种民事行为，规范财产的流转秩序。黎族没有自己的文字，因此其物权与债权规约主要以结绳为记、刻木为信的方式得以体现。虽然黎族漫长的原始社会历程决定了其物权与债权规约的简单、原始与落后，但是通过对这些朴素的物权与债权习惯规则的分析，我们可以发现以维系种族繁衍为目的发展而来的黎族物权规约与债权规约竟与近现代民事法律中的法律原则相符合，如刻木为信使物权受到习惯法的严格保护，暗含了物权神圣这一社会趋势，同时也符合了诚信的价值观念，共有与私有并存原则达到了物尽其用的“和谐”效果。

一、“刻木为信”的物权规约

（一）黎族传统社会物与物权的种类

1. 物的种类

物是指除自然人身体之外，能够满足人们的需要且能够被支配的物质实体。黎族的物权法律活动所指向的物可以分为不动产和动产。不动产主要包括土地和房屋，只是此二者极少作为转让的标的。主要原因在于黎族多居住于偏僻山区，虽然地广人少，但可供耕种的土地并不多，在黎族传统社会的物权规约中对土地的占有有非常明确的先占规则——结绳为记，只要是已被人占有的土地均不得被侵犯，暗含了物权神圣的原则。

至于房屋，多为船型茅草房，简陋易盖，基本没有转让价值，所以，在田野调查中没有发现黎族传统习惯法中存在关于房产问题的规定。

黎族地区的动产主要有牲畜、生产工具、日常用具、特产等。牲畜在其中占有最重要的地位，尤其是牛。牛是划分黎人财富级别的重要标准，是交易中的重要商品。

由于生活环境恶劣和生产力落后，对黎族人的原始生产生活方式最重要的两种物就是土地和牛只。因而在阐述黎族传统社会的物权规约之前，先介绍一下黎族传统社会中最主要的两种物。

（1）耕地

耕地是黎族人重要的生产资料，在合亩制地区，耕地包括水田（指一年可种两造的水稻田）、旱田（一年只能种一造水稻）、山栏地、坡地、园地等五种。从各种耕地所占的比例来看，主要是水田、旱田，其次是山栏地，再次是坡地、园地。这几种耕地的类型在不同合亩制地区和不同合亩的占有情况是不同的。毛道乡有 7 个村、13 个合亩，第一类合亩即全由亲属关系组成的合亩，其生产资料占有情况如下：

表 5　合亩内集体所有生产资料的占有情况表①

合亩名称	户主姓名	与亩头关系	人口与劳动力			水田(亩)		旱田(亩)
			人口	全劳动力	半劳动力	一户所有	合亩所有	一户所有
王老兰合亩	王老兰	亩头	4	2				
	王老安	堂弟	3	2		6		
	王老望	堂弟	6	2	2			
	王老福	堂弟	6	4	1			1
	王老魏	堂弟	3	3	3			
	王老丁	堂弟	2	2		3		
	王文安	堂弟	4	3				
王老黄合亩	王老黄	亩头	5	2				
	王老有	长子	3	2				
	王星日	二弟	5	3			4.5	
	王老奋	三弟	2	2				
王老锐合亩	王老锐	亩头	4	2				
	王老梅	堂弟	3	2		4	9	
	王老一	堂弟	2	2				

上述类型的合亩在毛道乡的 7 个村中一共有 3 个。这类合亩耕地的占有不论是集体所有，还是一户所有，或者是几户伙有，耕地都是交给合亩集体共耕，按户平均分配产品，也就是合亩成员有平等的分配权，不受生产资料的所有性质影响，掌握生产资料者并没有任何特权，他只是和其他合亩成员共享收

① 广东省编辑组、中国少数民族社会历史调查资料丛刊：《黎族社会历史调查》，民族出版社 1986 年版，第 27 页。

益权。同样，耕地的所有者要处分自己的耕地，例如收回、出卖、租佃等都需要得到全体合亩成员的一致同意。

（2）牛只

牛只是合亩地区仅次于耕地的重要生产资料，分为耕牛和非耕牛，耕牛主要用于耕作，而非耕牛不耕作。牛只（包括耕牛和非耕牛）的占有也分合亩各户集体所有、几户伙有和一户所有三种形式，但合亩所有的成分已不占优势，绝大部分地区和大多数的合亩以一户所有为主，几户伙有次之。如毛道乡 18 个合亩的牛只中，属合亩所有的仅占牛只总数的 10.41%，几户伙有的占 42.90%，一户所有的则占 46.69%。又如通什乡，90% 以上的牛只归一户所有和几户伙有。①

2. 物权的种类

对于黎族人生活中最重要的两种物来说，黎族传统社会习惯法中的物权主要分为两种，对物的所有权及特殊的用益物权——合亩制。

（1）所有权

所有权的内容，是指财产所有人在法律规定范围内，对于其所有的财产可以行使的权能。而权能则是指权利人在实现权利时所能实施的行为。对于黎族人来说，土地和牛只是其最重要的财产。

我们知道，在当今的社会环境下，财产所有权是我们最基

① 《黎族简史》编写组、中国少数民族间史丛书：《黎族简史》，广东人民出版社 1982 年版，第 159 页。

础的一项权利，它由法律给以明文的保护，我国《民法通则》第 71 条规定：“财产所有权是指所有人依法对自己的财产享有占有、使用、收益和处分的权利。”而黎族社会那时并没有统一的文字，更没有成文的法律，财产的保护依靠的是长久流传的习惯，集体与集体、集体与个人、个人与个人的相互财产关系都是由它来调整的。

黎族的私有制很早之前就存在，例如在《海槎馀录》中就有这样的记载：“寻常黎俗藏置酒米乾肉衣布之属，不于其家，必择一高圾之地。离家百步，内外周以树，略加缭绕迴获，辇置其中，名曰殷。虽村家丛杂，亦不少混闲。有盗之者，每犯辄获，法曰迹痕，即足迹也。”[①] 黎族习惯法关于私有财产权的规定涉及房屋、土地、牛只、竹林、果树等财产。黎族的小家庭是独立的生产、交换单位。每个家庭都有属于自己的财产，这些财产的所有权属于男子，女子参加家庭劳动，但没有财产的继承权。

在合亩制地区，由于生产资料的所有权属于整个合亩，有的家庭虽然有属于自己的田地、牛只等生产资料，但只要是合亩内的成员都可以无偿使用这些生产资料。[②]

黎族的公共财产主要存在于峒组织之下，包括山林、土地、森林、河流等。峒与峒之间以山川河流为界，峒管辖的范围神圣不可侵犯。峒内的土地、森林、河流未经许可，外人不

① 《黎族研究参考资料选辑》，第 158 页。

② 王学萍：《中国黎族》，民族出版社 2004 年版，第 146 页。

能越界砍山开荒、采藤、伐木、打猎、捕鱼和居住等，若需越界须经本峒许可，还要上缴一定数额的物产给峒长，上缴物产的多寡要根据内容和行为而定：采藤、打猎、捕鱼要上缴一些猎肉、鱼，这些物产由峒长和峒长所居住的村庄的奥雅享用；砍山开荒、伐木、居住要上缴的物产较多，如上缴猪、牛、光洋等，这些物产是峒长所居住的村庄的公共财产。当外人侵犯了本峒利益而发生械斗时，全峒人都要参加战斗，战斗所需要的费用由全峒人共同负担。峒的公共财产受到全峒人的保护，全峒人也要保护峒内成员的私有财产不受他人侵犯。

由上文可以看出，黎族社会的财产所有权跟现在有很大的区别。由于特殊的合亩制生产生活方式，在群体之中，作为个体的黎族人对财产——土地、牛只等生产资料——不享有完全的所有权。但是，这些生产资料作为群体的财产，又是不受其他群体和个人侵犯的，具有绝对的排他性。

（2）用益物权

用益物权是物权的一种，是指非所有人对他人之物所享有的占有、使用、收益的排他性权利。用益物权的特点包括：

第一，是对所有权有所限制的权利，用益物权人的权利也受一定的限制；

第二，是非所有人基于法律、合同或者其他合法途径而取得的权利，也是对他人财物享有的直接支配权；

第三，是从所有权的权能分离出来的相对独立的他物权；

第四，只能设立于不动产。

黎人对土地的权利包括土地的所有、占有、支配和使用等方面。在漫长的黎族社会中，长期盛行的“合亩制”具有用益物权的特征。

首先，“合亩”在黎语中原称“纹茂”，直译为“有血缘关系的集体”，在解放前，一般都称作“翁堂沃工”或“翁堂打”，直译为“大家做工”或者“大家的田”，意即共耕公田，合亩即是不动产土地，符合用益物权的第四个特点。

其次，合亩制的土地为合亩集体所有，对合亩成员来说只享有共同使用、收益的权利，是从合亩集体对土地的所有权中分离出来的权利，同时，合亩成员对土地的使用收益权是作为非所有人通过黎族传统社会习惯法的合法途径而取得的权利，也是对其他合亩成员的财产享有的直接支配权。因此，符合用益物权的第二、三个特点。

最后，所有权人（即合亩集体）对土地的所有权受到用益物权人（合亩成员）的限制，因为，出卖合亩所有的土地，须得到全合亩成员的同意；同时，用益物权人（合亩成员）对土地的使用权也受到所有权人（即合亩集体）的限制，即合亩成员一起参加劳动，在生活上互相帮助，无论付出的劳动多少，土地上的产品都按户平均分配。这符合用益物权的第一个特点。

所以，合亩制即是合亩成员对集体土地所享有的用益物权，合亩成员即相当于用益物权人。

（二）黎族传统社会中物权的取得及其效力

物权规约的主要职能是保护财产的所有权和调整财产关

系，包括社会成员的私有财产和全合亩的公共财产。无论是社会成员的私有财产还是全合亩的公共财产，其所有权的取得都须通过两种方式：先占和平分。无论是通过哪种方式取得的财产，都具有绝对的排他性，不受任何群体和个人的侵犯，否则要受到习惯法的惩治。

1. “插星”——先占规约

“插星”是海南黎族取得物的先占权的一种特殊方式。先占主要体现在对无主物的占有上，这里的无主物主要是没有被主张所有权的荒山、树木等，牛、猪等家畜由于是放养的，即使走失也不属于无主物的范围。黎族人的“插星”，通常是用做记号的方式告知他人自己已经占有某个物：土地、树木、野果等等。黎族人种山栏先是在峒内本村的公有土地上，选一块肥沃的土地，确定要开荒种植的面积，然后用茅草在树干上打结，表明砍山的范围。这样这块山栏地就归自己所有，别人看到树干上的标记就会很自觉地到别处种山栏。在本村的公有土地上，长出一棵果树苗或者其他实用树苗，哪怕只有一尺高，谁先用茅草在树干上打结或用刀在树干上砍一个叉做记号，这棵树长大成才或开花结果，则归做记号的人及其家人世代所有，其他人不得采摘、砍伐。[1] 在本村或本峒的土地范围内，如果本村或本峒有人看见可用作棺材的树木，用刀在树干上砍一个叉，这个叉说明此树已有主，当此人老时、病重时，他的

① 王学萍：《中国黎族》，民族出版社2004年版，第111页。

家人便砍那棵树给他做棺材，其他人不会去砍那棵树。[①] 峒内村与村之间也以山川河流为界，村与村之间也不能越界砍山开荒、采藤、伐木、打猎、捕鱼，违者由峒长负责仲裁，罚款赔偿。

2. 合亩内产品分配规约

在黎族特有的合亩制地区，合亩制的组织基础是血缘关系，一个亩包括若干家庭，各个家庭之间有着血缘关系，有时候，不同血缘的弱小户也可加入。生产工具为各个家庭所有，牛和土地等主要生产资料，有的为各家所有，有的为合亩所有。生产资料无论属谁所有，都由合亩统一经营，共同使用。在五指山市冲山镇福关村里，族内共同出资买大型机械，大家共同用于生产。人们在劳动和社会交往中互相协作，劳动产品归集体所有并平均分享。原始的平等观念，在分配方面表现得尤其明显，不但农产品的分配是人均一份，猎物的分配也是如此。“一个人猎获的野兽，全村男女老少平分享受；如果是集体围山猎获的野兽，则把它抬回亩头的家里，每户收一碗米煮成肉粥，然后，呼喊全村大小男女到亩头家领一份肉和吃粥。”[②] 但是分配前要先将五种类型的粮留下：一是种子，留下作为来年稻种；二是“稻公稻母”，收获时由“亩头”保管留作备荒或待客用的谷子，实际归“亩头”所有；三是“留新禾”，收割时先留 10 至 12 把稻谷约 24 斤给“亩头”煮饭

① 《越过山顶的铜锣声——海南民族研究（二）》，第 15 - 16 页。
② 王国全：《黎族风情》，广东省民族研究所 1985 年版。

酿酒，在“亩头”家吃了新谷后，亩众才能开始吃新粮，有祈求丰年的意义；四是“聚餐粮”，留几十斤谷，交“亩头”酿酒，待来年插完秧后全体合亩成员共饮；五是“公家粮”，数量由大家商定，需要用时也由大家商定，“亩头”可以用它来待客，凡结婚、盖房或者有困难的合亩成员也可以动用此粮。

这种制度的产生，一方面，是因为在原始的、恶劣的自然环境中，生产工具简陋，个人的力量在自然面前是微不足道的，个人必须依靠氏族和峒或者合亩才能生存。另一方面，在氏族之间、峒之间、合亩之间发生争夺猎场、牧场、渔场等冲突时，如果不依靠集体也不能保护自己的利益。并且，最初龙仔投靠龙公加入合亩，原因之一就是为了寻求龙公及合亩的保护，以求得个人生命的安全。

（三）黎族传统社会物权规约的特点

1. 物权保护的地域性与群体性特点

海南岛的地形地貌特点用一句话来说便是：“高峰中峙，台地还周，逐级梯降，四面濒海。”[①] 海南岛因中高周低的地形而形成岛上独特的放射状水系布局，河流无法形成一水系。河流的季节变化大，水位和流量易暴涨暴落，这对傍河而居的黎人在经济、交通、生产、生活等方面均产生极大的影响。海

① 转引自邢关英：《黎族人的自然生态环境意识》，载海南省民族研究所编：《海南民族研究（一）五指山脚下的耕耘》，云南民族出版社2004年版。

南的植物、动物、微生物之间能量传递与交换迅速，物质循环迅速，这里是各种生物生息的天然乐园。这种自然生态环境和动植物自然群落状态，对于自古以来都在自然经济中生产、发展的黎人来说，有极大的相关性。

黎人主要是和自然作斗争，所以人与人之间非常和谐，一致对外。黎族习惯法的和解精神也体现在物权规约领域，在没有触犯禁忌或者道德底线的情况下，一般的财产争议和纠纷均能通过赔偿、道歉的方式得以和解，诉诸暴力的情况极少。

2. 共有与私有并存的原则

在合亩地区，对生产生活有重要意义的物向来都遵循共有与私有并存的原则。由于黎族生活地区的自然条件艰苦，生产工具落后，所以，合亩成员一般一起劳动，牛只、工具等生产资料由于数量少而共同所有、分别使用，劳动的所得全部由亩头平均分配。充分达到了物尽其用的目的，在个体思维和能力不发达的状况下，个人无力猎取野兽、抵御自然灾害或反抗入侵之敌，而以群体行动、群体力量来弥补个体能力不足的缺陷，维持群体的物质再生产和民族的繁衍。①

3. 结绳为记暗含守信观念

黎族传统社会物权规约通过结绳为记的先占方式确立物的绝对排他的所有权，暗含了物权神圣不可侵犯的观念。

结绳为记也体现黎人在物权规约中重视诚信的原则。黎人非常守信用，不偷、不受偷，不欺、不受欺。只要有言在先，

① 高其才：《中国习惯法论》，湖南出版社1995年版，第425页。

各方都恪守信用。耍诡计、欺骗人的行为，为黎族社会所不容。《桂海虞衡志》有记载：“（黎人）与省商人博易，甚有信，而不受人欺给，商人有信，则相与如至亲，借贷所有不齐，岁望其一来，不来则数数念之。”在日常生活中，人们若是看中了某一棵树或是一个鸟巢、一块荒地，只要在旁边打个草结，就不会再有人来侵占或提取；如果路上有失落的东西，也要拾起来放在醒目的地方，以便失主寻找；耕牛野牧，不会丢失；谷仓建在离村较远的路边，不上锁，不用看守，也不必担心被偷。总之，诚实守信是黎族社会几千年流传下来的处事信条，暗含了近现代物权法的重要原则。

二、“偷一罚十”的债权规约

黎族社会中的私有制存在已久，而且出现了黎族内部和黎、汉之间的贸易及其他经济活动，对契约、买卖、典当、借贷、租佃、侵权方面，习惯法都有所规定。

（一）契约是债权制度的基础

契约是两人或更多人签订的相互间以权利、义务为内容的具有约束力的协议。黎族没有文字，通常都是用刻木或者结绳的方式订立契约。这种看似简单的文本模式，依赖在黎族人的族群生活中普遍存在的万物有灵、生灵有信的信仰，在黎族社会中产生了深远的影响。对黎族社会契约观念的深刻解读有助于我们确切理解黎族社会的民事交往中债权制度的各种现象。

1. 契约观念的产生

《周易·系辞下》曰："包（伏）牺氏之王天下也……作结绳而为网罟，以佃以渔，盖取诸离。包牺氏没，神农氏作，斫木为耜，揉木为耒，耒耨之利，以教天下，盖取诸益。日中为市，致天下之民，聚天下之货，交易而退，各得其所，盖取诸噬嗑。"[①]《淮南子·齐俗训》曰："尧之治天下也，……其导万民也，水处者渔，山处者木，谷处者牧，陆处者农。地宜其事，事宜其械，械宜其用，用宜其人。泽皋织网，陵阪耕田。得以所有易所无，以所工易所拙。"从上述古代文献的记载来看，中国契约的萌芽时间大约是在伏羲、神农、黄帝、尧、舜时期。这时候契约观念萌芽的原初动因是在生产力发展以后形成的广泛的社会分工的基础上的人们以有易无的社会生活需求。

黎族传统社会以合亩为基本单位进行生产活动。在合亩内土地、耕牛等重要生产资料大多是归集体共同所有，或者是归私人所有且由集体共同使用，人们的生产生活资料比较单一，黎族传统社会群居的生活特点决定了早期合亩内没有商品交换。在合亩之间人们的生活水平差距不大，人们都是自给自足。因此，在早期黎族社会人们的商品观念不强，说黎族人的契约观念来源于商品交换恐难以成立。

黎族的部落与部落之间、村与村之间经常发生械斗，有的要持续好几年的时间。械斗主要由一些宗族原因或者财产原因

① 《周易》卷八，中华书局《十三经注疏》影印本，上册，第86页。

引起。械斗发生后，势力较弱的一方就会屈服，给势力较强的一方一些钱财或土地。械斗双方达成和解协议时通常都是砍箭为盟，这样双方都要遵守，从此不再相互侵犯。“砍箭为盟”实际上是黎族社会最早的契约形式，这种契约直接关系到黎族人的生命安全，它比先占契约、买卖契约、租赁契约出现的时间要早，因此黎族人的契约观念最早来源于械斗时的和解。

2. 契约的种类

黎族社会的契约主要有买卖契约、借贷契约、租赁契约等多种类型。

黎族社会的交易一般没有契约，因为它采取的是以物易物或一手交钱一手交货的交易方式，但是涉及重大物件且无法一次性付款的仍以刻木为信的形式制定契约，据黎族博物馆保存的一份竹刻契约记载：

水牛叁只，角五寸民国三十二年四月初四女亲手另添光银一十大元，日后赎田艮还艮，倘或积钱每一大元，积回钱陆阡文，改后尾为捌。

女亲手模

该竹刻契约上的内容涉及牛的转让，牛是黎族社会最重要的财产，其转让除了有庄重的仪式外，对不能一次性付清的要制定还款契约。在黎族的数字观念中，单纯基数词有“一、二、三、四、五、六、七、八、九、十、百、千”。“一”到“九”用“|”条纹表示，“一”即刻一条“|”，“九”即刻九条“|”。“十”以“×”表示，“百”以“⋇”表示，

“千”以“Ж”表示，“半”刻为“＞”。但黎族在新中国成立前的商品经济发展几乎为零，借贷数目均未超过千数。黎人刻划记数的方法，在本质上仍是一种刻木记事的方法，当人们发生借贷关系时，双方即请来有威望或比较值得信赖的人当公证人，将一根上等的竹节从中剖开，把剖开后的一边削成宽5～10cm、厚约0.5cm的竹片，长度则根据借贷的数目来定。然后在竹片上刻划所借贷的数目，刻划完毕，双方确认无误，公证人即当场执刀从中间剖开，借贷双方各执一半作为凭证。如遇到有“半（＞）”的数字记载，当竹片被剖开后，一边呈“\”，另一边呈“/”。若没有将两片并在一起，很难看得出其代表“半”的意思。

从上述竹刻契约记载可见，牛的数量是3只，大小是角长五寸的牛，价格是23（×｜｜｜×）元（光银），并以田艮作保，已经还款数额（10元）及时间（民国三十二年四月初四），最后是立约人画押。可见，此还款契约包含了契约的基本条款，即买卖标的及其种类、价格、担保、当事人手模等。此约最具有黎族特色的是价格23（×｜｜｜×）元（光银）及以女性为立约人的做法。

借贷契约是由债主自制一节竹片，用刀在竹片上割出一道道横线，一道横线等于5公斤米或10元钱，打两个叉，用刀劈成3块，债主、借户、中间人各执一块竹片，无论经过多少年，借户都承认这笔债务，他死了，债主拿竹片上门找借户的儿子，他儿子必须偿还这笔债务。一次性还清债务，债主收回竹签；当分几次偿还债务时，每偿还一次，债主用刀砍掉代表已偿还的债务的划痕，直到还完为止。白沙县南开乡润方言的人借牛，债主用一根白藤，量牛前身胸围长度，用刀砍断，根据白藤的长短来确定牛的大小，债主把白藤存放在藤篓里，借户病重，债主便持藤到借户家，借户便把还牛的事委托给任意一个儿子。①

3. 契约的制作

黎族人多用木簪或竹片量出长短、刻上度值（称之为“押”），然后从当中剖开，双方各取一半作为契约。这类契约分为两种，一种是在木簪或竹片的正面用汉字书写契约的内容，由识字的汉人代笔，并加盖当事人和中间人的手模，背面则刻有数道横纹，每道代表出典或卖的价值；另一种则无汉字，全由横纹组成。

根据价值的高低，这些木簪或竹片的横纹之间的举例也不同，共分为三种：指长押、掌长押、肘长押。凡是价值在 30 元以下的，用指长押，每刻 1 元；30 ~ 100 元，用掌长押，每刻 5 元；百元以上的，用肘长押，每刻 10 元。指长押又分为三种：价值在 10 元以下的，用中指的中节；10 ~ 20 元的，用中指的中节和前节；20 ~ 30 元的，用整个中指。制作契约用的木簪或竹片大都由卖主提供。木簪或竹片上的价值度量，以卖主的手为标准，刻数值在上面，两端都刻上检验真伪标志的缺口。制成后，当着中间人的面，在两端的缺口处用刀从中间剖开，再由中间人交给买卖双方各一半。买卖双方在检验无误

① 《越过山顶的铜锣声——海南民族研究（二）》，第 21 页。

后将其好好保存。这时买方就要按照契约将钱物交给卖方，一旦交付完成，买方就开始接手卖方的物业，直至卖方赎回为止。赎回时必须按照契约上的数值，不增不减。也可以陆续赎回，如指长押赎回 1 元则削去一道横纹，掌长押赎回 5 元则削去一道横纹，肘长押赎回 10 元则削去一道横纹，依此类推，直至赎完为止。赎无定期又无利息，只要原契约在，父亲死后儿子可以赎回，儿子死后孙子可以赎回。假如丢失契约，卖方永远不可赎回，而买方就可以转卖了。①

刻木为信是黎族特有的契约订立方式，而女性可以订立重大契约证明在黎族社会里，女性的社会经济地位很高，享有与男子平等的民事主体地位。但是，此约的其他内容都有了汉化的色彩，如以文字记载、田艮作保等。

4. 契约的效力

认为“万物有灵、生灵有信”的生活观念使黎族人非常注重诚信。黎族人认为天地万物都有自己的灵魂，自己处于天地万物之间，自己的行为有天地万物可以佐证，作恶必将受到惩罚。黎族人的契约大多是以刻木的形式或结绳的形式出现的，在出现纠纷时多以宣誓的形式来解决。由此可以看出，黎族人认为契约不仅是人与人之间的契约，还是人与神之间的契约，契约必须遵守，否则就会遭到天地间的鬼神的惩罚。因此黎族人非常注重诚信，订立的契约不论经过多长时间，只要原契约在，黎族人必会遵守。

① 《中国少数民族风俗志》，第 740 页。

（二）买卖规约

1. 族内交易贫乏，土地买卖限制多

黎族的经济生活深受自然生态环境的影响，作为黎族主要生产部门的农业长期处于原始状态。在原始社会时期，黎族的经济是单纯的采集经济，后来随着生活的需要与生产工具的改进，逐步发展为山地农业（烧垦农业经济），也就是现在所说的砍山栏。

黎族社会男耕女织，分工非常明显。常见的家庭手工业有纺织、制竹木器、制陶、酿酒等，在农闲时进行。另一重要副业是饲养家禽家畜，但无论养牛还是喂猪都放之于野外，不会像汉人一般造牛栏猪圈。另外，黎人在农闲时也会进行捕鱼与狩猎活动。

因此，黎族社会的农业和副业基本上都是自给自足性生产，商品生产长期得不到发展，交换也不发达，黎族社会内部的交换更是少之又少。

在黎族传统社会习惯法中，合亩制土地也有通过买卖转移的情况。

合亩所有的土地出卖，须得到全合亩的同意，几户所有或一户所有的土地可自行决定出卖。但在出卖时，首先应卖给本合亩的人，如本合亩无人购买，就按血缘关系的亲疏，依次卖给同村的其他合亩、同远祖的其他村，最后才卖给无血缘关系的人。

在买卖土地时，由买者备酒邀请村内亩头、奥雅、本合亩

的兄弟亲属，以及与卖田者同合亩的人喝酒。双方在酒会上讲明价格，成交。日后如有纠纷，则由参加饮酒者作证。另外在一些村子买卖土地时，还“刻竹为凭”，即将价格刻在竹签上，砍为两片，由买卖双方各执一片。

合亩所有的田地卖了，所得之牛由合亩共同使用，所得之钱财则由全合亩各户平均分配，若所得的少，便由亩头保存，在必要时，做救济合亩内困难人员的费用。卖私田所得之牛、钱财，归田主所有；若田主不拿所得之牛“祭鬼”，则牛由本合亩共同使用。

2. 族外交易以物易物，进行不等价交换

黎族社会没有独立的商人阶层，但自古代起，黎人就积极与周边的其他民族发生贸易关系，与汉商的交换较多，并形成初级市场——墟市，但数量很少。据记载，明朝期间，崖县、陵水、昌东、东方四县的城镇和港口，有史料记载的较大的墟市有 6 个，清代 18 个，国民党统治时有百余家。主要是汉商贩运铁制工具、食盐、针线、纱布、火柴等，以及收购土特产，如家畜、家禽、名贵木材、野生动物和木耳、水晶、金砂等。交换的主要形式是物物交换。据《诸蕃志·海南》卷下载：（黎人）无盐、铁、鱼、虾，以沉香、缦布、木棉、麻等就省地博易，得钱无所用也。以昌江水头乡老乡村为例：在 1949 年之际，汉商挑来贩售的货物有盐、镰刀、斧头、锄头、犁、衣服、布、线、针、碗、锅等，换取黎人的土特产如香料、药材、野味等。

汉黎参与贸易的人数众多。《桂海虞衡志》：熟黎“能汉语，变服入州县圩市，日晚鸣角，结队而归”。这说明与汉人杂居和靠近汉区的黎人已经大批进圩市交易了。当时不懂汉语远离汉区的生黎，也已进行圩市交易，苏轼的《和陶诗·拟古九道》曰：“黎山有幽子，形槁神独完。负薪入城市，笑我儒衣冠。……日暮鸟兽散，家住孤云端。问答了不通，叹息指屡弹……遗我吉贝布，海风今岁寒。”

到民国初年，外地商人开始深入黎区开办店铺、打造铁器、贩卖日用百货。最初，外地人带上工具，到黎区走村串户，每到一个村便停留几日，住在黎人家中，替黎人打造或修缮所需物品。后来一些外地人便定居下来，开设店铺。这些人事先要得到当地乡长、保长的同意，主要打造钩刀、镰刀，贩运食盐、衣服，卖给附近的黎人，多半以实物交换。以乐东黎族自治县永益乡为例，一般交换行情如下：

1 把锄头——1 箩谷；　　1 口锅——1 箩谷；

1 把斧头——3 斗谷；　　1 把刀——1 斗谷；

5 个花碗——8 升米；　　2 把小镰刀——1 碗米；

1 个犁头——1 只狗或者 1 头 20 斤重的小猪

……

但是，汉商的贸易活动多以不等价交换剥削黎人，如：

1 根针——1 只母鸡；　　1 榫头——3 箩谷；

1 把钩刀——1 箩谷；　　1 把锄头——1 头猪；

1 件好衣服——10 箩谷；　　1 件旧衣服——5 箩谷；

1 箩盐——4 箩谷；　　1 把铲子——1 箩谷

……

俗语说："客不吃黎，鸡不吃谷。"汉商凭借其先进的打造生产工具的技术，几乎垄断了黎族社会的铁制生产工具的打造工作。除此之外，黎人别无他法，因为黎人不懂冶铁技术，所以出现了上述不平等交易，一般人家一年很难置办几件铁制工具，这也是黎族社会生产工具非常落后的关键原因。但是为了生存，为了种族延续，黎人默默接受了这种交易习惯，借汉商的铁制工具提高生产力，维持黎族社会的和谐与延续种族。当然，这在客观上也加强了汉黎之间的经济联系与技术交流，给黎人提供先进的生产工具，促进黎族地区的生产发展和生活改善。

受外地商人影响以及出于对不平等交易的反感，个别富裕的黎人也开始经办店铺。1920 年，保亭约有百来户人家，有 10 多家小店铺，都为外地人所开。抗战爆发前夕，保亭已有 20 多家商店，黎人经营的已有 6 家。

1947 年，琼崖民主政府办供销合作社，改变了黎人物物交换的商品流通方式。1949 年后，政府设立了国营商业管理机构——海南行政公署商业局。

除了直接与汉商交换"国货"外，"洋货"也慢慢渗透到了黎区。19 世纪末 20 世纪初，英美法意葡等资本主义国家也将大量过剩物资运往黎区推销，如火柴、染料、煤油、棉纱、铝制品、肥皂等日用百货。据资料记载，1876 年销往黎区的棉纱有 39 担，1891 年增加为 17 184 担，15 年间激增约 440 倍；1882 年运进煤油 6 980 加仑，1890 年为 491 540 加仑，增长 69 倍多；从 1882 年到 1890 年间，运进鸦片 5 540 776 两，价值149万多两白银。[1] 一时间，洋货泛滥，黎族社会经济遭受冲击，一些种植业被迫停产，如棉花种植。男耕女织的生产传统被破坏，自给自足的自然经济解体。

（三）典当及抵押规约

关于典当和抵押，黎语里没有“典当”和“抵押”的词汇，这里借用的是汉语海南话。

典当的发生，最初是由当事人双方直接进行的；只要双方同意，典押关系便成立。后来才出现中间人，其义务、权利，均与租佃关系的中保人相同。但在报酬上，则与中保人不同，不论典当田地数量的多少，中间人均按田地典押的牛只数来收取报酬。

典押没有严格的时间限制，大抵要在两年后才可赎回典押物。有时父亲出典的东西，到儿子当家时才被赎回。

典押价格，一般是在出售价格的三分之一至二分之一之间，有时个别典价几乎和卖价相同。

在典押关系成立后，双方还要剖竹为凭：用一块一寸宽、五寸长的竹片，用钩刀把典押价格刻划于其上（如典价为两头牛，即刻两划），然后由中间人（如无中间人，就由当事人的某一方）将竹片一劈为二，当事人各执一半为据。日后赎典时，便以此为凭。出典人归还典价后，就收回出典物，同时，当场焚毁竹片，典押关系即结束。

---

① 冼浩林：《中国近代少数民族经济史稿》，民族出版社1992版，第35－36页。

典押也可演变为买卖，如出典人在出典期间，要把出典物卖断，征得承典人同意后，双方协商，由承典人再补齐差价，给付出典人一些牛或钱，土地所有权就转移到承典人的手上。①

上述双方都要遵守约定的典押关系。有个别人违约过。由于文献资料的缺乏，关于违约之后的处理情况尚且不清楚。

（四）借贷规约

借贷关系普遍存在于黎族人的生活当中。借贷的内容一般包括：借牛、借钱、借粮。但借贷的利息则因借贷双方的关系不同而产生差异。如关系越近则利息越低。另外在借贷方面，还有一些特殊的习惯，如遇上灾年家庭困难，一般去跟亲戚、朋友讨粮，各家各户给几斤，集成一担挑回家渡过难关，这些粮食不需要归还。而在别人缺粮找上门时，也必须回送一些粮食，这叫互助。所以，黎族社会凶年不见逃荒者，无饥寒之民。

借粮上百斤需偿还，借粮 400 斤，偿还的期限一般为 3 年，可用一头牛来折算抵债。3 年后无力偿还的，派一个男孩去帮债主养 3 年牛，以此抵债。如在 3 年里家里有人生重病，需杀牛祭祀，又向债主借了一头牛，就等于借债主两头牛，实际上就相当于把儿子卖给了债主，债主把这个孩子当自己的儿

① 广东省编写组：《黎族社会历史调查》，民族出版社 1986 年版，第 155－156 页。

子一样对待，孩子改名换姓随债主供奉一个祖先鬼，即使在中华人民共和国成立后，孩子的后人也一直留在债主的村子里，和债主的后人供奉同一个祖先鬼。①

黎族传统社会的借贷主要是借钱和借粮食。但实行合亩制度的黎区强调亩内民众互帮互助、相互救济，借贷的现象很少发生。

1. 无偿借贷

无论是合亩内还是合亩外，黎族人之间借钱都不用付利息，只要偿还本金即可，并且偿还的期限没有具体的限制。在同一合亩内，直系血亲之间的借贷有互助的性质，借钱和借粮食不用还。有些合亩内旁系血亲之间的借贷一般是借一还一，属于帮助性质的也不用偿还。

2. 有偿借贷

合亩外粮食的借贷一律要计算复利，即借一还二。黎族人认为借钱不用付利息是因为钱不能生钱，而借粮食不同，粮食种到田里能长出更多的粮食，因此借粮食要加倍偿还。在盖章村的王老捆做亩头时，合亩内的王老陆向堂侄王老识借稻谷一对，同年还稻谷两对。如果当年不还则要利上加利。②

3. 借贷方式

形成买卖及借贷关系、缔结契约的方法以刻木为信、砍箭为信、结绳记事、书面契约四种为主。其中，最主要的是黎族

---

① 王学萍：《中国黎族》，民族出版社2004年版，第112页。

② 广东省编写组：《黎族社会历史调查》，民族出版社1986年版，第122页。

人的“刻木为信”方式。宋代《诸蕃志》即有生黎“刻木为符”的记载，可见自古如此。结绳记事也早见于清初的《广东新语》，其云：“有所借贷，以绳作一结为左卷，或不能偿，虽百十年，子若孙，皆可执绳而问之，负者子孙莫敢诿。”当发生借贷且需要立誓时，则以斩箭作誓。这也是汉族早期常用的方法。负债人往往用中指长度的小竹筒，而刻木则以粗线代表牛只、细线代表钱数等等。如今这种情况在落后的地区仍使用着，因为文化还未普及，文字还未为老年人所认识和应用。①

上文谈到黎族是一个恪守信用的民族，那么为什么在借贷时还要用竹片立字据？原因有三：第一，黎人借贷从借到还的时间可能很长，有的历经两三代人；第二，形成借贷关系后，双方如果发生矛盾，借方会不认账，有竹片为证，借方也奈何不了；第三，黎族社会认为借贷立竹片、木片为证，是社会公正平等的象征。

（五）租赁规约

由于黎族传统社会最主要的物是土地和牛只，所以，租赁的对象也主要是针对这两种物，分为田租和牛租两种。

1. 田租规约

黎语中没有恰当表述“租佃”的词汇，这里借用的是汉语海南话。黎语把租佃称作“同寅田”，即租佃双方基于完全

---

① 《海南黎族人类学考察》，第63页。

平等和合作关系、出于兄弟情谊互相帮助耕田的意思。①

土地租佃的范围，除租佃水田、旱田外，还有山林等。而山栏是公地，峒内任何人均可砍伐，但谁也没有权利出租。

具体而言，在田租关系形成过程中遵循以下几个习惯法则。

（1）以宰杀牲畜的种类和数量来决定租种年限

土地的租佃关系一般发生在同村的合亩与合亩之间或合亩与别村合亩、个人之间。在租田时，除少数村必须由亩头出面租田外，一般农户需要租种土地时，便自己去联系田主。联系好后即杀鸡、猪、牛去和田主达成协议。所杀的牲畜的种类代表租赁年限的长短。按习惯杀 1 头牛租 9 年，杀 1 头猪租 3 年，杀鸡或杀小猪租 1、2 年；不论土地面积的大小、种类或肥瘠程度，都以它们表示年限。如果租田期满而双方同意续租的话，便要另杀牲畜来决定年限。

（2）以租种土地收获的分成来折抵租金

在收割前，租田者便要通知田主来分稻谷，田主亲自或者派人来监视。收割后，租田者先留出种子和田主及其随从饮酒、吃饭所需的谷子，再将余者分成两份，双方各取一份；有的由田主根据收成的好坏来决定田租的多少。

另外，租田者还要杀牲备酒来招待田主及其随从，一般是从中午到晚上吃两餐。在酒席上，如果租田者不想继续租田，

① 广东省编写组：《黎族社会历史调查》，民族出版社 1986 年版，第 157 页。

就会对田主说这是最后一次请客；如果想继续租种，他就说欢迎明年再来饮酒。如果田主同意继续出租就说酒菜很好，明年再来，否则就会说酒菜很糟，并当场提出收回土地。

（3）中断租种协议后的处罚以赔偿牲畜或谷物为主

租田关系如果按照原协议履行完毕，租佃双方都不负任何责任。如果租田关系还未到期，田主提出中止租田关系，则田主要根据剩余租田期限的多少对租田者进行赔偿。如 9 年的租期，田主于第 6 年提出收回田地，田主要给租田者一头猪或价值相当于一头猪的稻谷。[①] 如果是租田者提前提出解除租田关系，田主则不对租田者进行赔偿。中断租田关系的时间一般选在收获季节，那样不至于耽误来年的收成。

（4）在租田关系中中间人的作用重大

从现有的材料来看，租佃关系是近百年来出现的。后来，在租佃关系中，除了当事人双方外，为便于监督双方履行协议，还出现了中保人（或称中间人）。据说，只要能说会道的都可作中保人，一般是能说会道的男性，女性不能做中间人，因为多数女性在丧偶后回娘家居住。在解放前，大多数中保人是伪保甲长。中保人是世袭的，父死子继。

中间人的主要义务就是在宴会上把双方的权利与义务说清楚，并监督双方履行。此外中间人还负有解决租田双方的纠纷的义务。中间人除参加饮酒宴外，还可以从租田的农户那获得

① 广东省编写组：《黎族社会历史调查》，民族出版社 1986 年版，第 158 页。

1至2个光洋的报酬。不论租种田地的面积大小、期限长短、土质好坏，中间人获得的报酬是相同的，但是他对租田双方当事人的违约行为只负调解责任而不进行赔偿。

2. 牛租规约

(1) 牛租租金固定化

合亩租牛，由亩头代表合亩去租，租金由合亩出。个人租牛由个人联系，有的村还需亩头去交涉。不论租期的长短，每头牛的租金都是2个光洋，即租1年是2个光洋，租10年也是2个光洋。例如，万板村徐伯娘的父亲租空透村张阿各的牛一头，5年付租金2光洋。徐柏磊的父亲租南打村尊勤的牛一头，20年付租金2光洋。① 另外牛主每年还要到租牛户那里看一次牛，租牛户要杀牲畜来招待，否则牛主就会把牛收回。

(2) 租牛死后租牛者要根据不同情况进行赔偿

在租牛的过程中，租牛户对牛有照料的义务。如果在租期内牛因正常原因或其他原因死亡，租牛户都要进行赔偿，赔偿的方法因租牛户是否完全履行照料义务而有所区别。

如果在租用过程中牛被偷走，租牛者要进行赔偿。如果是在夜间被偷，按原数赔偿，即赔偿一样大小的牛；如果是在白天被偷，租牛户要加倍偿还。牛如果得瘟疫死掉，租牛者不负任何责任，但要及时通知牛主把牛抬回去，牛主还必须将牛颈、牛腿等送给租牛者。牛主如果不要肉，可由租牛者所在的

---

① 广东省编写组：《黎族社会历史调查》，民族出版社1986年版，第158页。

合亩分食，租牛者要送一头猪和一个光洋给牛主。如果牛得瘟疫死后租牛者未及时通知牛主，牛主有权对租牛者进行处罚。牛如果老死或因劳累过度而死，租牛者须以一赔一，死牛归租牛者所有。租牛所生的小牛归牛主所有，如果小牛被偷，租牛者要赔偿一头猪给牛主。①

（六）侵权规约

1. 侵权的类型

在黎族社会，侵权的类型主要有占有他人之物、偷盗、人身伤害三种类型。占有他人之物主要发生在不同合亩之间。在黎族地区牲畜大多放养，牲畜如果跑到别的合亩内通常会被其他合亩占有。在同一合亩内，如果牲畜祸害了别人的庄稼，也会被其他亩众占有。盗窃主要发生在不同的合亩内，盗窃物主要是牛、猪等家畜，盗窃铜锣的现象极为少见。人身伤害主要包括伤人和杀人两种类型，并且黎族社会对在家庭内部伤人的行为作出了特别的规定。同一合亩内的人们和睦相处，伤人、杀人的情况很少出现，不同的村之间由于宗族的原因常发生械斗，伤人、杀人在所难免。

2. 侵权的归责

黎族社会的侵权的归责原则以过错责任原则为主，同时为了照顾弱者、维持生产，以公平责任原则为辅。在黎族社会不

① 广东省编写组：《黎族社会历史调查》，民族出版社1986年版，第158页。

适用无过错责任原则，如自己饲养的牲畜对别人造成了人身伤害，牲畜的主人没有进行赔偿的责任，伤害发生后对方只能要求牲畜的主人尽必要的照料义务而不能要求其进行赔偿。对此种现象，黎族人解释为不能用规范动物行为的归责来规范人，人是没有过错的。在乐东县抱由村的一起杀人事件中，弟弟在喝酒后把他亲哥哥杀死，亩头的判决是由弟弟娶他的嫂子，对他的侄子、侄女，他要像对自己亲生的孩子一样进行抚养。

3．侵权责任的承担

（1）占有他人之物

违规占有者会遭到击鼓通报，这样他在全村人中间的信用就会下降。击鼓通报后峒长、亩头会前来批评、调解。峒长、亩头在前来批评、调解时首先问违规占有者是否承认违规占有了他人财物，如果被通报者能证明自己是合法占有，峒长或亩头也要为他主持公道，让另一方向他赔礼道歉，并由控告者宰杀牲畜请全村的人来吃，向大家说明情况。如果被通报者确实违规占有了他人之物，就要把占有物返还给原主人，还要宰杀牲畜来招待大家。

（2）偷盗

在黎族地区偷盗不是常见的事，大多数小偷是为生活所迫、被逼无奈。如果抓住小偷交给村头处理，则根据偷盗的多少来决定处罚的轻重。对待盗窃行为，如果盗窃的是牛只以外的小物品，小偷被抓到后，一般会被割掉一只耳朵。当抓到偷牛的人时，会当场将其打死，然后通知死者的亲属来领；如果没有人来领，就会用火烧掉。盗窃者也可以赔钱，如果偷到手，就要双倍返还。

黎族视偷牛、偷铜锣为极严重的盗窃行为，被捉拿的盗窃者按习惯法可以进行惩罚。若瓜菜类被盗，失主将部分遗留物挂在路口，让“天地看见”，表示愤慨，预示缺德者总有一天会受到应有的惩罚。对于偷牛者，牛如果没有被杀死，盗贼就要把牛还给被偷的人。盗贼还要拿出一头猪，从中间砍成两半，选一半送给被偷的人；再拿出一坛酒来请大家喝，并且在席间保证以后不再偷。牛如果被偷且被宰杀了的话，偷牛的人就要赔偿两头牛，还要用一头黄牛来赔罪。牛也要从中间砍成两半，一只腿送给被偷的人，另外一只送给说理的人。说理的人一般是村子里很有威望的人，通常为“奥雅”。对于偷盗谷物的，如果谷物还没有被碾成米，要把稻谷还给被偷的人，而且要罚一头猪和一坛酒。猪从中间砍成两半，一半给说理的人，一半给被偷的人，剩下的大家煮来吃。如果偷东西的人实在太穷，经被偷的人同意，稻谷也可以不退回去，但是一头猪和一坛酒是必须赔偿的。如果是外村的人偷东西被抓到，会叫与他同一家族的人和全村的人过来协商解决，具体的解决方式由双方协商选定，一般按照上述的习惯法解决。①

新中国成立后，国家制定了统一的法律并施行，黎区也不例外。但是从黎族地区的村规民约中，依稀可见习惯法遗留的痕迹。如《黎族田野调查》所载的加茂镇村规民约第 2 条规

---

① 张跃、周大鸣：《村寨——黎族》，云南大学出版社 2004 年版，第 257 页。

定：凡是损坏他人财物的，要照价赔偿；盗窃他人财物的，抓到按原财物单价的200%进行罚款。对禽畜破坏作物的，除照价赔偿外，禽类罚款5～20元/只；猪罚款10～15元/头；羊罚款50～200元/只。第10条规定：鼓励与支持农民发展生产、发展畜牧业、发展经济，优化产业结构，禁止一切搞破坏的行为，如发现人为破坏果树者罚款50～200元/棵，损坏经济林木罚款10～100元/株。第16条规定：触犯刑法的，由执法部门依法追究刑事责任。①

大约20世纪初，番阳峒才花村有人偷了哈方言村民的牛，被抓住，对方要求罚牛100头。峒长便召集全峒哨官、头家开会，商量解决办法，然后由峒长与哈方言的人们交涉，对方同意减罚为30头牛和50个光洋，并声言如不照数付清将攻打才花村。峒长便到才花村召集全体村民商量，才花村同意付清牛和光洋。因偷牛者无力负担全部的牛和钱，便由他所在的合亩的成员共担。问题被解决后，偷牛者杀了一头黄牛，请峒长、哨官、头家、才花村全体亩头及哈方言的牛主一同饮酒，才花村村民自由参加。酒后偷牛者还送了800个铜钱作为报酬。

（3）侵害人身权的行为

在黎族地区侵害人身权的行为主要是杀人和伤人行为。打架斗殴事件发生后，按照黎族传统社会习惯的要求，有过错方需要负责照顾无过错方。如果斗殴致人死亡，就由死者的舅舅跟其他家属共同出面处罚凶手，处罚的方式一般是要求赔偿，

① 《黎族田野调查》。

赔偿数额通常是5头牛、1个铜锣。只有凶手将这些赔偿物品送到死者家时，死者家属才会安葬死者，案结事了。轻微的斗殴事件，往往会私了，一般是罚钱了事，通常要罚责任方50块银元。此外，责任方还要被罚一头猪、一坛酒。如果影响极为恶劣，经村头出面处理仍然不服，再次斗殴，村头则会处死先动手的一方，对方说情才能豁免一死。

黎族传统规约也规定了家庭内部暴力事件的责任承担。在家庭内部，父母殴打子女，若情节不是很严重，则无处罚；丈夫殴打妻子，情节较为严重时，女方的兄弟、父母将会出面与丈夫家交涉，男方不论有理无理，都要杀一头猪并备酒款待，在酒席上双方再协商和论理。女方家属将视男方的表现而对夫妻进行劝解，在不影响生产生活的前提下对丈夫进行训诫教育。[1]

（4）其他侵权行为

因侵权造成的损害一般以赔礼道歉的方式弥补，受益人得请管理人的家族和本族吃饭，一定要让人家知道。烧掉别人的房子由家族内部解决；帮人干活致伤，由被帮工人出钱疗伤，但是帮工人一般会拒绝，尤其是轻伤。因为黎人认为邻里之间相互帮忙是应该的，也是一种荣幸。若帮人干活致死，则由被帮工人出棺材，以1头牛为赔偿。如果赔不了，则由其家族承担。

① 张跃、周大鸣：《村寨——黎族》，云南大学出版社2004年版，第259页。

第五章　黎族传统社会的继承规约

黎族由于地处偏僻，生产力低下，因此处于原始社会的时间很长，即使进入了父系氏族公社时期，甚至到半封建半原始的社会时期和现代社会，黎族的习惯法仍受到母系家庭习俗（如“不落夫家”习俗）的影响。相对于现代法律概念上的继承（主要指遗产继承）而言，黎族传统习惯法中的继承并不限于遗产，而且还有身份上的权利；同时，继承可以在被继承人死后进行，也可以在其生前以分家析产的方式进行。

这种具有民族特色的继承制度是黎族在其发展过程中形成的，是其适应社会生活和自然选择的行为规范，得到了黎族人的普遍认同和遵循，在促进人口繁衍、维护社会安定方面发挥了举足轻重的作用。

一、析产与继承并存

黎族传统社会的经济发展水平较低，一般家庭都不是很富有，家庭积累的财产一般通过分家析产的形式在父母生前被分配给成家的儿子们。黎族的传统继承制度有别于中国古代汉族的分家析产及继承，在家庭财产的处分中呈现分家析产与继承并存的形式，具有遗产不外流的民族特色。

梁治平认为，在中国古代汉族习惯法中，析产迥然有别于继承，“析产只涉及家庭财产的分割和分配”[①]。古人强调的析产的“产”是“同居共财”之共同共有的财产。与汉族习惯法中的分家析产不同，黎族析产之“产”是父母之产，不是家庭的共有财产。因为黎族分家析产是发生于儿子结婚、脱离家庭独自生活之时，所分的财产是儿子未成年时期的财产，儿子对这时期的财产取得基本上没有贡献，“产”仅仅是父母之财产。

在中国古代国家法中为了防止供养有阙，“总是禁止父母在别籍异财”。[②] 黎族的分家析产也不同于中国古代国家法层面的“别籍异财”。黎族社会中的家庭一直是由父母和子女构成的小家庭，不存在汉族社会所推崇的四世同堂的大家庭，长者的供养问题是通过另外一种制度来安排的，如：在合亩制地区，生产发展以合亩为单位进行，小家庭成员是合亩团体中的一员，不论是亩头还是亩众，分家析产仅仅是基于小家庭的基本生活资料的分配，老年人、长者的供养由合亩团体负责，也

① 梁治平：《清代习惯法：社会与国家》，中国政法大学出版社 1996 年版，第 75 页。

② 梁治平：《清代习惯法：社会与国家》，中国政法大学出版社 1996 年版，第 76 页。

就不存在供养有阙的担忧。

“继承制度乃是宗法的而非财产的”[①]，与戴炎辉论述的汉族继承制度不同，黎族没有形成宗祧概念，“家产的取得即不宜视为遗产的继承”这一论断不适用于黎族传统社会。在黎族传统社会里，通过分家析产取得财产与继承遗产共同构成子女（主要指儿子）分享父母积累的财产的两种途径。分家析产是儿子分享父母生前财产的方式，遗产继承则是在父母死亡后对剩余财产的再次分割，分家析产与遗产继承并行不悖。

身份继承只是部分存在于首领身份继承中。在黎族社会里首领一职多为世袭的，因此存在一定的身份继承。

依照黎族习惯法的规定，普通遗产只能在氏族内部和家庭成员之间分配，防止本氏族成员的遗产外流，以维护继承中的家族成员的切身利益以及家族的整体利益。至于一些特殊形式的财产，则进行特殊处理，比如女性的嫁妆，则只能由女儿取得，儿子不得觊觎。

对于一般的黎族小家庭来说，财产的继承是秘密的[②]，是家内的事，不足为外人道，所以遗产的处理多是家庭内部自行处理，一般不借助外力。另外，由于黎族人没有发明自己的文字，遗嘱也就因载体缘故而基本缺失。

---

① 梁治平：《清代习惯法：社会与国家》，中国政法大学出版社 1996 年版，第 75 页。

② 黎族习惯法调查小组于 2008 年 7 月 25 日访五指山市南圣镇亚南下村，黄中平记录，载《调研笔录》，海南大学法学院图书馆，2008 年 7 月。

二、继承规约的基本内容

（一）分家析产与嫁妆规约

在黎族社会里，由于上述原因，父母的财产分生前与死后两个环节被处置给子女，死后处置是典型的遗产继承，生前处置则是一种特殊的习惯法途径，即分家析产与嫁妆的取得。这两种形式不同于现代民法意义上的赠与，其最大特色是不依赖父母的意愿而发生，而是基于习惯法规定事由（儿子成家或女儿出嫁）而必然发生的。

1. 分家析产规约

分家析产即父母在世而诸子因成家等原因分配家庭财产，黎族谚语曰："树大树分枝，儿大儿分家"。除独子家庭外，多子家庭在儿子长大成人后一般都要分家，黎族传统社会的分家现象十分普遍。

在黎族习惯法中，妻子落夫家，建立小家庭，并不意味着成为独立的生产和消费单位。这是因为家庭刚被建立，生产资料以及一些日常生活必需用品，如锅碗瓢盆等尚未具备，得逐年逐件准备。在这期间，夫妻俩还须与父母同耕共灶，少则一年，多则三五年，待条件成熟后才分出去。有的人虽然具备了分家的条件，但弟弟尚小，未结婚成家，也不会分家，而是与父母分住不分灶，待弟弟成家后才分出去。一般来说，分家时父母都要为将分出去的孩子盖好新房，这所房子也就相当于给新婚夫妇的一部分财产。[1] 分家时，父母会把一些财产，如粮食、田地、牛、猪、鸡、果树以及日常生活必需品分给他们，以便他们进行独立的生产和生活。[2]

到父母年老不能劳动也不能自己照顾自己时，兄弟中谁愿意照顾父母，谁就可以得到父母名下的那一份财产。一般幼子承担赡养父母的义务，为父母养老送终。[3]

2. 嫁妆规约

黎族家庭中存在一项比较特殊的财产，即女子出嫁时娘家赠与的随嫁物品。由于黎族的家庭都不富裕，所以妻子的随嫁财产的价值不是很高。一般而言，该随嫁财产是由女子的母亲赠与的，例如筒裙、银簪、手镯、耳环等等，这些财产是黎族女子在结婚以后所拥有的自己的独立财产。当她的女儿出嫁时，她也会把这些属于自己的东西赠送给女儿，随嫁的财产在女子一方一代一代流传下来。

（二）身份继承规约

在传统黎族社会中，由若干个血缘氏族联合在一起，组成一个简单的社会组织形式——峒。“峒有峒首，负责管理全峒

① 张跃、周大鸣：《黎族：海南五指山市福关村调查》，云南大学出版社2004年版，第219页。

② 王学萍：《中国黎族》，民族出版社2004年版，第146页。

③ 张跃、周大鸣：《黎族：海南五指山市福关村调查》，云南大学出版社2004年版，第219页。

内部的生产生活与处理成员之间发生的一切问题。”① 峒长死后，一般不另选，由其子继位，无子则由弟继位。②

“合亩制”是海南黎族部分地区历史上长期盛行的一种特殊经济文化现象。“合亩制”的首领为亩头。亩头身份的继承原则，是按班辈长幼依次充任，即兄终弟及。亩头若无弟，或弟先于亩头死去，则由兄之子继任；如果亩头死时，既无弟也无子，或子年幼，则由全体亩众另行决定亩头。③ 在黎族“合亩制”地区，还有收养义子和因投靠而结为龙公龙仔关系的情况，收养的义子要拜义父的祖先，改为义父的姓氏，不能和与义父有血缘关系的女儿结婚④，如果龙公或义父是亩头，则龙仔和义子在一定条件下能够继承亩头的身份。“原乐东县番阳乡抱隆村王老易父亲死后无亲生的儿子，义子王明享继承了他的全部财产，后来还当了亩头。”⑤

在峒长和亩头身份的继承中，突出体现了女性在黎族传统社会中的重要地位。历史上也确有女性继承峒长身份的案例：“王二娘者，黎之酋也，大之名不闻，家饶丁财，善用其众

---

① 王养民、马姿燕：《黎族文化初探》，广西民族出版社1993年版，第39页。

② 陈立浩、陈兰、陈小蓓：《从原始时代走向现代文明——黎族“合亩制”地区的变迁历程》，南方出版社、海南出版社2008年版，第56页。

③ 陈立浩、陈兰、陈小蓓：《从原始时代走向现代文明——黎族“合亩制”地区的变迁历程》，南方出版社、海南出版社2008年版，第55页。

④ 陈立浩、陈兰、陈小蓓：《从原始时代走向现代文明——黎族“合亩制”地区的变迁历程》，南方出版社、海南出版社2008年版，第63页。

⑤ 陈立浩、陈兰、陈小蓓：《从原始时代走向现代文明——黎族“合亩制”地区的变迁历程》，南方出版社、海南出版社2008年版，第63页。

力，能制服群黎，朝廷赐封宜人。琼管有令于黎峒，下王宜人，无不帖然。二娘死，女亦能继其业。”① 明代田汝成的《炎徼纪闻·蛮夷》卷四，黎人条载：“峒各有主，父死子继，夫亡妻及。”清代的《黎岐纪闻》写道：“其俗贱男贵女，有事则女为政”，“遇有事妇人主之，男不敢预也。”② 不仅如此，在合亩制地区，是否有妻子是作为“合亩”内考核亩头的条件之一。丧妻独身的人，哪怕在合亩中辈分再高，也不能担任“亩头”。③

（三）父母身后财产的再次分割规约

1. 父母身后财产（含债权）构成遗产

在黎族地区，由于自然条件艰苦，生产工具落后，家庭成员一般一起劳动，劳动所得全部交给家里，由于所得甚少，家庭成员一般不可能保留自己特有的财产，夫妻俩共同支配家中的财产，也使黎族家庭中并不存在“私房钱”的概念。因此，黎族传统社会中可供继承的遗产较为简单。

但是，在一些富裕的地区，可供黎民继承的财产的范围广泛，每个家庭都有属于自己的房屋、田地、牛只、竹林、果树

---

① ［宋］周去非：《岭外代答》卷二，《海外黎蛮》，广陵书社 2003 年版，第 8 页。

② ［宋］周去非：《岭外代答》卷二，《海外黎蛮》，广陵书社 2003 年版，第 8 页。

③ 王养民、马姿燕：《黎族文化初探》，广西民族出版社 1993 年版，第 53 页。

等财产。[1]

2. 继承人以男性为限

黎族继承规约，以血缘关系为继承的基本条件，以履行赡养义务为继承的重要环节。凡能孝敬父母、养老送终者，才有资格享有继承权利；分家析产时，与父母在一起居住，承担赡养义务多者多分，自立门户尽赡养义务少者少分。[2] 即使在同等财产份额的情况下，多尽义务者也有优先选择的权利。有的地方则是谁赡养父母和料理父母的后事，谁有继承权。[3] 例如美孚方言地区，如果养子对养父母不尽赡养义务，那养父母只好将财产传给侄儿，并由侄儿照顾老人及为老人送终。[4]

黎族直系血亲中的男性占据了继承的主导地位，黎族对家庭财产采取父系继承制，只有男性后嗣才有继承权，一般最小的儿子多分一份。其他兄弟也有继承权，但在分家时父母已经分给财产，一般不再继承或少有继承。[5]

在黎族习惯法中原则上财产的所有权属于男子，死者无嗣，继子继承，无继子则由兄弟的孩子继承。入赘的女婿也有财产继承权。入赘的女婿一般都被视为家庭中的一员，他将承担为岳父母养老送终的义务。岳父母死后，财产由他来继承。

---

① 王学萍：《中国黎族》，民族出版社 2004 年版，第 146－147 页。

② 张跃、周大鸣：《黎族：海南五指山市福关村调查》，云南大学出版社 2004 年版，第 219 页。

③ 王养民、马姿燕：《黎族文化初探》，广西民族出版社 1993 年版，第 76 页。

④ 符兴恩：《黎族·美孚方言》，香港银河出版社 2007 年版，第 221 页。

⑤ 王学萍：《中国黎族》，民族出版社 2004 年版，第 112 页。

女子虽然参加家庭劳动，但没有财产继承权。[①] 黎族人认为女子嫁人后就是人家的人了，而黎族在习俗里一直是“财产不出室”。不仅出嫁的女儿没有继承权，未出嫁的女儿一般也没有继承权，妻子在夫家也没有继承权。[②]

但是夫亡，不回娘家且不改嫁的寡妇可以占有、使用和管理丈夫留下的财产，等儿子成人时由儿子继承亡夫的遗产。在合亩制地区，寡妇只带上原属于她自己的那部分财产如衣裙、席被、首饰（项链、手镯）以及部分钱、粮回娘家。[③] 经家族同意寡妇可以招赘，后夫在不离开前夫家族的前提下可分享前夫的财产，待两人死亡后，其财产由其儿子继承。

3. 以概括继承、无遗嘱为原则

（1）幼子具有优先继承权

黎族习惯法上的法定继承主要是幼子继承制，与汉族的嫡长子继承制不同，黎族实行幼子继承制。兄弟几人围坐一起一边吃饭一边商量，黎族人对私有财产的占有观念并不深，所以大都很谦让，一般会把多数遗产让给小弟弟继承。[④]

形成幼子继承制的原因，首先是在黎族妇女“落入夫家”后形成的父系家庭中，幼子为亲生子的概率更大，为维护血统的纯正性，需要推行幼子继承制。其次，幼子尚幼时，尚需父

---

① 王学萍：《中国黎族》，民族出版社2004年版，第147页。

② 陈立浩、陈兰、陈小蓓：《从原始时代走向现代文明——黎族“合亩制”地区的变迁历程》，南方出版社、海南出版社2008年版，第49页。

③ 王学萍：《中国黎族》，民族出版社2004年版，第147页。

④ 海南大学法学院黎族习惯法调研组调研所得，载《调研笔录》，海南大学法学院图书馆，2008年7月。

母抚养，父母年迈时，幼子年富力强，能够更好地照顾父母。这种继承制合情合理，为黎族社会所广泛遵循。

由于黎族传统社会经济不发达、遗产简单、民风淳朴、家庭关系和谐，所以，幼子继承的习惯法规则完全能够有力地作用于黎族简单的遗产继承关系中。又由于黎族是没有文字的民族，口头遗嘱具有很大的不确定性，所以，除了法定的幼子继承外，没有也不需要遗嘱继承。

（2）实行概括继承

黎民在继承财产的同时，无论是哪一种法律关系，都由继承者从被继承者那里原封不动地承袭下来，继续承担其特定的权利和义务。在继承过程中，“债务不死”“父债子还”规约内容被普遍认可和严格执行。继承人接受继承后，对被继承人所欠的债务，应倾其所有，予以全部清偿。当债务超过遗产的实际价值时，也要设法清偿。只有放弃继承者，才可以不承担偿还债务的义务。严禁只继承财产、债权，而拒绝继承还债的义务。缔结契约的方法以刻木为契、砍箭为信、结绳记事、书面契约 4 种为主。借贷不能偿还的，无论过了多久，债权人的子孙都可拿借据前来讨债。

（3）无继承人的遗产由家族或村寨处置

在黎族家庭中，父母去世，遗产由儿子继承，一般是由赡养老人的小儿子继承，也有几个儿子将遗产平均分成几份继承的情况；没有亲生儿子，可以过继兄弟之子或收买养子、招上门婿为继承人；未招收养子、未招上门女婿者，其家产由本家族的男性继承，按血缘关系从亲到疏的优先顺序进行；如果老人只有女儿，而且已经出嫁不能照顾老人了，那么就可以由老人家族中的一位近亲来照顾老人，老人的田地归他耕作，收获归他分配，日后老人的财产也由他继承；[①] 如果无家族成员继承，或者家族中无人愿意继承，该遗产即收归家族或村寨所有。

当家庭中的妻子身亡了，如果没有女儿继承，那么她的随嫁财产就会成为陪葬物品。

三、继承规约的内在逻辑

由于黎族社会的自然环境十分恶劣，随时都会受到生命威胁，面对这样的生存状况，人类必须团结起来，依靠群体的力量才能保护自己。在这种情况之下，维持一定的人口数量是非常必要的，这就使得人类本身的生产显得尤为重要。体现在黎人的继承制度上就是分家析产与继承并存、继承以赡养为条件、养子赘婿有继承权等特点。同时，在“不落夫家”习俗的影响下，黎族继承习惯法还体现了母系社会的遗留，如女性没有继承权，却可能承担身份继承的重责。

（一）分家析产源于生存资料的基本需要

“对财产的最早观念是与获得生存资料紧密相连的，生存

① 张跃、周大鸣：《黎族：海南五指山市福关村调查》，云南大学出版社2004年版，第219－220页。

资料是基本的需要。”[①] 黎族家庭人口少，大多数系小家庭，通常只有一对夫妻及子女。上文已经论述过黎族的分家析产不同于汉文化下成年诸子均分[②]“同居共财”，而是在儿子结婚建立家庭时给予基本的生存资料，如新房、粮食、田地、牛、猪、鸡、果树等。对于生存资料无法一次性分给另立家庭的夫妇的，夫妇即使另立家庭也可以与父母合灶吃饭，直到生存资料配备齐全为止。

黎族特殊的分家析产习惯的产生与其社会经济发展水平低下的情况有关，但更反映了在相应的经济条件下，析产并非基于多余财产的分配，而是满足黎族小家庭人口生存的必要需求，是以生存繁衍为根本目的的。

（二）幼子继承源于血统延续

解放前仍存在的“不落夫家”习俗使黎族人生活中的两项重大事件——婚姻的成立与家庭的产生——之间发生了时间上的脱节，婚姻缔结后并不随之产生家庭，而是以女子怀孕且定居夫家为建立家庭的标志。黎族社会并不强制未落夫家的女性对丈夫保持性的忠贞，奸生子女的存在也就不足为怪了。对奸生子女，黎族习惯法表现出与现代家庭法同样的宽容心，按

---

① ［美］路易斯·亨利·摩尔根：《古代社会：下》，杨东莼、马雍、马巨译，商务印书馆 1977 年版，第 533 页。

② 唐宋以来的法律，都把强制性的“均分”奉为析产的一项基本原则。参见梁治平：《清代习惯法：社会与国家》，中国政法大学出版社 1996 年版，第 76 页。

习俗规定，女子出嫁但私通怀孕的，不允许在娘家分娩，需要到夫家分娩。而夫家和民间也认为这是正常的事情，生下来的婴儿，是夫家的成员，孩子的命名和抚养都由夫家负责。[①]

虽然在分家析产时诸子是被同等对待的，但是，相较于给予基本生存资料的分家而言，幼子赡养父母及优先继承更具有遗产继承的意义，在黎族传统继承制度中占据重要的位置。因为相对于在“不落夫家”时所生的孩子来说，幼子是母亲住在夫家后怀孕所生的孩子，肯定是父母的血脉，而幼子的年龄最小，年轻力壮的幼子更能够承担赡养父母的任务。所以，幼子优先继承不仅能保证夫家血统的延续，还能更好地尽赡养义务，这种继承习惯，是黎族人们为更好地生存和繁衍所创制的规则。

（三）继承以保障赡养为最终目的

无论是幼子优先继承，还是收养的义子继承、建立投靠关系的龙仔继承、入赘女婿继承，甚至近亲属继承，黎族继承制度都以赡养为条件。如果诸子或其他继承人没有履行应尽的赡养义务，财产所有人还可以剥夺其继承权，把遗产留给赡养自己的人，赡养人得到遗产的制度也得到黎族人的普遍认可。

由此可见，财产所有人以得到赡养为最终目的，一切为了生存是黎族社会在自然环境下遵循的基本法则。

---

① 王学萍：《中国黎族》，民族出版社2004年版，第203页。

（四）女性继承源于母系习俗遗留

“在氏族制度建立之后，就出现了第一条继承大法，它规定把死者的所有物分给其氏族的成员。”由于“不落夫家”习俗的存在，黎族家庭最大的特色就是，夫妻双方从出生到组成家庭，再到死亡，分属于两个不同的集团。丈夫的死即宣告小家庭的解体，女方会被接回娘家，由娘家的亲属照顾，即使夫妻双方得以终老，妻子也要埋在娘家的墓地里，认娘家的“祖先鬼”。女子从出生到死亡，都归属于她娘家的血缘集团。

由于母系氏族时代的长期影响，黎族的婚姻家庭习俗中仍保有母系氏族时期的遗风，女子即使出嫁也与娘家保持密切的关系。比如，妇女出嫁后，仍然被公认为原来家族的成员；按惯例妇女不必为自己的丈夫洗涤和缝补衣服，却有为自己已婚的兄弟和儿子缝洗衣服的义务；已出嫁的妇女因患病或难产而要“做鬼”时，必须念娘家的而不是婆家的祖先鬼名；丈夫死后，寡妇即回娘家，和自己的父母兄弟一起生活，照顾回娘家居住的寡妇，成为她的娘家应尽的义务。又如，妇女患重病，要被抬回娘家治疗；若患重病死在丈夫家，也要把其遗体抬回娘家，由其父母或兄弟主持丧事，将其葬在家族的公共墓地里，其遗物也归其亲兄弟所有。

在妻子“不落夫家”时，夫妻两人对对方没有什么责任和义务，尤其是女子，她的权利属于她娘家的父亲而不是丈夫。所以，父系制的产生同时剥夺了妻子的财产继承权，而女儿因为嫁人在另一“氏族”组成新家庭，基于“财产不出室”

的观念，女儿也没有父母的遗产继承权。女性去世后，其特殊财产，如嫁妆、首饰等并不属于夫家的财产，不作为普通遗产留给儿子，只能由女儿获得，没有女儿的，这些财产即成为随葬物品。但是，受到母系习俗的影响，尊崇女性是黎族社会普遍的价值观，如果没有儿子，也会产生未出嫁的女儿继承父母的首领身份的情况。

特殊的历史形态、社会经济条件和生存环境形成了独具黎族特色的继承制度。黎族社会长期孤悬海外，人口增殖是其生存的基本保证，面对恶劣的自然环境，分家析产、幼子继承、以赡养为条件就是黎族社会在长期生存发展过程中为生存和繁衍选择的制度保障。女性能够继承首领身份及没有遗产继承权，是这个少数民族在长期的发展演变过程中，因母系习俗遗留影响而形成的制度规则。黎族继承制度的产生是符合其社会独立发展的内部规律的，黎族的继承规约不仅适应父系家庭的维持需求，也符合传统的母系民族时期的习俗遗留的价值观，是黎族传统法律文化自主发展的重要例证。

第六章 黎族传统社会规约的价值及其启示

一、黎族传统社会规约的基本价值

千百年来，黎族人民通过对日常社会生活经验的积累，依靠口耳相传的方式逐步形成了具有本民族特色的黎族规约，并将秩序、诚信、团体本位、对女性社会地位的尊崇作为其基本价值追求确定下来。

（一）黎族规约着力于对社会生产生活各方面秩序的维护

秩序是法的基础价值，“所有秩序，无论是我们从生命伊始的混沌状态中所发现的，或是我们所要致力于促成的，都可从法律引申出它们的名称”。[①] 秩序是人类基本的价值需求，是人与人之间和谐的、有条理的状态，本质是组织化的存在和

① ［德］拉德布鲁赫：《法学导论》，中国大百科全书出版社1997版，第1页。

活动方式。法的秩序价值是其他法律价值存在的基础，因为任何价值追求都是有组织的、具有目的性和方向性的活动，也就是说都必须依赖一定的秩序进行。所以秩序价值是其他价值实现的基础，在实现其他价值的时候秩序价值也就同时实现了。

秩序对人类社会是不可或缺的，它是人类社会赖以存在、发展的基础，是对人类社会存在状态的现实说明。一定的秩序是与一定历史时期的社会对应存在的，两者甚至可以相互说明，即有秩序的群体构成即是社会，而我们在说社会时，也就是在指这样一个有秩序的人类组织。如果将人类社会看作是一个独立人格的话，那么秩序就是这个人格所要生存和发展的本能性要求。从主观上来说，人对于秩序的需求基于其心理的根源。博登海默认为这主要可以追溯至两种欲望或冲动，即“人具有重复在过去被认为是令人满意的经验或安排的先见取向”,[①] 以及当“他们的关系是受瞬时兴致、任性和专横力量控制的，而不是受关于权利义务对等的合理稳定的决定控制的”[②] 逆反反应。从客观上说，人类的生存和发展需要秩序。人是社会性动物，孤立的个体是不存在或是无法长期存在的。人类要求的生存必须有一定物质生活资料的客观存在，这些物质生活资料的获得需要依靠人的劳动，而无论是原始社会还是现代社会，单个的个体都不可能持续地进行劳动，而多个个体

① ［美］E. 博登海默：《法理学：法律哲学与法律方法》，邓正来译，中国政法大学出版社2004版，第236页。

② ［美］E. 博登海默：《法理学：法律哲学与法律方法》，邓正来译，中国政法大学出版社2004版，第236页。

的共同劳动就必然在个体之间、群体之间以及它们相互之间发生联系并产生利益的差异和冲突，所以必须要有秩序。

同时，人类的任何发展离不开人类社会生活的稳定与正常。在无序的混乱状态之下，当人自身的生存都成为问题时，是无法顾及发展的。发展是以生存为基础的进步，如果说生存需要秩序，那么发展则更加离不开秩序。基于上述理由，人们“在社会发展某一个很早的阶段，产生了这样的一种需要：把每天重复着的生产、分配和交换产品用一个共同规则概括起来，设法使个人服从生产和交换的一般条件。这个规律首先表现为习惯，后来便成了法律”。①

在原始社会，“没有军队、宪兵和警察，没有贵族、国王、总督、地方官和法官，没有监狱，没有诉讼，而一切都是有条有理的。”② 这在于“一切问题，都由当事人自己解决，在大多数情况下，历来的习俗就把一切调整好了”。③ 这些习俗就是规则，它们对于“要摆脱单纯偶然性或任意性而取得社会的固定性和独立性的生产方式来说，是一个必不可少的要素。”④

黎族人民积累、沉淀千百年的禁忌习惯和习惯法内容丰富，涵盖生活的方方面面，至今仍在维持本族社会内部秩序方面发挥强大的作用。有生产禁忌：按旧历年节未过完初四，忌

---

① 《马克思恩格斯全集》（第18卷），人民出版社2004版，第309页。
② 《马克思恩格斯全集》（第21卷），人民出版社2004版，第111页。
③ 《马克思恩格斯全集》（第21卷），人民出版社2004版，第111页。
④ 《马克思恩格斯全集》（第25卷），人民出版社2004版，第894页。

搞生产，否则天旱，生产不丰；父母的忌日不许生产，否则生产失败。有婚姻禁忌：在婚宴上，忌打破碗碟，否则新婚夫妇会丧偶；结婚、办喜事时，忌哭泣，否则不祥，会死人。行猎亦有行猎禁忌，规定未过旧历年初四，妇女忌与男子同桌吃饭，否则行猎难获猎物。生活中的禁忌更多，如：睡在床上，头忌向门口，此为死人的象征；少年男女忌吃牛羊的下唇肉，否则赶山会遭毒物咬；忌让母猪在住宅周围生产，要置于山上，否则会致家人生病等。其中一些禁忌本身就是习惯法规，全体社会成员必须共同遵守。这些禁忌习惯法规不仅告诉人们日常行事的原则，提醒在生产劳动、婚嫁丧葬、祭祀仪式时必须小心行事，还规定了违反习惯风俗的后果和惩罚（不论这种惩罚是实实在在的还是精神上的），警示人们采取禁止、回避的方式尽量不与某些危险的事物相冲突或者发生接触，否则将会招致灾难，受到报应和惩罚，尽管其中包含了不少原始宗教迷信色彩，但它们的目的在于维护本族内生产劳作、公共生活以及婚姻家庭的秩序，在于平衡人类社会的需求与自然资源保护之间的关系。“无论是由自然崇拜、祖先崇拜、图腾崇拜产生的禁忌，还是各种生产禁忌、行为禁忌、宗教禁忌等禁忌形式，几乎都是一种共同的功能和特性，即对人的本能行为进行限制，制止和预防潜在的危险，保护原始先民的生存，达到控制危害性自然力的企图。”①

① 王学辉：《从禁忌习惯到法起源运动》，法律出版社1998年版，第9页。

1. 对生产秩序的维护

黎族人民热爱劳动、厌恶懒惰，在千百年的生产劳动中，形成了许多习惯法，有关于农业生产的，也有关于狩猎生产以及采集等方面的，这些习惯法反映了人们对于自然现象和客观世界的认识，包含了人们对生产实践的经验积累，促进了生产的发展和社会的安定，满足了本族社会成员的需要。

黎族有自己独特的历法，类似汉族的“十二地支”，每周以十二天计算，且每天以动物命名，分别为：鸡日、犬日、猪日、鼠日、牛日、虫日、兔日、龙日、蛇日、马日、羊日、猴日。其中，鸡日、牛日、虫日、马日为生产上的禁忌日。[①] 虫日忌盖牛舍、谷仓，怕牛生虫、怕谷仓易倒或谷子被老鼠吃掉；猪日不能卖猪，怕猪崽死；马日忌使用牛犁田，怕牛生疮烂腿；鸡日妇女不能插秧、拔秧；牛日男子不能犁田、耙田；芒种、夏至两日，忌播种，怕秧苗生长不好。在合亩制地区，亩头是合亩生产的组织者。在播种这一天早上，亩头夫妇都要去河里洗澡，换上新装回来；下午，亩头出工时，一路要小心翼翼，忌见蛇等动物，也不能和陌生人说话；到秧地后，由亩头先做几个象征性的挖土动作，接着撒几颗谷粒，口中还要说：“秧要长得好……”；[②] 回家后，在门顶上插一束树叶，忌生人进屋做客。从播种那天起，亩头除了吃鱼外，不能吃其他菜，白天也不能睡觉，否则，亩头会死去。

---

① 王学萍：《中国黎族》，民族出版社2004年版。

② 广东省编辑组：《黎族社会历史调查》，民族出版社1986年版，第38页。

以上这些禁忌习惯无一不是日常生活经验的总结，表达了重复早期经验的愿望。“按照这种欲望，人们要求创制一种永恒不变的秩序，即无论在何地、何时，还是以某种方式做某事时，只要在一相同的情形之中，就毋需犹豫和疑虑。”[①] 我们有理由相信黎族禁忌所确认的秩序在形成之初是适应于当时所处环境的，体现出对大自然的敬畏和崇拜，带有浓厚的原始宗教迷信色彩。生产劳动是否顺利进行是关系到全族人生存以及族内安定团结的第一要务，而低下的生产力水平以及落后的认识能力使得黎族人认为粮食之所以能够丰收是上天、地母的恩赐。并且为了让人们在心理上对生产活动本身产生敬意，各种禁忌在指导人民生产的同时还将生产活动的过程神圣化，以此保证劳动生产能够遵照习俗而井然有序。黎族人早已意识到稳定的粮食生产、充足的物质供应是社会安定和谐的基础，这一点从其习惯法拥有内容繁多的生产禁忌上可以得到很好的体现。但是，随着社会的发展和人类自身的进步，其中的一些秩序规范逐渐变得与实际不相适应，失去了其存在下去的积极意义。然而，存在于人们心中的因循守旧、侧重过去以及要求连续性的倾向成为“有机生命中所固有的一种惰性力量”。[②] 在惰性力量的影响下多数人是习惯的奴隶，面对明显不合时宜的

---

① Civilization and Its Discontents, transl. J. Riviere (New York, 1949), p. 55. 转引自［美］E. 博登海默：《法理学：法律哲学与法律方法》，邓正来译，中国政法大学出版社 2004 版，第 238 页。

② ［美］E. 博登海默：《法理学：法律哲学与法律方法》，邓正来译，中国政法大学出版社 2004 版，第 238 页。

规则秩序，他们宁愿毫无怨言或者不存任何质疑地承受，尽管改变现存事态完全有可能对他们大有裨益。于是，禁忌习惯这种源于过去的权威性渊源一直以一种重复的方式指导私人或官方的行为，并为社会生活提供很高程度的有序性和稳定性。

2. 对公共秩序的维护

人的特性中存在着“按照他们的智识标准跟那些与他们同属一类的人过和平而有组织的生活”① 的强烈欲求。同时自然法的基本原则告诉人们要竭尽全力保护生命和肢体，保全自身及其财产，并要求人们不可扰乱人类社会。用普芬道夫的话说就是“每个人都应当积极地维护自己以使人类社会不受纷扰”②。法实现以上秩序价值通常是通过暴力方式和规范方式两种途径达成的。暴力方式与规范方式都迫使社会成员服从法定的行为模式，从而实现社会的有序化，两者的区别在于：前者依靠军队、监狱等国家强制力，而后者依靠的则是被统治者对法律规范的无条件服从。

黎族规约是在一定区域的特定人群中长期形成、被共同遵守、具有相当约束力的行为方式与惯例，有的是由群众共同制定的条例，有的是祖辈流传下来的，也有不言而喻、自然形成的。如果在本村的公有土地上，有人想砍山开荒种山栏，就在

① De Jure Belli ac Pacis, F W. Kelsey, The Classics of International Law (Oxford, 1925), Proleg. 转引自［美］E. 博登海默：《法理学：法律哲学与法律方法》，邓正来译，中国政法大学出版社2004版，第45页。

② Elementa jurisprudentiae, transl. W. A. Oldfather (Oxford, 1931), Bk. Ⅱ, observ. iv, 4. 转引自［美］E. 博登海默：《法理学：法律哲学与法律方法》，邓正来译，中国政法大学出版社2004版，第48页。

想要砍山的土地上用茅草在树干上打结，以表明范围，其他人看见标记便知这块土地已经有了主人，一般都会另觅他所，而不会再去侵占此地。如果有人胆敢违背此习俗而取得他人标记之物，就是犯了盗窃罪，而在黎族人的观念中，盗窃是重罪，必须严惩。这是黎族人民习惯遵守的关于占有、使用土地的惯例。由于黎族人民习惯遵守，就成了一种习惯法。

黎人热爱和平、渴望平静生活，希望人与人之间和睦相处。在以前，多数黎族村寨“路不拾遗，夜不闭户”，体现了浓厚的原始氏族社会的淳朴民风，鲜有杀人越货的恶劣刑事犯罪发生。但私有制观念已深入人心，对于私人物品的所有权十分看重，加之黎族地区经济生产水平很低，农业生产手段落后，人民普遍不富裕，不论是用于生产的土地、耕牛，还是作为日常生活必需品的粮食、铜锣，都是十分重要的物品。人们深信只有劳动才能自救，劳动才是幸福之源，黎族规约教导人们要热爱劳动、廉洁自爱、不贪心、不偷盗。偷盗的行为本身侵犯了社会成员的财产安全，违背了黎族社会的价值取向，是对习惯法的公然违反，对社会正常秩序的严重破坏，为警示公众，同时也为教育偷盗之人，习惯法必然要对其作出制裁：对于盗窃一般重罚其钱财，通常是罚四个“100”（100 块钱、100 斤米、100 斤酒、100 斤肉，四个“100”相当于 1000 块钱），供全村人享用。此种制裁明显具备巨大的惩罚性，因为黎族尚处于社会经济极其不发达阶段，与鞭笞等肉刑相比，剥夺犯罪者的财富、生产资料、生活资料才是更加严厉的惩罚。法律总是与一定的社会形态相适应的，一个社会处于什么样的历史发展阶段，就有什么样的法律。社会形态决定着法律的形式和内容。

3. 对婚姻家庭秩序的维护

法规律令注重对婚姻家庭关系的维护是中华法系的一大特点。家庭是组成社会的最基本单位，个人的“小家”不和睦必然导致社会这个“大家”不稳定，因此和谐的婚姻家庭秩序是社会秩序得到良好维持的重要前提。“历史表明，凡是在人类建立了政治或社会组织单位的地方，他们都曾力图防止不可控制的混乱现象，也曾试图确立某种适于生存的秩序形式。”① 黎族规约中最重要的调整内容就是有关婚姻家庭秩序的规定，这充分表现了黎族人民对家庭稳定的高度重视。

黎族一般为一夫一妻制，纳妾、转房、姑舅表婚、交换婚、入赘、童养媳等为个别现象。通常，择偶须在本民族本方言区内，不同方言黎族间通婚的现象较少。在黎族流传颇广的关于人类起源的故事《兄妹结婚》中讲道：大洪水过后世上只剩下兄妹两人，为延续人类，他们听从雷公的话结为夫妇，妹妹怀胎十月，分娩时生下来的不是一个孩子而是一团肉。雷公把肉团砍碎，然后用筛子筛，碎肉顿时变成四男四女，他们匹配成婚，繁衍生息。② 虽然这只是个传说，充满了神话色彩，但它表明黎族人民在漫长的实践中已认识到近亲联姻在遗

---

① ［美］E. 博登海默：《法理学：法律哲学与法律方法》，邓正来译，中国政法大学出版社2004版，第219页。转引自杨震：《法价值哲学导论》，中国社会科学出版社2004版，第176页。

② 符震、符策超：《五指山上黎家》，新世纪出版社1987版，第21页。

传上会造成生理缺陷的弊端，兄妹成婚是为了延续物种，不得已而为之，并且生育的是怪胎。鉴于此，为避免社会混乱，保证族内成员繁衍的正常、健康进行，习惯法中明确禁止近亲结婚，同姓不结婚；排除血缘婚，而以族外婚替代之，并长期遵守。对于不遵守这一习惯者，则通过用社会舆论将其排除在社会群体之外等方式给予一定的强制处理，确立和维护习惯法的权威。值得一提的是关于禁止结婚的范围，不同地区的规定也不尽相同，一些地方的范围十分广泛，如在琼中红毛地区，黎族隔十多代也不能结婚，如果两人执意要结婚，族中长老罚两人在脖子上挂牛轭、牛铃铛游村方可结婚。若男女的上一辈认了“同年”“老童”（即结拜兄弟姐妹），则他们虽然没有血缘关系也不能通婚。在保亭加茂镇毛林村，男女双方的祖先由婚姻关系引起械斗、赔款的，有双方不能通婚的规矩。以上的这些禁忌规定从今天遗传学的角度上看未免有范围过大的嫌疑，但充分体现出了黎族人在对待种族繁衍的有序性问题时认真负责、小心谨慎的态度，表达了保持种族兴旺、维持社会秩序安定的强烈愿望。

在家庭生活中，黎族传统的习惯法文化不但要求父母关心爱护子女，将养育子女作为自己最大的职责，不可虐待或抛弃自己的子女，同时还要求子女赡养父母，尊重父母的意见。因为在黎族人看来父母是家庭幸福的标志和象征，子女在生产劳动、日常生活中都会对父母关怀备至，否则会受到社会的谴责。不仅如此，在父母去世后，还要求哥哥嫂嫂抚养照顾弟弟妹妹，若哥嫂虐待弟妹，同样会被社会唾弃。在家庭的日常交往中还有大量规范成员行为的习惯禁忌，诸如：哥哥忌坐已婚弟弟的床，忌穿已婚弟弟的衣物，忌用弟媳的斗笠、腰篓，忌与弟媳同桌吃饭和碰撞，路上遇见弟媳要主动让路；公公与儿媳、兄弟与姐妹之间忌讲粗话脏话；男子不能动女子的衣裙、针线、纺织工具，女子不能动男子的粉枪、尖刀、弓箭等狩猎工具。这些禁忌在强调家庭成员间男女、长幼有别以及维护家庭的伦理秩序等方面发挥了重大的作用。我们注意到在这部分规约中多是一些预防性的行为规范，尽力避免可能会危及婚姻家庭的和睦关系、破坏伦理纲常的行为和情形的发生。得益于这些预防性的禁忌习惯，黎族家庭生活得以健康有序地进行，从而实现其维护社会稳定的秩序价值追求。

4. 维持人类社会、自然生态之间的秩序

自然界、人类社会内部和人本身存在着自然规律。它们原本就存在，只是没有打上人类烙印的秩序。法律所追求的秩序正是以此为基础而建立，是根据人类自身的需要而建构起来的人与自然、人与人以及人与自身的秩序。马克思曾指出："动物只是按照它所属的那个物种的制度和需要来建造，而人却懂得按照任何一个物种的尺度来进行生产，并且懂得怎样处处都把内在的尺度运用到对象上去。"① 以上"物种的尺度"即指本来就存在的、固有的自然规律，而"内在的尺度"则为人的价值需要。人类只有在尊重"物种的尺度"的基础上，根据人类的价值需要建构秩序才能求得人与自然、人类社会和人

① 《马克思恩格斯全集》（第42卷），人民出版社2004版，第97页。

身的稳定、和谐。

黎族规约中蕴含了很多保护自然的内容。黎族人的生产力水平不高，生产生活在很大程度上要向自然索取，这使得他们相信万物有灵且无处不在，对天、地等众多自然物体存在着自然崇拜，并且主张如果人类过度贪婪，打破人与自然共生的和谐状态，万物必显灵，使人遇上灾祸。昔日在黎族村庄中间或村门口都有一株上百年甚至上千年的大榕树或者酸梅树、芒果树，村里人将这些树视为神树，人人崇拜，不能随便用刀砍伐，不能攀登，更不能拴牛。黎族人普遍认为大树是有灵性的，这种灵性能养育人类。人死之后灵魂应该回归山林，这样人的灵魂才能得到安宁。因此每个血缘集团都有一块十几亩或上百亩的原始森林墓地，同血缘集团中的成员，不论男女老少，死后都被埋葬在这块森林墓地中。墓地里的树木、藤蔓没有人去砍伐，否则就会惊扰祖先安息，会使鬼神出来危害人间，如果抓住砍伐树木的人，要以盗窃罪论处，对其处以重罚。

这些保护自然环境的习惯法内容表现了黎族人民趋吉避凶、保护自我和崇敬自然的心理倾向，是黎族规约对人与自然的关系的调整。黎族在其长期的生存和发展中，不断地加深对人与自然的关系的认识。虽然这种认识还达不到科学的水平，但从朴素的、直接的认识出发，他们在物质生活和精神生活中都将自然、人与万物放在一个共生的、同构的关系中，[①] 这使

① 白兴发：《论少数民族禁忌文化与自然生态保护的关系》，载《青海民族学院学报（社会科学）》2002 年第 4 期，第 29 页。

得他们能对自己的生态环境有着比较清醒的认识，注重人和环境之间的关系的协调，保护自己的环境、珍惜资源，并考虑子孙后代的利益。尽管这些习惯法的内容充满迷信色彩，但在客观上有利于生态环境的保护，有利于维持自然界与人类社会之间的利益平衡以及秩序的稳定。从这个意义上来说，继承和发扬黎族规约中保护自然生态环境的优良传统在生态环境日益遭到破坏的今天是十分必要的。

（二）“刻木为信”——黎族规约对诚信价值的追求

民法中的诚实信用原则，是指社会经济活动的当事人，在从事经营活动时，应从善意出发，正当地行使权利和承担义务，以维持当事人之间及与社会利益之间的平衡关系。诚实信用原则要求民事主体在从事民事活动时，应诚实、守信，以善意的方式履行其义务，不得规避法律；在实现其权利时，须尊重国家、集体和他人利益，在不损害他人利益的前提下追求自己的利益。

诚实信用在漫长的历史演变中，已经作为一项法律基本原则在民法中被确立，成为统率整个民法领域的“帝王条款”，但诚实信用原则在以法的形式外化之前，是纯粹的道德规范，源自经济中的道德要求，其规范作用的发挥有赖于人们的自省能力与舆论压力。物质资料生产是人类生存和发展的物质基础。人们在物质资料生产过程中形成的社会关系即生产关系。在生产关系之中，人们需要进行分工与协作，这种分工与协作是在带有民事契约性质的约定关系的支配下进行的。如果没有这种明示或者默示、有意或无意的约定，物质资料生产的分工与协作就不可能形成与继续。经济生活的良性运作有赖于人们这种分工协作契约关系的正常化。这种正常化需要人们以主观诚信支配下的客观诚信行为去实现。这样，在社会经济发展中，诚实信用作为社会的道德规则对维持人们的分工协作关系具有重要意义。

在诚信由道德向法律转变的过程中，习惯起到了重要的作用。习惯在民法的发展史上占有非常重要的地位，是调整民事活动的主要依据，特别是在早期的民事活动调整中，民事习惯是基本的法律渊源之一。虽然习惯道德不能等同于法，但人类早期的法律就是从原始的道德习惯中萌发演化而来的。

在黎族规约中存有大量规范日常生产生活、经济交往的习惯禁忌，例如关于私有财产的保护，对于无主的财产的所有权产生了争议，黎族规约规定以“台梓布罗”（黎语音译，意为打结作记号）来处理：谁先占则谁先有，后来者不能侵犯先占者的权利。比如：在本村的公有土地上，若有人想砍山开荒种山栏，在肥沃的土地上，确定开荒土地的面积，并用茅草在树干上打结，标明砍山的范围，别人看见标记，知道此地已有主人，便很自觉地另辟一处。在本村的公有土地上，长出一棵果树苗或其他实用树苗，哪怕只有一尺高，谁先用茅草在树干上打结或用刀在树干上砍一个叉做记号，这棵树长大成材或开花结果，就归打草结或砍叉做记号的人所有，其他人不得采摘、砍伐，违者按盗窃罪论处。[①] 此外，在山地、草地、树木或蜂窝等的中间或旁边插上一根棍子，上面绑有青草结，结头指向该物（有时还在果木或树的根部用刀砍一个“×”），表示这些东西已有主人，他人不得随便动用、掠取和占据。[②] 再如在买卖土地时，由买者备酒邀请村内亩头、奥雅、本合亩的兄弟亲属，以及卖田者所在合亩的所有人喝酒。双方在酒会上讲明价格，成交。日后如有纠纷，则由参加饮酒者作证。在一些村庄，还要“刻竹为凭”，即将价格刻在竹签上，将其砍为两片，由买卖双方各执一片。[③] 习惯法的这些规定不仅可以预防纠纷的出现，而且在出现纠纷时也能通过证人作证等方式很好地化解纠纷。

古往今来，诚实和信用都是人与人发生关系时所要遵循的基本的道德规范，它内化于人的心中，是行为人的内在行为规范，以道德力量为支撑而发挥作用。从主观属性来看，诚实信用原则要求当事人在主观上应把自己定位为善良的行为人、交易人、管理人角色，此为主观诚信；从客观属性来看，诚实信用原则要求民事主体在民事活动中信守契约中的约定诺言与法定的强制性要求，严禁有任何欺诈、胁迫、乘人之危等行为，此为客观诚信。传统的诚信道德观作为对人的本性和存在的真实性的价值肯定，要求人们忠实于自己的本性和存在，使自己

① 王学萍：《中国黎族》，民族出版社2004版，第111页。

② 中华文化通志编委会：《中华文化通志·民族文化典（侗、水、毛南、仫佬、黎族文化志）》，上海人民出版社1998年版，第513页。

③ 广东省编辑组：《黎族社会历史调查》，民族出版社1986版，第155页。

的言行与自己所处的地位相符合，在人与人的交往中诚实、不欺骗，遵守诺言、以自己最大的善意去履行契约。在支配其行为的主观意识中起作用的往往是其本身所具有的德性，即在与人诚实交往时所获得的内心安稳感，以及不遵守诺言、虚假欺诈时内心所遭受的不安和羞耻感。康德说："羞耻心是大自然的一个秘密，它为一种非常难于约束的品行设下一道界限，而同时它自己身上又有着大自然的呼声，所以看来就总是和善良的、道德的品质相协调一致的，哪怕是在它过分的时候。因此，它作为对于原则的一种补充就是极为必要的；因为没有任何情况，品性是像在这里那样轻而易举地便会变成为诡辩，并费尽心机地编造出种种快乐的原则。"①

虽然外界社会对个人的诚信道德观念会有很大影响，但是就其本身来讲并不起决定性作用，外界舆论对其不诚信行为的批判以及对他人本身的道德贬损，如果不能引起其内心的羞耻和不安从而外在地影响行动，则作用是非常有限的。正如马克思指出："道德的基础是人类精神的自律。"② 黎族规约正是通过道德习惯的约束、舆论的影响，将诚实信用的观念印刻在人们脑海中，维护着日常民商事交往中的正常秩序。

（三）独特生存环境影响下的黎族团体主义

孟德斯鸠认为："法律应该和国家的自然状态有关系；和

① ［德］康德：《论优美感和崇高感》，何兆武译，商务印书馆2001版，第36页。

② 《马克思恩格斯选集》（第2卷），人民出版社1974年版，第15页。

寒、热、温的气候有关……和居民的宗教、性辟、财产、人口、风俗、习惯相适应。”① 海南岛原始森林密布，自然生存环境极为恶劣，交通极不发达，黎族人民处于极为蒙昧的时代，类似于日耳曼人的传统农业社会，为团体主义的发育提供了富饶的土壤，社会各成员的权利是平等的，对社会内事务享有平等的参与权，“只有山猪才能独自寻食，人不能单独做食”。这是黎族人民对团体观念的直观朴素的表达，体现黎族人民对集体力量的遵从。海南黎族规约富有浓厚的团体主义色彩。

团体本位的概念来源于日耳曼法，认为行为只有在符合团体中最大多数人的利益时才是正当的。尊崇团体、注重义务正是其精髓所在。日耳曼法的这种特征渊源于以农业为主的自然经济状态。早期日耳曼人以狩猎、畜牧为生，财产共有，进入罗马帝国以后，经济由原始游牧业进入封建经济的初始阶段，以土地为中心的农业经济占社会经济的主导地位，各家各户自给自足，日耳曼人的农业经营是非常落后的，很容易被自然力破坏。对他们而言，亲戚朋友相互扶持、相互帮助十分重要。在日耳曼社会中，家庭是由在家长权力支配下共同生活的家庭成员组成的团体，是进行生产和消费的社会基本单位。家长是全体家庭成员的代表，做重大决定时必须考虑整个家庭的利益，要取得成年男子的同意。每个成员在家庭中的地位是比较平等的，享有权利并承担义务。日耳曼社会的氏族是平等的团

① ［法］孟德斯鸠：《论法的精神》，上海三联书店2009版，第98页。

体，氏族之内没有族长，氏族内部事务由各家长商议决定。美国学者伯尔曼认为“家庭作为日耳曼社会内部基本的法律单位，是一种同伙关系和信赖关系的共同体。”[①] 日耳曼法注重家庭、氏族和公社等团体的力量。在日耳曼法中，个人的权利行使和义务承担，不能仅凭个人的自由意志决定，而是要受团体的约束。其目的是为了维护家庭和亲属关系，为了维护氏族、村落共同体的安宁。

海南黎族特殊团体本位主义的形成，亦受到了其生态环境、生存方式的影响。正如哈耶克所言：“这是一种自生自发的秩序。”海南黎族由于受地理、自然环境、交通的限制，而与内陆一直处于相对隔绝的状态，自给自足的自然经济占主导地位，生产力长期得不到开拓和发展，生活水平低下。传统黎族社会组织以峒、合亩为基本单位。合亩制具有典型的团体本位特征，亩众一律平等，共同劳动，共同生产经营，平均分配劳动成果。峒是以河流和山脉为基础，加上人为的分界线，是合亩之上最高的社会组织。“峒首”，黎语称“俄弓”，“村头”称“俄番”，二者可统称为“奥雅”，意指“老人”。[②] 奥雅不是由国家行政权力指派的，也不依靠民众投票选举产生，但大家都尊敬他、服从他，是峒内、村内的自然领袖，因为被称之为“奥雅”的人，必然是知识丰富、有大智慧之人。奥

① ［美］哈罗德·丁·伯尔曼：《法律与革命》，中国政法大学出版社 1993 年版。

② 刘明哲、海南民族研究所：《五指山脚下的耕耘》，云南民族出版社 2004 年版，第 87 页。

雅掌握着黎族日常的司法审判权力，是为大家所公认的首领。奥雅没有特权，充当团体代言人的角色，在行使社会公共管理职能时，奥雅的意志代表了全体成员的意志，他们对于纠纷的处理总是能够依据事实，不徇私，不枉法，秉公处理，不仅当事人，就连群众也对判决心服口服，觉得十分有道理，这使团体具有极大的向心力和凝聚力。

黎族奥雅在处理纠纷时不仅要叫来当事人双方，还要召集全体村民，在大家面前公开处理。在处理的过程中，在场的每个人都有发表自己见解的权利，对纠纷的处理必须得到全体村民同意。在二十世纪三十年代，保亭县第三区的毛道乡抱曼村王老翁合亩的成员王某唆使同亩的人去偷另一合亩亩众的一头牛。事后，牛主请当时的峒长老魏解决，老魏即召集全峒大会，由失主打锣通知全峒群众集合。会上，峒长老魏先说："大家相信我能解决这件案子吗？"当群众表示完全信任他之后，他才着手处理。最后，王某承认与人合谋偷了牛。于是峒长判决王某赔偿失主水牛1头、黄牛2头、铜锣1个和光洋11个，群众表示同意这一判决。假如群众不同意峒长的判决，则可以在会上大呼："不成！不成！"峒长在听到这个呼声后，就必须考虑，并重新做出处理，直至群众一致同意为止。① 由此可见，黎族在处理案件时，其过程必须是公开的、有民众参加的。峒长虽然掌有司法大权，但在处理案件时也不是一个人

① 广东省编辑组：《黎族社会历史调查》，民族出版社1986年版，第58－59页。

说了算的，广大的旁观案件处理的民众不仅在处理案件的过程中有表达自己意见的权利，对于峒长所作出的处罚决定，每个人皆有权利表达自己的意见，而且这种表达意见的权利人人平等，对每个人表达的想法峒长都必须一一考虑，然后再次对案件进行处理，直至处理办法获得到场群众的一致认可，方能表示审结了案件、纠纷，此时的判决结果才是双方当事人真正需要履行和遵守的。

黎族独特的审判方式使民众踊跃参与到习惯法、禁忌法的日常应用中，其实质是社会各成员在处理社会事务中享有充分参与的权利，是共治的体现。黎族人认为团体的荣誉高于一切，社会以亲属朋友间的忠实互助为美德。黎峒之间以山川河流为界，峒管辖的范围神圣不可侵犯。未经许可，外人不能越界砍山开荒、采藤、伐木、打猎、捕鱼和居住等；要越界行事须经本峒许可，还要上缴一定数额的物产给峒长，上缴物产的多寡要根据内容和行为而定。当因外人侵犯本峒利益而与别峒发生械斗时，全峒人都要参加战斗，战斗所需要的费用由全峒人共同负担。峒的公共财产受到全峒人的保护，全峒人也要保护峒内成员的私有财产不受他人侵犯。①

（四）黎族女性享有尊崇的社会地位

人类生存必须进行两种基本生产：“一方面是生活资料即食物、衣服、住房以及为此必需的工具的生产；另一方面是人

① 王学萍：《中国黎族》，民族出版社2004年版，第111页。

类自身的生产，即种的繁衍。”① 在这样的两种生产中，女性都天然占有独特的优势，因此她们处在母系社会的至高权威上。黎族社会保留有浓厚的母系氏族遗俗，《黎族创世歌》中说：“男性的尊严，女性的身价。”“女性的身价”是黎族传统社会对女性崇高地位的一种朴素表述，是黎族传统社会婚姻家庭规约的重要价值基础。“隆闺”“夜游”“不落夫家”及再嫁自由这些独特的风俗习惯无一不体现出黎族女性备受尊崇的社会地位。

1. 婚恋自由

黎族人一直倡导婚姻自主。婚恋自由包含两方面内容，即结婚自由和离婚自由。男女结婚完全由自己选择对象，是出于当事人双方共同的意愿，不强求对方，丝毫不受“门当户对”“父母之命”“媒妁之言”的影响。黎族众多的节日，是广大青年男女公开、自由地交往的机会。《虞衡志》：“春则秋迁会邻峒男女，装束来游，携手并肩，互歌相答，名曰作剧。有乘时为婚合者，父母率从无禁。”② 《天下郡国利病书》引《旧志》：“男女未配合者，随意所通，高唱黎歌，即为婚姻。”③ 在此不得不提的是黎族独特的“隆闺”“夜游”和“不落夫家”习俗。

---

① 《马克思恩格斯选集》（第 4 卷），人民出版社 1995 年版，第 2 页。

② 王养民、马姿燕：《黎族文化初探》，广西民族出版社 1993 年版，第 50 页。

③ 王养民、马姿燕：《黎族文化初探》，广西民族出版社 1993 年版，第 50 页。

颇富传奇色彩的隆闺，是青年男女交流的场所。入住隆闺是黎族男女的成人礼，是男女性成熟可以婚配的重要标志。“子女幼年，常与父母同寝食。女子年长，父母则为之筑私室，间亦有为丈夫子筑者。女子在私室可自由择配，男子于此室则准备娶妻成家”①。当男女被认为已成人时，父母就会在他们所居住的房屋的附近盖隆闺。而夜游是黎族青年男女谈情的一种独特形式，它与隆闺有密切的联系。每当夕阳西下，男青年们便穿戴整齐，跋山涉水到远山别村的“姐妹隆闺”去，通过对歌和吹奏口弓、鼻箫来寻找情人。男女若情投意合，就在隆闺里聊天，女性甚至可以留意中人同床过夜，往后相互邀约，夜间常来常往，但并不是就此定终身，合则谈，不合则散。② 这种往来关系，有的可能持久，这时可以缔结秦晋之好；也有好景不长的，那就互唱断情分离歌，如女唱“妹移妹花别处插，哥撤哥篱异处囚”，男唱“花谢无香再移栽，妹找情人哥不拦”，③ 之后便互不干涉，各自寻找新的情人去。

依据黎族既有习俗，夜游是发生在女子隆闺里的，女子住入隆闺就获得充分的自由权，即使男女结婚，女子也可住在隆闺里，即不落夫家。“哥你不用走多回，放心宽宽等天光。等到花开花结籽，连根连从送到门。”④ 歌谣中描述的正是黎人

---

① 陈铭枢、曾蹇：《海南岛志》，海南出版社2004年版，第87页。

② 中华农历网－中华民族：http://www.nongli.com/item1/custom/li.html。

③ 王海、江冰：《从远古走向现代——黎族文化与黎族文学》，华南理工大学出版社2004年版，第103页。

④ 中国歌谣集成海南卷编辑委员会：《中国歌谣集成》（海南卷），中国ISBN中心1997年版，第280页。

不落夫家的习俗，在结婚仪式结束后，新娘跟着娘家的人回去，回去后什么时候来夫家定居没有固定的时间限制，一般都是生下孩子才回夫家，与丈夫一起居住。根据1956年对毛道乡的抱曼、南冲、抗板、抗律等四个村的九十名已婚妇女的调查，大约三分之二在婚后选择住在娘家，时间最短的是一年，最长十七年，五人是怀孕后才回夫家定居的。① 若夫妻俩婚后感情不和，无法再共同生活下去了，便可自由离婚。夫妻离婚无须任何凭证，只要双方自愿，便请村中或合亩中一位老者当众宣布即可。离婚后，妇女便回到娘家去生活，由娘家父母兄弟等照顾而不会受到娘家和社会的歧视。离婚的妇女和寡妇若想再嫁，也是由自己选择对象，任何人不得干涉她的再嫁自由，也没有人想去干涉她的再嫁自由。离婚的妇女和寡妇再嫁不会受到家人和社会的非议和歧视。

2. 妇女非婚生育与舅权

如前所述，黎族传统社会普遍存在舅权，即兄弟对其姐妹的非婚生子女，尤其是婚前所生的子女，拥有亲权。兄弟往往将其姐妹的非婚生子女抚养成人，与自己的亲生子女一视同仁，对其外甥履行如生父方的抚养义务。黎族女性不会因为非婚生子、丧失贞操而受到社会歧视，也不会因为将非婚生子女带入其与丈夫新组成的家庭中而引发不必要的纷争。非婚生子女虽不与婚生子女共同生活，但其在成长过程中也能够享受到

① 中国科学院民族研究所广东省少数民族社会历史调查组：《黎族合亩制调查综合资料》，1963年7月至10月，第36－37页。

完整而无差别的家庭关爱，来自舅舅的“父爱”将很好地弥补因生父的缺席而导致的缺憾。这一独特的制度安排能够充分保护妇女的生育权，维护社会的安宁与种族的繁衍。

黎族传统社会的“隆闺”与“放寮”习俗倡导婚恋自由，鼓励成年女子与男子自由交往并宽容婚前生育行为，从某种程度上说，甚至有婚前生育行为的女性更容易吸引求偶男子。在有的部落里，未婚女子只有在生育子女后才会被夫家迎娶。女子如果长期未育子女，则会被夫家嫌弃。婚前所生子女，女方有权决定将其留给自家兄弟抚养，或带到夫家抚养。无论在哪个家庭成长，婚前所生子女都不会受到任何歧视。黎族传统社会厚待非婚生子女的观念与汉族传统社会的贞操观念是相反的，其根本原因在于黎族传统社会关于种族繁衍的生存焦虑。

黎族传统社会存在的“不落夫家”习俗，则倡导对妇女婚后的生育行为持宽容态度。如前文所述，黎族女性在婚后仍然可以在一段时期内“不落夫家”，即不在夫家与丈夫共同生活。在这段时期内，女方居住在娘家，继续过着单身生活，即“放寮”，与男性自由交往。在这段时期怀孕的，按习俗不允许在娘家分娩，丈夫应接其到夫家生育，并承认该子女为其家庭成员，与其他子女一视同仁，孩子的命名和抚养都由夫家负责。① 如果女方擅自堕胎，将被视为“茂赖”（即天地不容许的行为），夫家还会指责其杀害了他们的后代。

综上，黎族妇女在婚前甚至婚后所生育的非婚生子女，都

① 王学萍：《中国黎族》，民族出版社2004年版，第203页。

将为社会所善待。其兄弟家庭与夫家都愿意接收非婚生子女作为其家庭成员，无差别地将非婚生子女等同于亲生子女加以抚育。这种社会现象为黎族传统规约所认可，经过长期发展形成了“放寮”“隆闺”“不落夫家”等具有民族特色的社会制度。兄弟在其姐妹的非婚生子女抚养问题上承担了特殊的责任，即所谓的“舅权”，是对上述社会制度的一种支撑。

形成这种具有民族特色的社会制度的原因，究其根本在于黎族人口稀少、聚居于深山的基本族情。山上的生产生活条件恶劣，生产水平落后，人力资源需求旺盛，因此社会珍惜每一个新生命。人口增殖对于黎族传统社会具有维护族群存续的重要意义。女性是生育行为的直接承载者和生育的主体，对黎族的人口繁衍和生存发展具有决定意义，因此妇女在当时受到民族社会的集体尊重，在婚姻家庭乃至社会生活中都拥有崇高地位。

3．女性在纠纷解决中享有特殊地位

在黎族规约中，女性在纠纷解决中起着十分重要的作用，一些很严重的纠纷，如果妇女出面，往往就能够得到圆满的解决。据清代《黎岐纪闻》（卷二）记载：“其俗贱男贵女，有事则女为政”，“遇有事妇人主人，男不敢预也”，“语言不合辄持弓矢标枪相向，势不可挡，有妇人从中间之，即立解”。类似记录屡见于清代汉语典籍，在黎族地区的部落内部甚至部落之间发生纠纷时，只要黎族妇女出面调解，纠纷就可以得到解决。甚至一些激烈的矛盾纠纷，如部落之间的械斗，只要有黎族妇女愿意出面，按照传统习俗规定的程序进行调解，就一定可以罢战息兵。

清末在保亭黎族苗族自治县“合亩制”地区，毛枝峒和毛道峒发生械斗，最终达成和解协议，双方各派出寡妇一人，举行一种传统的和解仪式，黎语叫“蕊岔”。在谈判时，毛道代表带了一个老寡妇，毛枝代表也找了一个老寡妇作陪。毛道老妇来到门前时，毛枝老妇站在门内，手托一碗清水，碗内放一个铜钱，门前的旁边，置一个破水缸。毛道老妇从碗内拿出铜钱，抹毛枝老妇的双眼，口念“毛道打死你们的人，你们不要朦眼，要开开眼，以后好来往，好做亲戚”等语，念毕把钱放回碗中；毛枝老妇再拿出铜钱来抹毛道老妇的双眼，口念“毛枝打死你们的人，要你们的牛，你们也不要朦眼，要开开眼，以后好来往，也可以做亲戚”，念毕把钱交给毛道老妇，毛道老妇把钱丢在背后，接着毛枝老妇把那碗水倒掉，用右手按水缸，口念前语，毛道老妇亦如此做。进屋后两个老妇对坐，中间放鸡、猪、牛肉各一碗，酒两碗，毛道老妇倒些酒在地上，念：“不要朦眼，毛道人好来毛枝，毛枝人好去毛道，子子孙孙做好亲戚”，毛枝老妇亦如此做。然后毛道老妇撕一些鸡肉丢在地上，再念前语，毛枝老妇也如此做。她们做毕，开始吃酒，那三碗肉只能给两个寡妇吃。谈判，则由代表进行。谈判完毕，双方代表各拿出一支箭，将其并在一起，先由毛道代表在近箭头处砍 1 刀，再由毛枝代表在近箭头处砍 1 刀，然后再在另一边的中间各砍 1 刀，最后折断箭头，表示今后不互相射杀打仗，各执断箭为凭。喝完了酒，毛道代表带牛颈和装水的碗、小水缸回去，到半路把碗和水缸丢掉。[①]

女性之所以有如此大的协调纠纷的能力，原因在于黎族社会有大量母系氏族遗俗残留。黎族主要崇拜的始祖神黎母就是女性，海南儋州黎母庙“在县西黎晓山顶，在巨石岩岩，乡人以祀黎母。灵甚，岁时祭享，祈祷有应”。有些黎族地区将峒首称为“毕寡”[②]，“毕”是母亲，“寡”是管理的意思，即峒首像母亲一样管理峒中的事物。有妇女担任部落首领的习俗，宋代周去非著的《岭外代答》中记载到：“王二娘者，黎之酋也，夫之名不闻，家饶于财，善用其众力，能服群黎，朝廷赐封宜人。琼管有令于黎峒，必下王宜人，无不帖然。二娘死，女亦能继其业。”[③] 明代田汝成的《炎徼纪闻·蛮夷》卷四，黎人条载：“峒各有主，父死子继，夫亡妻及。”女性崇高的社会地位使其在纠纷解决中拥有特殊地位。

二、黎族传统社会规约的启示

（一）合理配置司法资源，提高司法效率，维护社会稳定

社会主义和谐社会，是民主法治、公平正义、诚信友爱、充满活力、安定有序、人与自然和谐相处的社会。其中安定有序是和谐社会的前提和基础，是和谐社会的其他要素发挥作用

① 广东省编辑组：《黎族社会历史调查》，民族出版社 1986 年版，第 95 页。
② 广东省编辑组：《黎族社会历史调查》，民族出版社 1986 年版，第 58 页。
③ ［宋］周去非：《岭外问答》卷二，《海外黎蛮》，广陵书社 2003 年版。转引自王养民、马姿燕：《黎族文化初探》，广西民族出版社 1993 年版，第 51 页。

的必要条件。人类生活的一个重要特点就是有秩序性，它是人类整体生存、发展的必需条件，也是人与其他物种相比的力量所在。构建和谐社会对营造安定有序的社会环境提出了新的任务，对法治建设起到了巨大的推动作用，也为法律秩序的形成提出了新的更高要求。

黎族没有成文法，日常生产生活等行为完全依托口耳相传千百年的习惯法禁忌来规范。发生纠纷时，通常由奥雅来主持解决。奥雅是村中德高望重的老人，并不是专业从事司法活动的人员，平日里和部落的其他成员相比并无特权，一旦冲突或纠纷发生，成员们对于奥雅的调解却欣然接受。由于奥雅在进行调解、评判的时候双方当事人以及众多部落成员都在场，这就使得纠纷的解决过程变得十分透明，双方在奥雅的主持下心平气和地将事由交代清楚，而奥雅则根据黎族规约的规定以及内心的正义不偏不倚地作出裁决，如果处理结果有不妥的地方，在场的任何人都可以提出异议，这时奥雅就需要重新听取大家的意见再做处理。因而对于奥雅处理过的事件，成员一般不再抱有异议。黎族人民这种解决纠纷的机制用最少的资源解决了纠纷，同时维护了部落成员之间的和谐关系，维护了社会的稳定。这一点为当今如何用最少的资源建设中国特色社会主义法治社会，维护社会稳定，提供了一个重要的思考角度。

司法资源的合理配置，不仅是当前司法改革的主要目标，也是提高司法效率的重要前提。通过探索建设多元纠纷解决机制，对社会资源进行合理配置，激活各种社会纠纷解决资源。

提升审判质量与效率，激活各种社会资源，至少应考虑以下三点：第一，做好诉前调解工作，充分吸收民间资源，在自愿合法、便捷高效、规范有序的原则下引导当事人选择恰当的纠纷解决方式，尤其是多元的非诉讼方式。黎族传统社会的纠纷解决方式独具民族特色，奥雅等人及调解传统的存在促进了社会矛盾的化解。黎族现代社会的诸多纠纷，例如家事纠纷、宅基地和相邻关系纠纷等，在起诉前都可以充分运用民间力量先行解决，例如请村社中有威望的老人、新乡贤等出面调解。第二，落实诉调结合要求，整合资源，促进人民调解、行政调解、司法调解与审判工作的有机结合，拓展更加多元、便捷、高效的纠纷解决路径。司法机关应不断完善与人民调解组织、行业调解组织的对接，大力支持妇联、法学会、村委会等组织和人大代表、政协委员、律师、社会志愿者等参与纠纷解决。法官应积极了解历史长期发展形成的民间“活法”资源，尤其是少数民族地区如黎族的传统社会规约。在调解过程中，充分运用这些接地气的民间治理资源。这些民间资源的运用，符合黎族地区传统社会纠纷解决的精神，利于对当事人“晓之以理，动之以情”，推动现代社会矛盾纠纷的化解。最后，要完善人民陪审制度，扩大人民陪审员的选任范围，积极吸纳民间精英参与纠纷解决，增强人民陪审员的广泛性和代表性。民间精英在家事审判、邻里纠纷的处理上相比于其他主体更熟悉纠纷产生的背景和过程，也更懂得基层社会的风俗人情，在司法审判中可考虑将其纳入人民陪审员的范围，促进矛盾化解、案结事了。

（二）以法立信、以法治信，推进诚信建设

在中国传统观念中，诚信即诚实守信，就是做人做事应真诚无欺，实事求是，信守承诺，履行契约。黎族规约中包含大量要求人们在日常生产生活、经济交往中诚实守信的习惯禁忌，比如“刻木为信”以及以在树干上做记号宣布树木有主等等。在黎族长期的历史积淀里，黎民普遍形成了诚实交往、诚信待人、不欺骗、遵守诺言等思想观念，而这正是我们当今社会所需要的。今天我们继承和弘扬诚信这一传统美德的重要意义在于：人无诚信不立，家无诚信不和，业无诚信不兴，政无诚信不明，国无诚信不稳，世无诚信不宁。

我国当前正处于社会转型时期，诚信制度建设尚未完善，各种线上线下的失信现象层出不穷，社会为此付出了沉重的代价。造成诚信缺失的原因，既与诚信教育不够有关，更与法制建设滞后、政策不完善和制度不健全相关。我国现行法律中虽然也有许多关于诚信的要求，如根据《民法总则》第七条规定，“诚实信用”是民事活动应当遵循的基本原则之一。它要求当事人在进行民事活动时必须具备诚实、善意的内心状态。除此之外，我国颁布实施的许多重要法律，也都从不同领域和角度提出了关于经济信用、行政信用和司法信用等的法律要求。然而，这些规定是原则性的，并不具体，没有可操作性。

因此要加强诚信建设，首先应该建立健全诚信法律规范和法律制度。从法的制定方面完善诚实守信的法律规范和法律制度，并修改、统一法律法规，对各种非诚信行为有明确的法律

规范、限制和惩处，做到有法可依。特别是要建立信用警示及公示制度，即建立严厉的失信惩处法律规定，不仅要让失信行为成为人们不齿的行为，更要从法律制度的设定上提高失信成本，使失信行为得不偿失。同时，建立诚信救济制度，从法律上保证因诚实守信而产生的精神损害和物质损失，能得到社会的认可和一定的物质补偿。

然而仅仅有健全的法制也是不够的。清末法学家沈家本说："法立而不行，与无法等，世未有无法之国而长治久安也。"[①] 因此，要消除当前诚信缺失的现象，还必须通过严格的执法来实现。通过依法行政、公正司法来彰显和实现政府信用和司法信用，并在此基础上加强执法部门统一执法的合力，严厉打击各种弄虚作假的行为，从而为发展和完善各种诚信制度，特别是经济信用制度，创造一个良好的行政司法环境。

有法必依、严格执法是建立诚信社会的根本保证。法律是公平正义的象征，要实现这种公正，除立法本身要充分体现公平正义外，关键还取决于执法者是否能严格执法。严格执法、有法必依是激励社会成员恪守诚信品德的直接动力。一方面，诚实守信者能获得相应的回报或者至少不因其诚信而遭受自己意愿外的损失与伤害；另一方面，欺诈行为会受到应有的惩罚或者至少不因其欺诈而获利。如果有法不依、执法不严，诚实守信者反因其诚信行为而遭受不公正的待遇，其所产生的社会效应将会使社会上大多数原本向善的人们望而却步，这对一个

① 沈家本：《历代刑法考．刑制总考三》，中华书局1985年版，第47页。

社会的道德文明建设无疑是一种巨大的阻碍。因此，唯有有法必依、严格执法，充分发挥法的赏罚功能，才能在全社会形成扬善抑恶的良好风气，诚信的人们才会从中体会到诚信的价值与意义，从而更加坚定诚信为人的信念。

（三）女性原则——女性争取权利的新思路

由于长期处于原始社会末期，黎人深受母系氏族遗风的影响，加之生存环境艰苦，妇女在种族繁衍方面所发挥的重要作用使得女性在黎族社会享有崇高的地位，并形成了尊崇女性的传统。从婚恋自由，寡妇不受歧视，到妇女调解纠纷的作用等，无一不彰显出黎族女性拥有的远高于汉族女性的社会地位。黎族女性在其部落中的崇高地位让人联想到自二十世纪以来一直蓬勃发展的女权运动。

女权主义旨在追求女性的社会平等地位，试图通过社会变革改变女性的不平等地位，使女性在各个领域内获得与男性平等的权利。“男女平等”就是女权主义针对女性长期以来在社会中受到性别歧视和性别压迫的现实提出来的。经过一个多世纪的努力，女性虽然在很多领域向社会平等迈出了重要的步伐，但在现有的社会结构中，女性并没有获得真正的解放。在性别歧视和压迫仍然存在的今天，通过法律保障和促进两性平等仍然是实现妇女解放的必要途径和重要手段。

然而在关于法律应如何保障两性平等的问题上，女权主义内部有两种不同的观点，即形式平等与实质平等。[①] 形式平等无视制度和社会结构上的男性特权和女性劣势而简单地追求形式的平等，企图通过无性别倾向的中立立法来保障和促进妇女的权利，但是性别中立的法律忽视男女在生理上的差异和因历史和现实原因而造成的妇女在文化、经济、政治资源占有上的不利处境，最终不利于实现真正的两性平等。实质平等则要求立法者以妇女的实际利益为依归，以结果平等为方向，来确定保障妇女人权的法律与法规，力图弥补妇女因其不利地位而失去的平等。但是承认或强调性别差异的平等又有可能成为对女性的限制，又将使女性失去与男性相等的待遇。

由上面的分析不难发现，无视性别差异的平等会使两性实际上变得不平等，而承认性别差异的平等又可能导致现实的危险，所以，无论是形式平等还是实质平等，对于女性的解放都是不利的。因此，有些女性主义者提出，既然在现有的认知、存在、价值是以男性为中心的前提下，女性无法得到真正的平等，那么她们索性就以“妇女中心”对抗“男性中心”，重视与发展女性的价值、存在、认知方式，并以此来看待女性的差异，即不把这些差异作为显示女性弱点的证据，而是看成产生女性力量的源泉。这一观点，在笔者看来与黎族规约尊崇女性

① 法律上对于保障男女平等的内涵有两种界定：一种是形式上的平等，即提供法律上的无差别对待，同等地对待男女两性；另一种是实质的平等，允许法律根据两性生理性别和社会性别的差异给予一定限度的差别对待。参见赵明：《女权主义法学的性别平等观对中国立法的启示》，载《妇女研究论丛》2009 年第 3 期。

地位有着相似的逻辑出发点。由于长期处于原始社会末期，虽然已经处于父系氏族阶段，但黎人依然深受母系氏族遗风的影响，男权思想并未在整个社会形成统治地位，因此，人与自然、人与人、男人与女人之间是平等的，处于一种自然、和谐的关系中。这是一种真正的平等，是一种超越性别差异的平等，体现符合世界主流价值观的平等观念。

这为我们争取女性权力、维护女性权益提供了新的思路，即应从根本上摆脱在看问题、想问题时的男性主义思维模式的束缚，比如我们在思考我国女职工特殊劳动保护立法时，应重视女权主义哲学研究的新成果，避免简单地以性别差异来解释妇女“四期”保护等特殊劳保制度的立法原理。因为这种以生理的差异解释保护性立法的做法很容易造成误导，让人错以为男女不平等是两性的生理差异导致的，所以自然是不可避免的、可以接受的，从而导致对性别不平等现象的漠视和默认。事实上，根据激进女权主义对于父权制的分析，造成性别不平等的根本原因是歧视性的社会结构和社会关系，对处于社会弱势地位的妇女采取保护性措施，正是为纠正这种不平等现象以建构实质的平等。所以，对于女职工特殊劳动保护立法原因的正确解释应当引导社会认识男女不平等的社会和历史渊源，而不应停留在生理差别的表象上。

第七章　海南黎族社会村规民约的裂变与传承

一、变古易常：黎族传统社会村规民约的裂变之势

依照《中华人民共和国村民委员会组织法》规定，村民委员会及其成员在遵守宪法、法律、法规以及国家政策的基础上，应该遵守并组织实施村民自治章程与村规民约。根据2018年12月民政部、中央组织部、中央政法委、中央文明办、司法部、农业农村部、全国妇联等7部门联合出台的《关于做好村规民约和居民公约的指导意见》所提出的“到2020年全国所有村、社区普遍制定或修订形成务实管用的村规民约、居民公约，推动全党组织下自治、法治、德治相结合的现代基层社会治理机制”的要求，全国各地都在近两年大量制定或修订了村规民约与居民公约。海南省的情况基本相似，在最近几年制定或修订了大量的村规民约及居民公约。通过调研发现，在黎族聚集的各农村也基本上制定或修改了村规民约，

内容大致包含移风易俗、治安管理与环境保护等。这些新村规民约与黎族传统社会规约之间有着一定的传承或者暗合，但更多的是裂变。

（一）村规民约主体的多元裂变

前文已经谈到，在黎族传统社会里，规约都是村峒内部长期形成的习惯法，因时代久远且无文字记录，我们无法详细了解其形成的具体过程，更不清楚其具体的制定者，各种生产、生活规约应该是历史中代代相传又代代改进的结果，按照萨维尼等历史法学家的观点，就是民族精神的产物。

在汉族政权的抚黎政策的推动下，在琼北四县有些土著黎人由于交通便利的原因，逐渐被同化成所谓的“熟黎”，进而成为国家的编户齐民（“良民”）。自宋代以来，尤其是明朝以来，全国各地都在制定乡约制度，海南琼北各县也逐渐制定其乡约制度，前文谈到的“封平约亭”遗迹就是这一现象的重要历史见证。据史载，在清初康雍乾时期，朝廷大力推行乡村“约亭”建设，海南岛在这一时期掀起了建设约亭的浪潮。雍正二年（1724 年）颁发《圣谕广训》，雍正七年（1729 年）“奏准直省各州县大乡大村人居稠密之处，俱设立‘讲约’之所。於举、贡、生员内拣选老成者一人，以为‘约正’，再选朴实谨守者三四人，以为‘值月’。每月朔望，齐集乡之耆老、里长及读书之人，宣读《圣谕广训》，详示开导，务使乡曲愚民，共知鼓舞向善”①。至于五指山腹地，朝廷则推行张之洞、冯子材提倡的抚黎政策，设置抚黎局统辖黎境，下设黎团总长，黎团总长下设总管，再依次设立排长、保长、甲长，实行保甲制。这些官员多为土官。朝廷致力于在黎区“开辟生黎大道……每数村仿内地设一义学，延请塾师，习学汉语汉文宣讲圣谕广训”②，逐步推进黎族地区治理的汉化进程。

民国时期，广东省政府为了镇压海南革命，调陈汉光部3000多人入琼。陈汉光为了阻止黎族人民与琼崖共产党联系，在冯子材的抚黎措施的基础上，改抚黎局为琼崖抚黎专员公署，自任抚黎专员，实行“军政并用，剿抚兼施”③。1935年4月，经广东省政府批准设立白沙、保亭、乐东3县，实行汉族地区的团董保甲制度，将总管改为团董，作为基层组织的行政首长，由黎人担任并终身任职，下设保长、甲长。汉文化全面进入了黎族社会，对黎族文化产生了重大影响。抗日战争时期，日军进入昌江等黎区掠夺矿产资源，进一步瓦解了黎族传统社会的社会组织与规约制度。

1947年1月，琼崖党政机关和琼崖纵队司令部进驻白沙县红毛乡，使白沙、保亭、乐东三个黎族聚居县的20多个已经建好的革命根据地连成一片，奠定了统一的五指山革命根据

---

① 素尔纳：《钦定学政全书》卷七十四，《讲约事例》，《近代中国史料丛刊》293号，第1557页。

② 参见王学萍：《中国黎族》，民族出版社2004年版，第463页。

③ 高泽强、文珍：《海南黎族研究》，海南出版社、南方出版社2008年版，第26页。

地的基础。1947 年冬到 1948 年春，共产党琼崖区特委派出大量党员干部深入五指山革命根据地的广大黎区农村地区，发动群众开展土地改革与民族建政运动。传统的黎族峒、合亩组织被进一步瓦解，各级人民政权得以建立与巩固，黎族农民分得了土地和生产资料，成立了供销社，组织了帮工、换工和互助合作社，建立了“琼崖公学”和各种黎苗族干部学校。琼崖临时政府还颁布了《琼崖税收暂行条例》等法律文件，出版《新民报》，组织各种文化活动。传统社会组织与习惯为革命文化与法律所替代，传统社会的规约基本上被终结了。1949 年 3 月，根据党中央关于民族自治的规定，决定实行少数民族自治政策，于是将少数民族聚居的白沙、保亭与乐东三县划为“琼崖少数民族自治区”，成立“琼崖少数民族自治区行政委员会”，驻地设在白沙县毛贵（今五指山市毛阳镇），1950 年迁入加叉，又迁番阳，加入新成立的琼中县，1951 年撤销，1952 年成立海南黎族苗族自治区，驻地设在抱由镇。自此，在海南黎族聚居区一直实行民族自治制度。由于土地改革与民主改革进行得比较彻底，黎族自治区域内的基层社会组织与汉族地区基本上一样，经过了合作社、人民公社、乡村组织等发展阶段，目前普遍实行村民委员会的基层组织制度。其现代乡（村）规民约也是在村民委员会组织法的规定下逐步发展而来的。

现代村规民约的产生是在《中华人民共和国村民委员会组织法》出台之后，基于该法赋权后逐渐产生的一种基层自治机关的自治性质的规则。党的十一届三中全会以来，特别是农村普遍实行联产承包责任制后，农村发生了重大变化，农民的生活水平逐步提高，但由于历史和社会原因，加上联产承包责任制来得早、来得猛，许多工作没有跟上去，一些农村的基层组织曾经一度处于瘫痪、半瘫痪状态，思想政治工作软弱涣散，赌博斗殴、买卖婚姻、乱砍乱伐等现象经常出现，严重影响了生产秩序与生活秩序。为了改变这种情况，有些地方的民众开始自发组织“议事会”“寨老会”“议榔会”等组织，推选作风正派、热心公益、有威望、有能力的人作为组织的领导人，组织调解民间纠纷，兴办公益事业，维护社会秩序，开展文化活动。为了规范乡民的行为，这些群众自发组建的组织开始运用历史上的经验制定乡规民约。①

20 世纪 80 年代，随着党政分开等政策的推行，人民公社退出历史舞台，乡镇基层政权被重建，国家政治权力逐渐从乡村退出，村规民约作为一种传统治理资源也逐渐式微，并被 1987 年颁布实施的《中华人民共和国村民委员会组织法（试行)》吸收，其第十六条规定：“村规民约由村民会议讨论制定”“不得与宪法、法律和法规相抵触”“报乡镇人民政府备案”。从此，村规民约首次被以法律的名义正式认可，成为新时期农村治理的法定手段。

此后在历次村民委员会组织法的修订稿中，关于村规民约的规定越来越完善，对其地位、效力、渊源、产生与执行主体

① 《中国农业全书》总编辑委员会：《中国农业全书·贵州卷》，中国农业出版社 1995 年版，第 319－320 页。

等方面有了详细的规定。1998 年的《中华人民共和国村民委员会组织法》增加了村规民约的效力限制性规定：“不得有侵犯村民的人身权利、民主权利和合法财产权利的内容。”2010 年修订的《中华人民共和国村民委员会组织法》规定了“村民委员会及其成员应当遵守宪法、法律、法规和国家的政策，遵守并组织实施村民自治章程、村规民约”，进一步明确了村规民约的法律地位。

在国家确定实施依法治国的基本国策的背景下，为确保贯彻实施《中华人民共和国村民委员会组织法》规定的村规民约制度，党的十八届四中全会进一步提出支持各类社会主体自我约束、自我管理，发挥市民公约、村规民约等社会规范在社会治理中的积极作用。国家各部委开始出台政策，各省政府则纷纷出台规划，各县、乡政府则着手帮助与指导各村民委员会或相关基层群众组织制定村规民约，大致在 2010 年后，尤其是 2018 年前后，各地都纷纷制定了村规民约。

首先是民政部等国家各部委的推动，据报载：

据新华社北京 2018 年 12 月 27 日电，记者 27 日从民政部获悉，日前民政部、中组部、全国妇联等 7 部门联合出台《关于做好村规民约和居民公约工作的指导意见》，提出到 2020 年全国所有村、社区普遍制定或修订形成务实管用的村规民约、居民公约。意见提出，村规民约、居民公约内容一般应包括规范日常行为，维护公共秩序，保障群众权益，调解群众纠纷，引导民风民俗。尤其要针对滥办酒席、天价彩礼、薄养厚葬、攀比炫富、铺张浪费，“等靠要”、懒汉行为，家庭暴力、拒绝赡养老人、侵犯妇女特别是出嫁、离婚、丧偶女性合法权益，涉黑涉恶、“黄赌毒”等突出问题，提出有针对性的抵制和约束内容。为加强监督落实，意见明确乡镇党委、政府（街道党工委、办事处）要加强村规民约和居民公约工作落实情况的督促检查，作为基层组织建设的经常性工作，纳入村（社区）“两委”班子目标责任考核内容，防止流于形式、成为摆设。①

各地方政府的规划推动对村规民约的出台有积极意义。据报载：

2018年6月5日，海南省政府召开《海南省农村人居环境整治三年行动方案（2018—2020）》（以下简称《方案》）新闻发布会。《方案》提出，要健全村民自治机制，将农村环境卫生、古树名木保护、村庄规划的主要内容等要求纳入村规民约，并让农村签订“门前三包”责任书，保证房前屋后环境整洁。《方案》要求，建立完善村规民约。将农村环境卫生、古树名木保护、村庄规划的主要内容等要求纳入村规民约。2018年底前，完成所有行政村村规民约制定、修订和实施。将是否制定、修订和实施村规民约纳入“两委”考核

① 《多部门联合出台〈关于做好村规民约和居民公约工作的指导意见〉》，载新华社南海网。

制度。①

在具体的村规民约制定过程中，各县、乡等基层政权的指导作用不容忽视，据报载：

2017 年 7 月 26 日下午，五指山市水满乡新村正式施行《村规民约》，成为五指山市首个正式推动村民自治的村庄。《村规民约》由五指山市委宣传部、五指山市文明办指导，水满乡党委及新村村民委员会共同推动落实，《村规民约》纳入了讲究卫生、严管家畜、规整家物、爱护公物、崇尚新风、尊老爱幼、爱护生态、依规建设、违约处理及说明共十条规定，内容全部由村民自行提出，经三次征求村民代表意见、三次修改后定稿。②

（二）村规民约性质、内容、地位及保障的全方位衍变

在这场村规民约的发展浪潮中，海南黎族聚居区域各村都相继出台了村规民约，这些村规民约有的在 2006 年之前即已制定，有的是在国家部委与海南省的规划推动下制定的，但无论什么时候制定的，基本内容都差不多，包括政治宣示（热爱党、热爱国家、热爱社会主义）、治安秩序、移风易俗、卫生环境等方面。

① 刘麦、庄晓珊：《海南省人居环境整治三年行动方案（2018—2020 年）新闻发布会》，载 www. hq. xinhuanet. com/news/html。

② 《首个！五指山市水满乡新村正式推行村规民约》，载 www. sohu. com/news/html。

诸如2006年海南省民族学会调研得到的两则村规民约①，其出台时间不详，但肯定是在1998年修订《中华人民共和国村民委员会组织法》后、2006年以前。

1. 保亭县加茂镇毛林村村规民约：

为了进一步推动我村的物质文明与精神文明建设，经广大群众讨论，特制定如下村规民约：

(1) 热爱中国共产党，自觉贯彻党的路线、方针、政策。

(2) 热爱社会主义祖国，坚持社会主义道路，遵守各级政府的法规、法令，正确处理国家、集体、个人三者关系，为祖国四化建设多作贡献。

(3) 热爱集体，爱护集体财产，敢于同破坏集体利益的坏人坏事作斗争，发扬家乡的优良传统，不搞损坏家乡声誉的事情。

(4) 提倡学习科学文化知识，健康向上的生活方式。反对封建迷信、聚众赌博。反对酗酒闹事，打架斗殴。

(5) 热爱劳动，搞好生产，勤劳致富。

(6) 勤俭持家，移风易俗，提倡婚事新办，丧事简办。反对婚喜庆大操办，铺张浪费。

(7) 家庭和睦团结，尊老爱幼，夫妻恩爱，婆婆、姑嫂、妯娌、兄弟之间互相关心体贴，不虐待老人儿童。

2. 保亭县加茂镇村规民约：

为了进一步促进我镇两个文明建设，加快农村经济稳步发

① 海南省民族学会：《黎族田野调查》，2006年7月内部编印本，第28－40页。

展，给群众一个安定的发展经济环境，经本次人民代表大会研究讨论决定，特制定如下村规民约：

（1）热爱中国共产党，热爱社会主义祖国，坚持社会主义道路，自觉遵守贯彻执行党的路线方针政策、遵守各级政府的法规法令。正确处理国家、集体、个人三者关系，不断加快祖国现代化建设步伐。

（2）热爱集体，爱护集体财产，敢于同破坏集体利益的坏人坏事作斗争，发扬民族优良传统，管好自己的家畜，不搞损坏家乡声誉和利益的事情，凡是损坏他人财物的，要照价赔偿；盗窃他人财物的，抓到按原财物单价的200%进行罚款。对家畜破坏作物的，除照价赔偿外，禽类罚款5—20元/只，猪罚款10—15元/只，羊罚款50—200元/只。

（3）提倡学习科学文化知识，学习掌握农村生产实用技术，倡导科学的生活方式，反对封建迷信，聚众赌博，移风易俗，不参与传播邪教、淫秽物品活动。

（4）发扬热爱集体观念，热爱劳动，积极参加集体组织的各项义务劳动，搞好生产，诚实经商，勤俭持家，勤劳致富。反对偷窃财物，招价掺杂，走私贩私，偷税漏税行为。

（5）加强爱国主义教育，移风易俗，提倡婚事新办、丧事简办、乔迁不办。反对婚事、丧事、喜庆大操大办，铺张浪费。

（6）倡导家庭和睦相处、敬老爱幼、夫妻恩爱、婆媳、姑嫂、妯娌、兄弟之间互相关心体贴，不虐待老人儿童。

（7）提倡乡间邻里团结互助，亲邻相帮。反对酗酒闹事，打架斗殴，凡是酗酒闹事者，一旦发现，派出所将其留制（置），直到醒酒承认错误，如是涉及社会治安问题，要从重处理。提倡与所在地学校、机关单位、国营农场、外商等单位团结协助认真维护学校机关单位、国营农场、外商单位的工作、学习、生产的正常秩序。

（8）遵守婚姻法，自觉执行国家计划生育政策。提倡晚婚晚育、少生优生。实行婚姻自由，反对买卖包办婚姻、近亲结婚、早婚早育、歧视妇女等行为。

（9）做好封山、育林、护林、畜（蓄）水、造林绿化和保护耕地工作。坚持土地公有制，有计划地开发使用土地，鼓励农民群众植树造林，保护森林资源、杜绝没有计划的开发利用土地及禁止一切毁林开荒、乱砍滥伐的行为与非法占用耕地建造房屋。

（10）鼓励与支持农民发展生产、发展畜牧业、发展经济，优化产业结构，禁止一切破坏的行为发生，如发现人为破坏果树者罚款 50—200 元/棵，损坏经济林木罚款 10—100 元/株。

（11）农户出售耕牛，买牛商人与耕牛主必须到村小组办理耕井（牛）证明，方可出售，否则派出所应扣此牛进行审查。

（12）搞好生态农村建设，做好村容村貌卫生整洁，搞好村容规划建设，做到房屋、村路、排水沟、家禽家畜栏圈安排整洁有序优美，搞好环境卫生，鼓励农民建沼气池、户厕，户户饮水卫生。

（13）注意交通与用电安全。遵守交通规则，禁止在公路、街道两侧建、放阻碍物，车辆入村要慢行，文明节约用电、不偷电、耗电。

（14）加强社会治安综合治理工作，发挥群防群治作用，组织村级治保会，组织护村队，搞好场乡联防互助工作，要不断增强人民群众的法律意识和法律观念，努力搞好防盗防火工作。

（15）对外常住或暂住人员一律要向村联防队申报居住或暂住后续，在住村期间里要遵守本公约。

（16）本公约自颁布之日起实施，每个公民要认真执行，如有违反议赏条款者，视情节轻重予以处罚，触犯刑事的，由执法部门依法追究刑事责任。

于2016年出台的白沙县那查村村规民约（2016年4月），内容也基本相同：

为了维护社会稳定和谐，树立良好的民风、村风，创造安居乐业的社会环境，促进全村各项事业全面协调发展，经村民代表会议讨论通过。制定本村村规民约：

（1）热爱祖国，热爱中国共产党，热爱集体，学法知法，遵纪守法，同一切违法犯罪行为作斗争。

（2）爱护公共财物，不得损坏水利、交通、通讯、供电、供水、生产、休闲场所等公共设施。未经批准，不私自安装水电设施，节约用水电。

（3）团结友爱，相互尊重，相互帮助，和睦相处；不打架斗殴，不诽谤他人，不造谣惑众，不拨弄是非，不仗势欺人，建立良好的邻里关系。

(4) 提倡社会主义精神文明，移风易俗，喜事新办，不铺张浪费，丧事从俭，不搞陈规旧俗，不搞宗族派性，反对家族主义，反对封建迷信及其他不文明行为，树立良好的社会风尚。

(5) 搞好公共卫生和村容整洁，美化生活环境，优化育人环境，严禁乱倒垃圾赃物、乱堆乱放柴物。

(6) 村民积极履行各种义务，主动参与道路、水利等公共设施的修建维护工作。依法服兵役和参加民兵组织，承担抚养教育子女和赡养老人，禁止家庭暴力和虐待行为的发生。

(7) 依法使用宅基地，服从乡村建房规划，不损害整体规划和四邻利益。

(8) 搞好安全生产工作，加强野外用火管理，严防山火发生。注意防火防盗、注意交通安全。自觉服从对易燃易爆剧毒等危害物品的管理；不得私藏枪支弹药。

(9) 严禁私自砍伐国家、集体或他人的林木，严禁损害他人庄稼、瓜果及其他作物，加强牲畜看管；严禁乱放猪、牛、羊。

(10) 自觉养路护路，维护道路畅通，不准在村道、主道边搭建违章建筑、堆放废土、乱石、杂物，不准在路肩上种植作物，侵占路衔。

(11) 自觉遵守计划生育法律、法规、政策，实行计划生育，提倡晚婚晚育，优生优育，严禁无计划生育或超生。

违反上述规定的由村委会给予批评教育，责令改正，情节严重的交上级有关部门处理。

透过以上三则文本可以看出，现代的村规民约与黎族传统规约在性质、内容、地位与保障执行的力量等各方面均有极大的不同，乡规民约发生了彻底的变化。

首先，性质上，在传统社会治理模式上，黎族地区长期实施依俗为治的模式，合亩的亩头、村峒的峒长，以及奥雅乃至妇女都有其社会权威性，可以通过各种手段对所在社会的纠纷进行调解，亩头对生产成果还有一定的分配主导权，传统的规约主要依赖他们的权威来运行，朝廷虽然很早就对黎区进行了有效管辖，设置了府县，派遣了官吏，但是根据抚黎政策，朝廷官吏不能直接管理黎族村峒的内部事务，甚至禁止其办事人员随意进入黎区村峒，以免其借机勒索黎人："凡遇应时公务，着峒长办理，毋许书役擅入黎地"①。所以传统社会的黎族规约无疑是黎族长期以来形成的习惯法，是黎人的日常行为规则，具有法律的意义，并且学界基本上都认可其习惯法地位，对黎人在惩罚、民事、祭祀等方面的日常行为具有较强约束力。

而现代村规民约则不具有同样的意味。目前学界对村规民约的性质的认识主要有三种说法：法、契约和法的渊源。法律

① 昌化县乾隆四十四年碑，转引自王学萍：《中国黎族》，民族出版社2004年版，第113页。

论者认为，村规民约具有时空性、法律性和价值性①。这种说法与古代尤其是清朝时期广泛盛行的官方主导建设的乡绅教化制度有关。持这种学说者认为村规民约是村民自治的重要民主管理制度，是国家认可并明文规定的，当下的村民自治组织在落实政策、民事裁判、土地确权、基础建设等诸多方面承担着越来越多的行政职责，因此不论是形式还是内容上都应该将其视为一种特殊的行政规范。② 持契约论者认为：行政法规并不存在其基于行政相对人的合意而产生的基础，村规民约却是合意的结果，是契约。村规民约由村民会议依据村民的合意制定，在法律性质上是一种民事契约，属于司法调整的范畴，与公司的章程或者行业规范没什么两样③。持法源说者反对这个意见，村规民约的制定程序是多数人规则，并不要求所有人同意，这与合同达成需各方意思表示一致的要求背离，故其不属于合同性质④。

有学者从立法、司法实践角度对村规民约进行了分析，指出村规民约不是法：就法院而言，对待村规民约的效力及效力属性呈现出更多的矛盾性与不确定性。一方面，最高法院在判决中称，根据《村民委员会组织法》第 24 条规定，“是否应

---

① 刘笃才：《中国古代民间规约引论》，载《法学研究》2006 年第 1 期。

② 参见田成友：《乡土社会的民间法》，法律出版社 2005 年版，第 19 页；韩娜：《村规民约罚则问题研究》，烟台大学 2012 年硕士论文。

③ 吴帅帅、刘锦：《村规民约与国家法的冲突问题探讨》，载《河北科技师范学院学报（社会科学版）》2018 年第 3 期。

④ 贾秀莲：《村规民约对国家法的规避及其解决途径》，载《山东社会科学》2010 年第 4 期。

该享受村民待遇及按何种标准享受村民待遇”需依据《村民自治章程》的规定，属于村民自治范围内的事务，村民应当向其所属的村民委员会要求解决。[①] 在其他案例中法院也有类似裁判结论，法院在审查类似的“集体经济组织成员的权利纠纷”时裁判称，村民可以向政府申请审查村规民约，而不是向村民委员会提出，但该法院判决又称该村规民约未被依法撤销或者变更之前具有当然的约束力，似乎肯定了村规民约是法。[②] 另一方面又存在相反的案例隐含村规民约不是法之意，在某系列案例中，以证据证明村规民约属于法源需要为涉案村民所同意或追认，遂认定该村规民约侵害该村民权益而对该村民无约束力。[③] 由此该学者认为在实践中，法院对村规民约是否是法这个问题没有明确地作出界定。在立法实践中，由于《立法法》中没有明示村规民约是法，村民自治组织本身也不是具有法定职权的国家机关，但比照司法解释同样不在《立法法》中规定也不是立法机关所作出却具有法的约束力的现状，不能简单地否定我国的村规民约法的约束力。[④]

总体而言，现代村规民约至少不如传统社会的规约那样具有很强的法律属性：既不能得到《立法法》的明确支持，也不能得到法院判决的明确支持。从上面罗列的几则村规民约来

---

① 参见最高人民法院（2017）最高法行申7034号《行政判决书》。

② 参见海南省高级人民法院（2016）豫民申943号《民事判决书》。

③ 参见湖南长沙市中级人民法院（2016）湘01民终241号《民事判决书》。

④ 罗鹏、王明成：《村规民约的内涵、性质与效力研究》，载《社会科学研究》2019年第3期。

看，条文过于简单，不像传统规约那样丰富，因此也不能构成完整的行为准则体系，因此其作为法的意味远不如传统社会规约那样强烈。

其次，在内容方面，依照法律法规的规定，村规民约的内容是所谓的“村务”：村内公共事务与公益事业管理（《村民委员会组织法》第2条第2款）。但是，何为村内公共事务与公益事务，村民委员会组织法中以简单的条文规定给出了一些粗线条的解释。例如，第2条规定：“村民委员会办理本村的公共事务与公益事业，调解民间纠纷，协助维护社会治安”；第5条规定“政府不得干预村民自治范围内的事项”。基于这些规定，我们在确定村规民约的内容时，就得从其外延出发，即国家法律不作规范的村内事务，凡是国家法律作出了规范的，村民规约不能作出违反国家法律、法规以及党的政策的规定，否则将被乡镇政府责令改正（参见《中华人民共和国村民委员会组织法》第27条）。

由于这些法律规定，现代村规民约基本上围绕社会治安、移风易俗、卫生习惯、环境保护等方面做工作，尤其是移风易俗、环境保护等方面，目前是村规民约的重点内容。海南在这方面的典型例子不少：例如在目前全国各地最为头疼的大操大办红白喜事的陈规陋俗治理方面，海南万宁县北大镇尖岭村的“红七条”“黑十七条”最为典型。据报载：

2018年6月，万宁北大镇尖岭村为了让村民集中精力财力谋发展，尖岭村民在经过村“三委”（村党支部委员会、村民委员会、村务监督委员会）讨论和村民代表大会的表决后，出台了“红七条”“黑十七条”及红白理事会各项章程等村规民约。“这项制度简单来说就是‘红七条’‘黑十七条’以及红白理事会制度，违反相应规定会被纳入黑名单，不优先享受或不享受相关政策和村委会提供的一切服务。”尖岭村党支部书记黄家全介绍，所谓“红七条”，包括遵纪守法、好人好事、勤劳生产等内容，村民参与“红七条”的内容可获得200元至1000元的奖励。①

“黑十七条”则列入了不孝敬、不赡养父母，不管教、虐待未成年子女，房屋乱搭乱建，贷款不守信用，等等，还特别写明了不得引用尖岭自来水灌溉、不得在河道放药抓鱼以及不得在居民生活区200米内养猪等保护环境的内容，并对村民办“红白事”酒席的酒桌数量及鞭炮燃放数量等作出明确限制。

关于环境保护方面，海南省历来重视，尤其是2018年4月13日习近平在纪念改革开放40年海南建省30年的讲话中提出建设海南自由贸易区（港）、国家生态文明试验区之后，海南各地纷纷出台、实施生态文明建设政策，也包括指导各地尤其是海南黎族、苗族自治区域的村寨制定相关内容的村规民约。据报载：

2018年6月5日，海南省政府召开《海南省农村人居环

① 《万宁尖岭村：设立“红黑”条款破陈规陋习》，载www. hq. xinhuanet. com/news/html。

境整治三年行动方案（2018—2020）》（以下简称《方案》）新闻发布会。《方案》提出，要健全村民自治机制，将农村环境卫生、古树名木保护、村庄规划的主要内容等要求纳入村规民约，并让农村签订“门前三包”责任书，保证房前屋后环境整洁。[①]

《方案》要求，建立完善村规民约。将农村环境卫生治理、古树名木保护、村庄规划的主要内容等要求纳入村规民约。在2018年年底前，完成所有行政村的村规民约的制定、修订和实施。将是否制定、修订和实施村规民约纳入“两委”考核制度。制订奖惩制度。明确村民的责任，庭院内部、房前屋后环境保洁整治由农户负责，并签订“门前三包”责任书；村内道路、村内公共空间及村庄周边等的保洁整治由村“两委”负责落实，鼓励由村民投工投劳解决。鼓励村民和村集体组织全程参与农村环境整治规划、建设、运营和管理。

综上所述，在内容上，现代村规民约规范的是国家法律没有重点调整的村内公共事务与公益事业，看似与国家法律分庭抗礼、平分秋色，但从现实来看，现代村规民约多是在上级政府（法律规定是乡镇政府，实际上省政府都会通过规划等形式来指导村规民约的制定）的指导下制定出来的。另外，由于近四十年来，尤其是进入二十一世纪以来，国家法律法规越来越丰富完善，政策越来越细化，留给村规民约的空间越来越

① 刘麦、庄晓珊：《海南省人居环境整治三年行动方案（2018—2020年）新闻发布会》，载www. hq. xinhuanet. com/news/html。

小，传统乡村社会里的村规民约，尤其是黎族聚居区的传统规约是乡村社会的主要公共治理手段，而现在其由公共治理的主要供给变成了乡村治理的手段或补充，又演变成乡村治理的形式，仅仅为依法治国的治理方式转轨提供形式意义上的支持，所谓“乡村生活法律化”①。现代村规民约与传统社会的规约相比，显得极为简略、空洞，尤其是在城市化浪潮影响下，村庄“空心化”必然导致体系化的规约演变成空洞的、无约束性的道德劝说。

最后，在保障执行方面，黎族传统社会的规约是不需要借助外力（朝廷力量）来保障实施的。在宋代以前，朝廷的力量尚不能介入海南岛黎族村峒的内部治理，黎族村峒的内部事务均是依据其习惯法来处理的，换言之，此时的海南黎族传统社会规约是独立发挥社会治理作用的，也就是唯一有效的法，其依仗自身的力量来保障运行。即使到了宋以后，甚至在民国时期，虽然朝廷设置了抚黎局（1932 年陈汉光改为琼崖抚黎专员公署），实行保甲制度，但是由于长期实行土官制，总管及以下各级地方官员都任命黎人担任，除缴纳赋税、修造公路、防共反共（民国时期）等事务由朝廷（政府）管理外，黎族地区不允许汉族书役随便出入，其村峒、合亩内部事务也很少为外力所干扰，均由传统规约调整，其保障机制完善有效。

① 陈寒非：《乡村治理法治化的村规民约之路：历史、问题与方案》，载《原生态民族文化学刊》2018 年 1 期，第 79－87 页。

而现代村规民约的保障机制则遵行完全不同的逻辑，学界认为村规民约的效力依据分为实质依据与形式依据。村规民约的实质依据是基于同意的社会权力，作为社会自治组织的自我组织，创造出秩序需要权力，村规民约作为法的前提是村民会议具有权力，因为法需要被遵守，因此必须被赋予权力。村规民约在其产生时，必须有某种权力在场，这种权力只针对一定范围的社会，因而不属于国家权力，应该是社会权力。村民会议之所以享有制定村规民约的权力，在根源上是村民自治主体的客观存在，是村民自治的当然逻辑。这种逻辑被《中华人民共和国村民委员会组织法》所认可，该法第 5 条规定政府“不得干预依法属于村民自治范围内的事务”，明确了国家权力尊重村民自治、不得干涉村民会议履行自治权力的边界。而在闭环的社会权力运行中，同意的权力是在社会合作中产生的，而横暴权力则是在社会冲突中产生的。在现代社会，大多数社会权力是以契约为基础而产生的，权力及其强制力与支配力都源于契约主体的同意，这也是《中华人民共和国村民委员会组织法》所规制的主旨，该法第 21、22、24、27 条等条文共同明确了村民依法同意形成村规民约的基本原则。村规民约的形式依据是合法程序。村规民约的效力源于村民的多数同意，同意的多数决规则要求保障每个村民的同等的发言机会。因此《中华人民共和国村民委员会组织法》规定了详细的程序：其第 21 条规定召集村民委员会应当提前 10 天通知，第 31 条规定了村委会的公布事项，其中当然包含了村规民约的公布。目前的程序性法律规定还比较粗疏，诸如议决事项的议事规则如何、已决文件是否要签署、通知与公布的形式、异议的处理等等都还是付之阙如的。虽然如此，我们依然能发现村规民约的形式依据是被法律所规范的，是村规民约所必备的生效要件之一。①

现代村规民约的保障机制有二，国家救济与自我救济。村规民约的效力保障无疑需要国家强制（即国家救济），国家首先从立法上赋予村规民约以合法地位：村规民约依法调整村内公共事务与公益事业。各级政府（主要是乡镇政府）有指导制定实施村规民约的义务，这意味着国家在行政资源上给予了村规民约以实施的保障，另外在司法上也给予了村规民约应有的保障。就司法救济而言，目前实务中的做法是法院对涉及村规民约内容的案件一般不予受理，从而保持司法权与村民自治权的适当距离。如《最高人民法院关于审理涉及农村土地承包纠纷案件适用法律问题的解释》中的第 1、24 条规定，实际上对村规民约中涉及村民土地承包权益方面的内容不做司法审查，理由就是司法机关不能干涉自治权，因此最高法院将这一问题提交给立法机关，认为“农村集体经济组织成员资格问题事关广大农民的基本民事权利，属于《立法法》第 42 条第 1 项规定的情形，不宜通过司法解释对此重大事项进行规定”，建议由全国人大常委会作出立法解释或者相关规定。②

---

① 参见罗鹏、王明成：《村规民约的内涵、性质与效力研究》，载《社会科学研究》2019 年第 3 期。

② 陈寒非：《乡村治理法治化的村规民约之路：历史、问题与方案》，载《原生态民族文化学刊》2018 年 1 期，第 79 – 87 页。

村规民约的自我救济指的是通过村民的内心自觉与一定的内部强制力来维护其运行。村民组织的内部强制力主要表现为道德方面的负面评价、物质利益的减损两种，这种内部强制与国家法律的强制不同，它表现为一种被称为“冷暴力”的状态。村规民约是村民自发、自愿的自我约束，是自己同意的产物，以内心认同、自觉遵守为基础；村规民约规范的是村里的公共事务与公益事业，属于法定的村民自治范围，国家不予干涉，无法获得国家救济。在实践中，物质利益的减损能直接有效地约束村民违反村规民约的行为，因此多数村规民约都规定了减损物质利益的条款，像上文罗列的海南现代村规民约都会规定的罚戏、罚钱、罚牛等等。

另有学者认为村规民约的保障体系包含治村能人、治村强人等内容，如陈寒非、高其才在《乡规民约在乡村治理中的积极作用实证研究》一文中提出，村规民约之所以能够发挥解决民间纠纷、维护乡村治安、传承良善文化、推进移风易俗、促进团结互助、保护环境卫生、保护利用资源、分配保护资产、管理公共事务、保障基层民主等十项作用，就是因为乡规民约存在这些原因：国家法律的确认、社会环境的支持、乡村固有的自治传统的发扬、村民集体认同心理的支撑、能人治村与强人治村、乡规民约自身的变革调适。①

① 陈寒非、高其才：《乡规民约在乡村治理中的积极作用实证研究》，载《清华法学》2018 年第 1 期。

二、貌离神合：现代村规民约对传统的传承与暗合

海南黎族传统社会规约虽然随着1947年土地改革与民主建政运动的兴起而逐渐为党的政策以及国家法律所代替，但在《中华人民共和国村民委员会组织法》出台、兴起依法制定现代村规民约的浪潮后，在乡镇政府的指导下，近年来各黎族村庄也陆续开展了制定村规民约的乡村自治制度建设。在这场村规民约制定活动中，有对传统规约继承的一面，比如规范社会、移风易俗、维护社会公序良俗、体现集体利益、能人治村、强人治村等；另外也有精神契合的现象，如强调程序正当性等。对黎族传统规约的传承进行剖析，有助于为解决目前村规民约中存在的各种问题提供思路。

黎族地区的现代村规民约对传统社会规约有着不同程度的继承，这既表现在对社会公序良俗的维护方面，也表现在维护社会治安、维护集体利益、实行朴素民主、实施能人治村等方面。

（一）公序良俗的延续

传统社会规约的核心价值之一就是维护社会公序良俗，这体现在各种方面。首先黎族传统社会规约特别强调以诚信为本。如前文已经谈到的，在传统社会里，人们用“插星”习俗来规范无主的物质的分配，首先发现的无主物，比如可用于制作家具的树木、可供耕作山栏稻的山地、鱼塘、可提取蜂蜜的蜂窝等等，黎人如果需要占有，就会采用插棍结草或者划

"×"形符号等方式，做记号以公示该物体已经有主，他人不得擅自占有，否则将被视为盗窃他人财产，受到严厉惩罚。

盗窃是黎族传统社会中严重违反公德的行为，对待盗窃行为，前已述及，黎族传统社会规约中有非常严厉的制裁措施：打死夜晚行窃的盗贼不仅无罪，还可罚盗贼的家人赔牛、谷物等财物，罚没物资供全村人共同享用[①]；对偷盗粮食者，偷一斗罚牛 10 头，宰杀其中一部分宴请大家[②]。由于这种反偷盗的规约的存在，海南传统黎族社会呈现出夜不闭户的社会风貌，《方舆胜览》引《图经》之语描写海南黎族："其俗质野而畏法，不喜为盗，牛羊被夜，耳无敢冒认。"[③]

黎族传统社会里是赞成婚恋自由的，"隆闺"、不落夫家等习俗都充分说明了这一点。但是一旦结婚成家，就必须履行夫妻忠实义务，反对通奸等破坏家庭稳定、社会团结的行为。按照黎族传统社会规约，如果已婚男与未婚女通奸被妻子抓到，妻子可将证物向村民们展示，村民们会将二人抓到，谴责其行径，责令其向妻子道歉，并罚男人一头猪、女人一坛酒，让其宴请大家；如果是已婚男女通奸，女方丈夫可以要求岳父母赔偿自己五头水牛。通奸事件发生后，无过错方可以选择离婚。如果丈夫风闻妻子通奸但没有证据，则允许丈夫以神判的方式来鉴别真伪，《中国黎族》详细记录了整个神判过程：

---

① 王学萍：《中国黎族》，民族出版社 2004 年版，第 111 页。

② 《中华文化通志》编委会：《中华文化通志·民族文化典（侗、水、毛南、黎族文化志）》，上海人民出版社 1998 年版，第 511 页。

③ ［宋］祝穆：《方舆胜览》卷四十三《万安军》。

“……用火塘里燃烧的木炭与火灰撒在茅草屋门里，（丈夫）对妻子说：‘你光脚从这里踩着出去，如果你与别人通奸，眼睛会变瞎，不然是我的眼睛变瞎。但妻子往往为了保全丈夫，宁愿自担罪名，而不走出去。”

除维护公序良俗外，黎族传统社会规约还强化团结互助的观念。在合亩内，如有成员缺粮少吃或是遇上婚、丧、病等大事，其余成员一定会主动帮忙，出借钱财不计利息、不设归还期限。如遇老人生病，一般先由族内处理，村峒托底。有人出现意外或生活困难，也由村峒托底。

另外，在黎族传统社会里，人们发生纠纷了，一般都是以和平的方式解决，由村里的奥雅出面调解，调解成功后，大家喝酒了事，有错认错、有罚认罚，事不过夜，即使是村峒之间闹到要械斗的地步，传统规约也通过非常多的阻止械斗的程序来了结纠纷。另外，黎族传统社会规约发挥女性的力量调解纠纷，如张庆长在其《黎岐纪闻》中所记载的：“（黎人）……一言语不合，辄持弓矢标枪相向，势不可当，有妇人从中间之，即立解”。

对公序良俗的维护是黎族传统社会规约的一大价值追求，也是其使命所在。现代村规民约同样有这个使命，如前述的毛林村的村规民约第 3 条即规定：“发扬家乡的优良传统，不搞损坏家乡声誉的事情”，贾茂正的村规民约第 4 条明确规定：“反对封建迷信……移风易俗……反对偷盗财物……”，等等。

目前，在全国的乡村治理中普遍存在一个顽疾——红白喜事大操大办，这在海南黎族地区也是一个治理难题，海南各级政府充分运用制定村规民约这个机会，积极出台指导意见帮助村民革除陋俗，如上文提到的 2018 年海南万宁县北大镇尖岭村出台的“红七条”“黑十七条”，就有力地回应了移风易俗这个乡村治理要求。

（二）治安维护的承袭

维护良好的社会治安是制定与执行村规民约的主要目标，传统社会如此，现代社会更是如此。在黎族传统社会规约中，社会治安问题是其关注的中心，治安秩序是一个社会稳定发展的压舱石。侵害治安秩序的事件不外乎两种：人身侵害、财产侵害。在黎族传统社会里，治安案件一般不容易发展为重大刑事案件，其原因在于：一是崇尚自然和谐观念的传统哲学造就了黎族地区人民淳朴的社会道德观念、重视家族的家庭观念，人与人之间讲究互助而且重情尚义，在此观念影响下，纠纷很难在黎族社会内部发生。二是因为生产力落后，没有发生大规模利益冲突的土壤，遇有争端，往往大事化小、小事化了，不至于引发大规模的刑事纠纷。

黎族传统社会规约基于黎族社会的基本族情而设置，有关于人身侵害的惩罚规则，也有关于侵财的惩罚规则，还有比较详细的处理治安事件的程序性规则。关于人身侵害，在现在流传的调研报告中很少有现成的案例记载。前文述及，日本学者冈山谦、尾高邦雄编写的《黎族三峒调查》一书详细记载了对伤害人身事件的处理方式。在伤害事件发生后，伤人者会带着酒、鸡等民俗规定的赔偿物登门向伤者道歉，取得伤者及其家属的谅解，最终双方握手言和。如果双方不能达成调解，黎族村寨中的长老，如奥雅，将会出面进行调解。黎族伤害事件的最终处理，一般都是以赔偿代替惩罚，这与古代其他社会的法律文化是相通的。

至于盗窃行为，黎族地区的传统规约规定，偷一罚十。如偷盗者无法履行赔偿责任，受害人可以责令其分期偿还，直至清偿。如偷盗者不积极赔偿损失，情节恶劣者，受害人甚至可以处死偷盗者。如昌江七差一带美孚方言的黎族，在 1949 年以前，盗贼夜晚行窃被打伤、打死，还要罚其家人赔偿牛、谷等。被罚的物资由全村人受用。①

黎族地区传统社会的治安事件的处理者多为峒长、亩头等部落首领，如在黎族合亩制地区，合亩之间的公共治安事务多由峒长、亩头和其他老人共同处理，必要时也会请奥雅协助处理。在重大治安事件发生时，峒长还得召集全峒群众开会讨论，全体一致通过才能处理。据调研，毛道峒峒长、亩头和老人等，曾经共同处理过如下两宗治安事件：

案例一：美孚族和外族的战争与和谈

解放前，美孚族也常常因为拉牛和欠租，争水和复仇等而发生战争。同样，也可因此而和临近的其他支族，如倖族等。据史图博描述 1932 年 8 月间七差和重合之间，即发生战争，起因是七差倖族交不起田租而发生的。倖族租耕美孚族田地耕

① 王学萍：《中国黎族》，民族出版社 2004 年版，第 111 页。

种而不交租，使得松岩美孚人于3月向侾族宣战。七个侾人被打死，四个美孚人也死了，但是侾人宣称胜利而要求举行和谈的。谈判地点在重合村，汉族政府派七差儋州汉商去当调解人。七差村长和两个奥雅作为侾方代表团到重合村开和议会谈。在竹林围着的重合村口，挂着胜利物品有：三个人的头发、一把刀、一块腰布、弹药带。重合村的男子都在菠萝蜜树下集中着。会议开始时是酒宴仪式。与户人员参加酒宴。几小时后酒宴散了，就一齐到村长家里，坐在宽大而有遮阴的村长家门口廊角下的设备好的座位上。村长供给水烟筒给中人和侾族代表团抽烟。重合美孚人也有村长和奥雅组成的代表团。开会时，首先由会议仲裁人汉商先讲话。然后，美孚人的村长提出战争赔偿的要求，之后，美孚族村长和他的兄弟，以及二三个奥雅为一方，与侾族代表团一方争论一番。争论时间长。但两方都集中注意到对方的发言，有耐心，也不激动，是有礼貌和有秩序在进行。不断抽烟，使会议平静地进行。侾方提出愿意用水牛和米作为赔偿，但数目不大，美孚族一方则要求更多。在谈判过程中，不时听见包围着那所屋子四周的小伙子和妇女们的叫喊声，但也没有影响会议的进行。会议谈了两个小时因没有结果而散会。散会是很有礼貌地打招呼后才离开会场，侾族代表团即一起回去自己的村子。①

---

① 曾昭璇、张永钊、曾宪珊：《海南黎族人类学考察》，第219－220页。

案例二：美孚族的审判盗牛犯的历史记述

偷牛犯被捉后即用铁链锁上，被带上村长家。由村长打起挂在他门口的牛皮大木鼓召众开会审判。审判官们包括奥雅等人，他们聚集坐在村长房屋后面天井矮板凳上，围成方形，开会讨论。犯人坐在他们附近地面上。审判由早到晚，一直到深夜，第二天还继续。可见作出判决之难。犯人是被处以罚款，但是如果交不出罚款，就会被处死。而且罪犯死后，他的肉还有被吃去的（这是在街站村的说法）。当然，今天是不会再发生这种审判方式和吃掉罪犯的肉的了。审判时，大家都愿意听对方的发言，并且没有厌倦，谈话活泼，有礼有序地讨论着。①

从上述事件的处理，我们可以看出，黎族传统社会处理治安事件时遵循大事化小、小事化无的和稀泥原则，峒内（合亩内）的事件可以说是内部矛盾，峒与峒之间的事件同样是内部矛盾，都会在其富有特色的处理程序中被化为小事而了结，这也是黎族在长期发展中积累的智慧。

对现代村规民约而言，维护地方（村寨）治安秩序同样是其重要使命，在前述几则村规民约中，我们不难发现其既有原则性规定，也有对偷盗等严重破坏地方治安秩序的行为处以罚款等具体处罚的条款。前者如白沙县那查村村规民约：不打架斗殴，不诽谤他人，不造谣惑众，不拨弄是非，不仗势欺

① 曾昭璇、张永钊、曾宪珊：《海南黎族人类学考察》，第 218－219 页。

人。严禁私自砍伐国家、集体或他人的林木，严禁损害他人庄稼、瓜果及其他作物，加强牲畜看管，严禁乱放猪、牛、羊。

后者如保亭县加茂镇村规民约：盗窃他人财物的，抓到按原财物单价的200%进行罚款。对家畜破坏作物的，除照价赔偿外，禽类罚款5—20元/只，猪罚款10—15元/只，羊罚款50—200元/只；如发现人为破坏果树者罚款50—200元/棵，损坏经济林木罚款10—100元/株。

在现代农村社会里容易引起治安问题的是宅基地建设，为了防止其引发治安事件，白沙县那查村村规民约特别约定：依法使用宅基地，服从乡村建房规划，不损害整体规划和四邻利益。

（三）集体利益优先的暗合

黎族传统社会规约体现黎族群众的集体利益，是民族长期发展的产物。合亩制是黎族人民的一大创举，同劳动同分享，利用集体的力量对抗贫乏与灾难，将集体利益与个人利益紧密关联，因而使得黎族传统社会规约带有浓厚的团体主义色彩，这在中国古代社会是比较少见的。既然集体利益深刻影响着个人利益，因此大家对集体利益极为关注，首领在集体中的作用自然也会受到大家的关注了。在黎族传统社会里首领的选举、传承就必然会成为合亩制中的核心事项，这个与我们今天出现在一些地方的能人治村、强人治村现象无疑有着某种神似的暗合。

前文已经谈到，在自然经济占统治地位的传统黎族社会，生产力水平极度低下，生产工具简陋，基本上采取的是刀耕火种等较为原始粗放的生产方式。土地是黎族繁衍生息的物质基础，其社会仅有简单的分工，商品观念淡薄。建立在这种经济基础之上的合亩、峒社会组织，首先要解决的是在生产力水平低下的情况下如何发挥团体优势，保障集体权利，进而保障个人权利。否则，覆巢之下，岂有完卵？合亩组织的统一经营的权力、成员间的团结互助的义务，恰恰是生产力水平低下的自然经济存在和发展的要求，需要对人力物力财力进行集中，形成合力，提高效率。成员间权利与义务的分布、组织权力的行使必须围绕生存权和发展权这个第一要务，集体劳动、保卫疆界等成为组织成员最主要的义务。

黎族社会成员因血缘、地缘或由投靠形成的拟制血缘关系获得合亩、峒成员身份，并因此种身份而享受到均等的生存与发展的权利。每个成员的身份具有天然的平等性，但相对于团体而言，每个成员的权利都要受到约束，更注重对团体的义务，正如博登海默所言，前资本主义社会法的主要任务是为社会提供安全和秩序，义务优先具有普遍性。①

黎族社会成员身份平等，但行使权利的自由却受到一定的限制，例如合亩内的生产资料须由合亩统一使用，合亩、峒成员团结互助而不能实行能者多得的分配原则。这种限制对每个成员都是相同的，成员之间基本平等。这种权利与义务的平等

① 参见［美］E. 博登海默：《法理学——法哲学及其方法》，邓正来译，华夏出版社1987年版，第244－245页。

性，首先着眼的是团体的生存与发展需要，通过优先保障团体的生存与发展来保障个人的生存与发展，在当时的社会条件下是一种最优的选择。

黎族社会按照最优原则选举首领，首领在生活中表现出最强的组织能力与最高的技术水平，也有着最高的道德水平。黎族社会内部的权力运行原则与现行行政法理念（如依法行政、合理行政等）有着某种程度的暗合。首领具备一种“克己奉公”的类似现代行政法治意识的意识，以服务族内公众利益为目的，其履行职责的地点是田间炕头，与社会成员都是面对面交流，权力行使过程中有民众的参与，权力行使有亲民性的特点，易于被民众接受。同时，权力运行的成本低、效率高。这些无疑与当今时代的“能人治村”有着共同的治理逻辑。

现代村规民约同样关注集体利益。《中华人民共和国村民委员会自治法》就开宗明义地规定了村民自治事务只能是村里公共事务与公共利益，因此村规民约必然是有关公共利益的治理规则，前述现代村规民约无不在其重要位置规定了相关制度，如保亭县加茂镇毛林村村规民约第 3 条规定：热爱集体，爱护集体财产，敢于同破坏集体利益的坏人坏事作斗争。而保亭县加茂镇村规民约则在第 2 条规定了同样的内容。

现代村庄的集体核心利益之一是环境卫生。海南省为了指导各乡村保护环境，还专门下发了《海南省农村人居环境整治三年行动方案（2018—2020）》（以下简称《方案》），要求将农村环境卫生、古树名木保护、村庄规划的主要内容等要求纳入村规民约，并让农村签订“门前三包”责任书，保证房前屋后环境整洁。

在集体利益与个人利益的安排上，一般都会遵循协调、平等的原则。但目前有些地方也存在利用村规民约的漏洞，利用村民会议的表决程序行使侵害他人合法权利的现象，如海南省临高县博厚镇红牌村委会龙富村在确定村内征地补偿款的分配方案时，就出现了割裂集体利益与个人利益，非法侵害某些成员的合法利益的问题。该村按照村规民约的要求，在对征地款分配方案进行表决时，创造了一个所谓的“流入人口”（抚养人口）概念来指称那些通过入赘或其他类似方式进入村集体的人口及其后裔，甚至是其第三代后裔，对这些人口不按照其他集体成员的待遇发放应得的人均征地款：“流入人口（抚养人口）在法律上可分配100%，但通过会议表决无法通过，决定先发放70%，余留30%暂缓发放，等待以后条件成熟时再发放……”后来经司法裁判否定后仍然不履行生效判决，一意孤行地维护其所谓的“自治权”。[①] 类似的案例还有各地外嫁女不享受村集体利益的问题。

① 《临高土生土长村民被归为流入人口，征地款减三成》，载 http://www.hinews.cn/news/system/2013/08/08/015925463.shtml。

参考文献

一、论文类

［1］罗鹏，王明成．村规民约的内涵、性质与效力研究［J］．社会科学研究，2019（3）．

［2］贾伟，李臣玲．村规民约与藏区基层社会治理研究——基于青海海南藏族自治州的田野调查［J］．湖北民族学院学报（哲学社会科学版），2016，34（4）．

［3］中共新昌县委政法委员会调研组．对新昌县实施村规民约加强基层社会治理的调查研究［J］．公安学刊（浙江警察学院学报），2016（3）．

［4］陈学金．历史视野中的当代村规民约与农村社区治理［J］．原生态民族文化学刊，2019，11（2）．

［5］黄永林，袁渊．论村规民约治理的形成及其与现代法治的关系［J］．湖北民族学院学报（哲学社会科学版），2019，37（2）．

[6] 陈寒非. 乡村治理法治化的村规民约之路：历史、问题与方案 [J]. 原生态民族文化学刊，2018，10 (1).

[7] 陈寒非，高其才. 乡规民约在乡村治理中的积极作用实证研究 [J]. 清华法学，2018，12 (1).

[8] 秦美珠，高雅珍. 女权主义社会平等观的困境与出路 [J]. 山西师大学报 (社会科学版)，2003 (3).

[9] 黄黎玲. 论法律秩序及其建构 [J]. 哈尔滨学院学报，2005 (5).

[10] 李炳烁. 法律价值体系之内的自由与和谐 [J]. 法制与社会发展，2006 (4).

[11] 容缨. 和谐视域下法律价值体系的重构 [J]. 政法学刊，2009，26 (5).

[12] 李炳烁. 和谐文化建设与法律价值体系的重构 [J]. 江苏大学学报 (社会科学版)，2008 (1).

[13] 汪辉勇. 价值是一种主观性存在 [J]. 湘潭大学学报 (哲学社会科学版)，1998 (5).

[14] 袁贵仁，梁家峰. 中西法律价值观比较的哲学反思 [J]. 北京师范大学学报 (人文社会科学版)，2000 (3).

[15] 汪辉勇. 论价值的本质特征及其定义 [J]. 湘潭大学社会科学学报，1999 (6).

[16] 史彤彪. 中西方法律思想家法律价值观的比较思考——兼议东西方法律文化的差异 [J]. 比较法研究，1991 (1).

[17] 方剑. 道德诚信与法律诚信的法理解读 [J]. 政法

学刊，2006（5）.

［18］张力红. 法的伦理性价值与和谐社会的构建［J］. 河北法学，2009，27（6）.

［19］李长健，伍文辉. 和谐社会建构的现实困境与法治思路研究——以诚信为逻辑起点［J］. 政法学刊，2006（2）.

［20］李长健，伍文辉. 和谐社会中诚信和法治的良性互动［J］. 发展研究，2006（5）.

［21］屈永华. 社会诚信、交易成本和个人权利——和谐社会的法经济学分析［J］. 湖北警官学院学报，2006（1）.

［22］沈宗灵. 女权主义法学述评［J］. 中国法学，1995（3）.

［23］黄宇. 女权主义视野中的女性生育权［J］. 兰州学刊，2007（8）.

［24］朱海琳. 日耳曼法的团体本位与唐代家族本位之比较［J］. 湘潭大学学报（哲学社会科学版），2005（5）.

［25］高其才. 中国少数民族习惯法论纲［J］. 中南民族学院学报（哲学社会科学版），1994（3）.

［26］刘艺工. 中国少数民族习惯法的特点［J］. 兰州大学学报，2004（1）.

［27］康敬奎. 社会优位下的权利本位［J］. 求是学刊，2005（3）.

［28］陈光国. 藏族习惯法与藏区社会主义精神文明建设［J］. 现代法学，1989（5）.

［29］戴小明，谭万霞. 论民族习惯法与国家法的冲突及

整合［J］．广西民族大学学报（哲学社会科学版），2006（6）．

［30］陈金全，杨玲．中国少数民族法律文化价值探析［J］．贵州社会科学，2007（12）．

［31］陈金全．略论中国少数民族法律文化的价值［A］．中国法律史学会．理性与智慧：中国法律传统再探讨——中国法律史学会2007年学术研讨会文集［C］．中国法律史学会：中国政法大学法律史学研究院，2007．

［32］李鸣．羌族婚姻习惯法的历史考察［J］．比较法研究，2004（4）．

［33］高其才．瑶族调解和审理习惯法初探［J］．清华法学，2007（2）．

［34］张伟仁．传统观念与现行法制——"爲什麼要学中国法制史?"一解［J］．台大法学论丛，1987（1）．

［35］赵利生．民族社会规范与民族社会秩序的重构——以法律为主导的多元社会秩序论［J］．兰州大学学报，2003（3）．

［36］郭道晖．试论权利与权力的对立统一［J］．法学研究，1990（4）．

［37］文正邦．有关权利问题的法哲学思考［J］．中国法学，1991（2）．

［38］高和曦．黎族峒的社会组织与历史作用［M］//海南省民族研究所．越过山顶的铜锣声．昆明：云南民族出版社，2006．

[39] 朱勇. 权利换和谐：中国传统法律的秩序路径[M] //张中秋. 理性与智慧：中国法律传统再探讨. 北京：中国政法大学出版社，2008.

[40] 彭家典. 试论《黎岐纪闻》[M] //海南民族研究所. 拂拭历史尘埃——黎族古籍研究. 昆明：云南民族出版社，2008.

[41] 寺田浩明，潘健. 清代民事审判与西欧近代型的法秩序 [J]. 中外法学，1999 (2).

[42] K. T.. 海南珍闻：琼州苗黎记 [J]. 社会月报，1935，1 (7).

[43] 严存生，郭军明. 自然法·规则法·活的法——西方法观念变迁的三个里程碑 [J]. 法律科学. 西北政法学院学报，1997 (5).

[44] 吕世伦. 谈法制的现代化 [J]. 中国工商管理研究，1996 (2).

[45] 吴永章. 黎族史散论 [J]. 民族研究，2000 (6).

[46] 熊云辉. 婚俗、法治及其路径——以海南黎族婚俗的调查为对象 [J]. 甘肃政法学院学报，2006 (5).

[47] 徐晓光. 中国多元法文化的历史与现实 [J]. 贵州民族学院学报（哲学社会科学版），2002 (1).

[48] 刘艺工，高志宏. 试论少数民族习惯法与国家制定法的冲突与互补 [J]. 甘肃政法学院学报，2004 (2).

[49] 苏力. 变法，法治建设及其本土资源 [J]. 中外法学，1995 (5).

[50] 庞正. 法律体系基本理论问题的再澄清 [J]. 南京林业大学学报（人文社会科学版），2003 (3).

[51] 刘军平. 论法律体系建构中存在的问题及其解决思路 [J]. 广西民族大学学报（哲学社会科学版），2007 (3).

[52] 邹渊. 习惯法与少数民族习惯法 [J]. 贵州民族研究，1997 (4).

[53] 官波. 少数民族习惯法与国家法的依存和冲突——少数民族地区法律多元个案透视 [J]. 思想战线，2004 (6).

[54] 石伶亚. 民族地区法制建设的习惯法适用分析 [J]. 中南民族大学学报（人文社会科学版），2003 (3).

[55] 陆进强. 少数民族习惯法与民族法制建设 [J]. 广西民族学院学报（哲学社会科学版），2004 (12).

[56] 钱大军，马新福. 法律体系的重释——兼对我国既有法律体系理论的初步反思 [J]. 吉林大学社会科学学报，2007 (2).

[57] 魏浩征. 民族自治地方法律体系存在的问题及其完善 [J]. 社科纵横，2002 (4).

[58] 刘同君. 当代中国法律发展的困境与超越——基于路径依赖视角的考察 [J]. 法学杂志，2007 (6).

[59] 赫然. 法律文化多元化——文化哲学的思维角度 [J]. 当代法学，2003 (6).

[60] 张慧娟. 中国的文化多元化与文化建设 [J]. 科学社会主义，2007 (4).

[61] 王一民，林木林. 黎族风俗习惯改革之我见 [J].

新东方，1998（6）.

［62］牟岱．论中国多元文化——中国多元文化流变考察［J］．社会科学辑刊，1997（6）.

［63］朱景文．中心与边缘——法律发展的全球视角［J］．新视野，2007（1）.

［64］唐宏强．变革时代的东方国家与法律发展［J］．甘肃社会科学，2007（5）.

［65］马忆南．中国法律与妇女人权［J］．妇女研究论丛，1993（2）.

［66］吴碧英．传统福州山区村落婚丧习俗述论——以闽清县村落调查为例［J］．福建省社会主义学院学报，2005（4）.

［67］焦勇勤，孙海兰．图腾崇拜与黎族妇女文面的关系［J］．文艺争鸣，2006（3）.

［68］罗桂环．葫芦考略［J］．自然科学史研究，2002（2）.

［69］韩伯泉．民间故事与民族观念——从黎族民间传说谈起［J］．民族文学研究，1988（2）.

［70］王海．古远而丰厚的沉淀——试论几组黎族神话和神奇故事的文化意蕴［J］．民俗研究，2005（2）.

［71］邢关英．黎族的母权制遗风［J］．中央民族学院学报，1983（2）.

［72］李露露．清代黎族风俗的画卷——《琼州海黎图》［J］．东南文化，2001（4）.

［73］熊云辉. 婚俗、法治及其路径——以海南黎族婚俗的调查为对象［J］. 甘肃政法学院学报，2006（5）.

［74］梁天送，谢剑. 论海南岛黎族合亩制度的衰落［J］. 云南社会科学，1988（2）.

［75］唐启翠. 歌谣与族群记忆——黎族情歌的文化人类学阐释［J］. 海南大学学报（人文社会科学版），2007（4）.

［76］赵明. 女权主义法学的性别平等观对中国立法的启示［J］. 妇女研究论丛，2009（3）.

［77］韩娜. 村规民约罚则问题研究［D］. 烟台：烟台大学，2013.

［78］吴帅帅，刘锦. 村规民约与国家法的冲突问题探讨［J］. 河北科技师范学院学报（社会科学版），2018，17（2）.

［79］贾秀莲. 村规民约对国家法的规避及其解决途径［J］. 山东社会科学，2010（4）.

［80］刘笃才. 中国古代民间规约引论［J］. 法学研究，2006（1）.

二、著作类

［1］杨开道. 中国乡约制度［M］. 北京：商务印书馆，2015.

［2］中南民族学院编辑组. 海南岛黎族社会调查［M］. 南宁：广西民族出版社，1992.

［3］民族院校公共哲学课教材编写组. 中国少数民族哲学和社会思想资料选编（黎族部分）［M］. 天津：天津教育出

版社，1988.

［4］刘明哲. 中国少数民族大辞典・黎族卷［M］. 香港：香港当代文艺出版社，2003.

［5］王云武，蔡元培，吴敬恒. 中国民族志［M］. 北京：商务印书馆，1928.

［6］广东省编辑组. 黎族社会历史调查［M］. 北京：民族出版社，1986.

［7］曾昭璇，张永钊，曾宪珊. 海南黎族人类学考察［M］. 广州：华南师范大学地理系，2004.

［8］詹慈. 黎族合亩制论文选［M］. 广州：广东省民族研究所，1983.

［9］冯可清. 海南岛政治经济社会文化辑要［M］. 新加坡：南洋英属琼州会馆联合会，1947.

［10］本书编写组. 黎族田野调查［M］. 海口：海南省民族学会，2006.

［11］张跃，周大鸣. 黎族——海南五指山市福关村调查［M］. 昆明：云南大学出版社，2004.

［12］海南省白沙黎族自治县地方志编纂委员会. 白沙县志［M］. 海口：南海出版公司，1992.

［13］中华文化通志编委会编，杨权撰. 中华文化通志・民族文化典（侗、水、毛南、仫佬、黎族文化志）［M］. 上海：上海人民出版社，1998.

［14］邢关英. 中国各民族原始宗教资料集・黎族卷［M］. 北京：中国社会科学出版社，1998.

［15］魏治勋．禁止性法律规范的概念［M］．济南：山东人民出版社，2008．

［16］中国科学院民族研究所广东少数民族社会历史调查组．海南黎族苗族自治州黎族合亩制调查综合资料［M］．北京：中国科学院民族研究所甘肃少数民族社会历史调查组，1963．

［17］保亭黎族苗族自治县地方志编纂委员会．保亭县志［M］．南海：南海出版公司，1997．

［18］高其才．中国少数民族习惯法研究［M］．北京：清华大学出版社，2003．

［19］梁漱溟．中国文化要义［M］．上海：学林出版社，1987．

［20］刘进田．文化哲学导论［M］．北京：法律出版社，1999．

［21］何勤华．多元的法律文化［M］．北京：法律出版社，2007．

［22］刘作翔．法律文化论［M］．西安：陕西人民出版社，1992．

［23］张文显．法理学［M］．北京：高等教育出版社，2003．

［24］梁治平．清代习惯法：社会与国家［M］．北京：中国政法大学出版社，1996．

［25］舒国滢．法理学导论［M］．北京：北京大学出版社，2006．

［26］徐光宪，王祥云．物质结构［M］．北京：科学出版社，2010．

［27］徐爱国，王振东．西方法律思想史［M］．北京：北京大学出版社，2003．

［28］周明甫，金星华．中国少数民族文化简论［M］．北京：民族出版社，2006．

［29］吴大华．民族法律文化散论［M］．北京：民族出版社，2006．

［30］徐中起，张锡盛，张晓辉．少数民族习惯法研究［M］．昆明：云南大学出版社，1998．

［31］蒋立松．文化人类学概论［M］．重庆：西南师范大学出版社，2008．

［32］周勇，马丽雅．民族、自治与发展：中国民族区域自治制度研究［M］．北京：法律出版社，2008．

［33］宋才发．民族区域自治法通论［M］．北京：民族出版社，2003．

［34］张文山．突破传统思维的瓶颈：民族区域自治法配套立法问题研究［M］．北京：法律出版社，2007．

［35］江必新．中国法文化的渊源与流变［M］．北京：法律出版社，2003．

［36］许宪隆．民族文化发展与保护研究［M］．北京：民族出版社，2007．

［37］吴一文．文化多样性与乡村建设［M］．北京：民族出版社，2008．

[38] 强世功．法制与治理：国家转型中的法律 [M]．北京：中国政法大学出版社，2003.

[39] 苏力．法治及其本土资源 [M]．北京：中国政法大学出版社，1996.

[40] 王学萍．中国黎族 [M]．北京：民族出版社，2004.

[41] 王养民，马姿燕．黎族文化初探 [M]．南宁：广西民族出版社，1993.

[42] 陈立浩，陈兰，陈小蓓．从原始时代走向现代文明黎族“合亩制”地区的变迁历程 [M]．海口：南方出版社/海南出版社，2008.

[43] 符兴恩．黎族·美孚方言 [M]．香港：香港银河出版社，2007.

[44] 王学辉．从禁忌习惯到法起源运动 [M]．北京：法律出版社，1998.

[45] 徐光宪，王祥云．物质结构 [M]．北京：科学出版社，2010.

[46] 符震，符策超．五指山上黎家 [M]．广州：新世纪出版社，1987.

[47] 卓泽渊．法的价值论 [M]．北京：法律出版社，1999.

[48] 张文显．二十世纪西方法哲学思潮研究 [M]．北京：法律出版社，2006.

[49] 刘明哲．海南民族研究所．五指山脚下的耕耘

[M]. 昆明：云南民族出版社，2004.

[50] 李可. 习惯法——一个正在发生的制度性事实[M]. 长沙：中南大学出版社，2005.

[51] 王立峰. 惩罚的哲理[M]. 北京：清华大学出版社，2006.

[52] 冉春桃，蓝寿荣. 土家族习惯法研究[M]. 北京：民族出版社，2003.

[53] 张永和. 法义[M]. 北京：中国检察出版社，2006.

[54] 范愉. 非诉讼程序（ADR）教程[M]. 北京：中国人民大学出版社，2002.

[55] 何兵. 现代社会的纠纷解决[M]. 北京：法律出版社，2003.

[56] 张文显. 当代西方法哲学[M]. 长春：吉林大学出版社，2010.

[57] 陈金全. 西南少数民族习惯法研究[M]. 北京：法律出版社，2008.

[58] 费孝通. 乡土中国[M]. 北京：北京大学出版社，1998.

[59] 郭树理. 体育纠纷的多元化救济机制探讨——比较法与国际法的视野[M]. 北京：法律出版社，2004.

[60] 王翔. 棕榈之岛——清末民初美国传教士看海南[M]. 海口：南海出版公司，2001.

[61] 梁聪. 清代清水江下游村寨社会的契约规范与秩序

——以文斗苗寨契约文书为中心的研究［M］．北京：人民出版社，2008.

［62］宋强．我国刑事证据规则体系构建研究［M］．北京：法律出版社，2007.

［63］钱弘道．跨越法律和经济［M］．北京：法律出版社，2003.

［64］范愉．纠纷解决的理论与实践［M］．北京：清华大学出版社，2007.

［65］徐昕．纠纷解决与社会和谐［M］．北京：法律出版社，2006.

［66］张冠梓．论法的成长——来自中国南方山地法律民族志的诠释［M］．北京：社会科学文献出版社，2002.

［67］樊崇义．诉讼原理［M］．北京：法律出版社，2003.

［68］谢佑平，万毅．刑事诉讼法原则：程序正义的基石［M］．北京：法律出版社，2002.

［69］民族院校公共哲学课教材编写组．中国少数民族哲学和社会思想资料选编［M］．天津：天津教育出版社，1988.

［70］苏永钦．司法改革的再改革——从人民的角度看问题，用社会科学的方法解决问题［M］．台北：月旦出版社股份有限公司，1998.

［71］瞿同祖．中国法律与中国社会［M］．北京：中华书局，1981.

［72］范忠信．中西法文化的暗合与差异［M］．北京：中

国政法大学出版社，2001.

[73] 林惠祥. 文化人类学 [M]. 北京：商务印书馆，1991.

[74] 王铭铭，王斯福. 乡土社会的秩序、公正与权威 [M]. 北京：中国政法大学出版社，1997.

[75] 张晋藩. 中国法律的传统与近代转型 [M]. 北京：法律出版社，2005.

[76] 李宜琛. 日尔曼法概说 [M]. 北京：中国政法大学出版社，2003.

[77] 严家其. 首脑论 [M]. 上海：上海人民出版社，1986.

[78] 邢关英. 黎族 [M]. 北京：民族出版社，1990.

[79] 符和积. 黎族史料专辑（第7辑）[M]. 海口：南海出版公司，1993.

[80] 王月圣. 黎族创世歌 [M]. 海口：海南出版社，1994.

[81] 史尚宽. 亲属法论 [M]. 北京：中国政法大学出版社，2000.

[82] 王海，江冰. 从远古走向现代——黎族文化与黎族文学 [M]. 广州：华南理工大学出版社，2004.

[83] 孙绍先，欧阳洁. 黎族女性文化专题研究 [M]. 海口：海南出版社/南方出版社，2008.

[84] 赵国华. 生殖崇拜文化论 [M]. 北京：中国社会科学出版社，1990.

[85]［苏］Д. Е. 海通. 图腾崇拜［M］. 何星亮，译. 桂林：广西师范大学出版社，2004.

[86]［英］沃克. 牛津法律大辞典［M］. 北京社会与科技发展研究所，译. 北京：光明日报出版社，1988.

[87]［英］马林诺夫斯基. 文化论［M］. 费孝通，译. 北京：中国民间艺术出版社，1987.

[88]［英］泰勒. 原始文化［M］. 蔡江农，译. 杭州：浙江人民出版社，1988.

[89]［美］埃尔曼. 比较法律文化［M］. 贺卫方，高鸿钧，译. 北京：生活·读书·新知三联书店，1990.

[90]［法］卢梭. 社会契约论［M］. 何兆武，译. 北京：商务印书馆，1980.

[91]［美］罗纳德·德沃金. 认真对待权利［M］. 信春鹰，吴玉章，译. 北京：中国大百科全书出版社，1998.

[92]［美］昂格尔. 现代社会中的法律［M］. 吴玉章，周汉华，译. 南京：译林出版社，2001.

[93]［美］波斯纳. 法律的经济分析［M］. 蒋兆康，译. 北京：中国大百科全书出版社，1997.

[94]［美］波斯纳. 法理学问题［M］. 苏力，译. 北京：中国政法大学出版社，1994.

[95]［英］哈特. 法律的概念［M］. 张文显等，译. 北京：中国大百科全书出版社，1996.

[96]［德］黑格尔. 法哲学原理［M］. 北京：商务印书馆，1979.

[97] [法] 孟德斯鸠. 论法的精神 [M]. 张雁深, 译. 北京: 商务印书馆, 1978.

[98] [美] 博登海默. 法理学: 法律哲学与法律方法 [M]. 邓正来, 译. 北京: 中国政法大学出版社, 1999.

[99] [日] 千叶正士. 法律多元 [M]. 强世功等, 译. 北京: 中国政法大学出版社, 1997.

[100] [英] 沃特森. 多元文化主义 [M]. 叶艺兴, 译. 长春: 吉林人民出版社, 2005.

[101] [英] 约瑟夫·拉兹. 法律体系的概念 [M]. 吴玉章, 译. 北京: 中国法制出版社, 2003.

[102] [美] 摩尔根. 古代社会 [M]. 杨东莼, 马雍, 马巨译, 译. 北京: 商务印书馆, 1977.

[103] [德] 拉德布鲁赫. 法学导论 [M]. 米健, 朱林, 译. 北京: 中国大百科全书出版社, 1997.

[104] [德] 伯恩·魏德士. 法理学 [M]. 丁小春, 吴越, 译. 北京: 法律出版社, 2003.

[105] [英] 梅因. 古代法 [M]. 高敏, 瞿慧虹, 译. 北京: 九州出版社, 2007.

[106] [英] 马林诺夫斯基. 原始社会的犯罪与习俗 [M]. 原江, 译. 北京: 法律出版社, 2007.

[107] [美] 庞德. 通过法律的社会控制法律的任务 [M]. 沈宗灵, 董世忠, 译. 北京: 商务印书馆, 1984.

[108] [美] 朗·富勒. 法律的道德性 [M]. 郑戈, 译. 北京: 商务印书馆, 2005.

[109] [德] 康德. 论优美感和崇高感 [M]. 何兆武，译. 北京：商务印书馆，2001.

[110] [美] 伯尔曼. 法律与革命——西方法律传统的形成 [M]. 贺卫方等，译. 北京：中国大百科全书出版社，1993.

[111] [美] 霍贝尔. 原始人的法 [M]. 严存生，译. 北京：法律出版社，2006.

[112] [英] 哈耶克. 法律、立法与自由 [M]. 邓正来，译. 北京：中国大百科全书出版社，2000.

[113] [日] 高见泽磨. 现代中国的纠纷与法 [M]. 何勤华等，译. 北京：法律出版社，2003.

[114] [日] 棚濑孝雄. 纠纷的解决与审判制度 [M]. 王亚新，译. 北京：中国政法大学出版社，1994.

[115] [英] 乔·柯尔. 费边社会主义 [M]. 夏遇南，吴澜译，译. 北京：商务印书馆，1984.

[116] [美] 布莱克. 社会学视野中的司法 [M]. 郭星华，译. 北京：法律出版社，2002

[117] 塔西坨. 日耳曼尼亚志 [M]. 马雍等，译. 北京：商务印书馆，1959.

[118] [美] 吉尔兹. 地方性知识：阐释人类学论文集 [M]. 王海龙，张家瑄，译. 北京：中央编译出版社，2004.

[119] [德] 卡西尔. 人论 [M]. 甘阳，译. 上海：上海译文出版社，1985.

[120] [英] 阿克顿. 自由与权力 [M]. 侯健等，译.

北京：商务印书馆，2001.

［121］［德］马克思·韦伯. 儒教与道德［M］. 洪天富，译. 南京：江苏人民出版社，1993.

［123］［日］小叶田淳. 海南岛史［M］. 张迅斋，译. 台北：学海出版社，1979.

［124］［澳］马尔科姆·沃特斯. 现代社会学理论［M］. 杨善华等，译. 北京：华夏出版社，2000.

［125］［德］萨维尼. 论当代在立法和法理学方面的使命［M］. 许章润，译. 北京：中国法制出版社，2001.

［126］［英］A. J. M. 米尔恩. 人的权利与人的多样性——人权哲学［M］. 夏勇，张志铭，译. 北京：中国大百科全书出版社，1995.

［127］［美］弗朗西斯·福山. 历史的终结及最后之人［M］. 黄胜强等，译. 北京：中国社会科学出版社，2003.

［128］［法］涂尔干. 乱伦禁忌及其起源［M］. 汪堂家，译. 上海：上海译文出版社，2005.

［129］［奥］弗洛伊德. 图腾与禁忌［M］. 文良文化，译. 北京：中央编译出版社，2005.

［130］［美］哈耶克. 自山秩序原理［M］. 邓正来，译. 北京：生活·读书·新知三联书店，1997.

［131］［芬兰］韦斯特马克. 人类婚姻简史［M］. 刘小幸等，译. 北京：商务印书馆，1992.

［132］［德］马克思，恩格斯. 马克思恩格斯选集［M］. 北京：人民出版社，1972.

［133］［汉］司马迁：《史记》。

［134］［晋］陈寿：《三国志》下册，裴松之注。

［135］《宋会要》。

［136］［宋］周去非：《岭外代答》卷二，《海外黎蛮》，广陵书社 2003 年版。

［137］［元］脱脱：《宋史·蛮夷三》卷 495，中华书局 1974 年版。

［138］［明］欧阳必进：《交黎剿平事略》。

［139］［明］《广东通志》，引自《琼台志》。

［140］［清］李调元：《南越笔记》。

［141］［清］李调元：《粤东笔记》。

［142］［清］张庆长：《黎岐纪闻》。

［140］［清］陈坤：《治黎辑要》。

［143］［清］黄恩彤：《粤东省例新纂》。

［144］［民国］李待琛：《海南岛之现状》。

［145］［民国］钟用：《粤省民族考源》。

［146］［民国］陈铭枢：《海南岛志》，神州国光社中华民国二十二年版。

［147］［民国］许崇灏：《琼崖志略》，正中书局中华民国三十六年版。

［148］［民国］彭程万：《调查琼崖实业报告书》，海南书局印行 1920 年版。

三、电子资源类

［1］刘贡，李幸璜. 寻访约亭 重拾古代道德［EB/OL］.（2013－07－17）［2019－06－24］. http：//www. hainan. gov. cn/hn/zjhn/hngl/lsyg/201307/t20130717_ 1024468. html.

［2］邸永君. 中国历代边疆民族政策之回顾［EB/OL］.（2007－03－27）［2019－06－28］. http：//iea. cass. cn/ygtd/html/mzs_ 20070327145817439 15. htm.

［3］佚名. 临高土生土长村民被归为流入人口 征地款减三成［EB/OL］.（2013－08－08）［2019－08－25］. htm. http：//www. hinews. cn/news/system/2013/08/08/015925463. shtml.

［4］刘麦，庄晓珊. 海南省人居环境整治三年行动方案（2018—2020 年）新闻发布会［EB/OL］（2018－6－5）［2019－7－5］www. hq. xinhuanet. com/news/html.

［5］佚名. 首个！五指山市水满乡新村正式推行村规民约［EB/OL］（2017－7－26）［2019－7－5］［图片］www. sohu. com/news/html.

［6］佚名. 万宁尖岭村：设立“红黑”条款破陈规陋习［EB/OL］（2018－6－5）［2019－7－5］www. hq. xinhuanet. com/news/html.

图书在版编目（CIP）数据

海南黎族社会村规民约研究 / 陈秋云等著. -- 湘潭：湘潭大学出版社，2018.12
ISBN 978-7-5687-0281-2

Ⅰ. ①海… Ⅱ. ①陈… Ⅲ. ①黎族—农村—群众自治—研究—海南 Ⅳ. ①D638

中国版本图书馆 CIP 数据核字（2018）第 294097 号

海南黎族社会村规民约研究

HAINAN LIZU SHEHUI CUNGUI MINYUE YANJIU

陈秋云 等著

责任编辑：黄 琼 邓江爱 刘 丹
封面设计：李 平
出版发行：湘潭大学出版社
社　　址：湖南省湘潭大学工程训练中心
电　　话：0731-58298960 0731-58298966（传真）
邮　　编：411105
网　　址：http://press.xtu.edu.cn/
印　　刷：长沙超峰印刷有限公司
经　　销：湖南省新华书店
开　　本：880 mm×1230 mm 1/32
印　　张：10
字　　数：225 千字
版　　次：2018 年 12 月第 1 版
印　　次：2018 年 12 月第 1 次印刷
书　　号：ISBN 978-7-5687-0281-2
定　　价：40.00 元